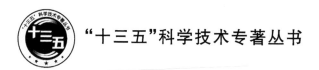"十三五"科学技术专著丛书

众包平台用户持续知识贡献行为研究

陈鹤阳 著

北京邮电大学出版社
www.buptpress.com

内 容 简 介

众包作为典型的共享经济新范式,已成为企业或组织获取外部知识资源的有力保证,相比最初大量用户关注和参与的热情,众包正慢慢失去知识贡献者,实务界和学术界开始重视用户持续知识贡献的态度和行为,而以此为课题进行学术研究的成果还不多,因此,本书根据理论与实际需求确定了研究问题。本书将众包平台视为信息系统工具,通过文献资料调查、理论分析,探析了众包用户持续知识贡献的行为机理;通过质性分析、理论演绎等方法构建了众包平台用户持续知识贡献行为模型;通过规范的实证研究过程,设计量表、收集数据,并对数据进行分析,解释和预测用户持续知识贡献的行为规律,并在此基础上提出了促进用户持续知识贡献行为的对策,引导社会大众积极参与,从而实现知识内容的创造,减少社会资源的闲置,提升社会效率。

图书在版编目(CIP)数据

众包平台用户持续知识贡献行为研究 / 陈鹤阳著. -- 北京:北京邮电大学出版社,2020.8
ISBN 978-7-5635-6138-4

Ⅰ. ①众… Ⅱ. ①陈… Ⅲ. ①企业管理—商业模式—关系—用户—行为分析—中国 Ⅳ. ①F279.23

中国版本图书馆 CIP 数据核字(2020)第 134976 号

策划编辑:刘纳新 姚 顺　　责任编辑:廖 娟　　封面设计:七星博纳

出版发行:北京邮电大学出版社
社　　　址:北京市海淀区西土城路 10 号
邮政编码:100876
发　行　部:电话 010-62282185　传真:010-62283578
E-mail:publish@bupt.edu.cn
经　　　销:各地新华书店
印　　　刷:北京九州迅驰传媒文化有限公司
开　　　本:787 mm×1 092 mm 1/16
印　　　张:13.25
字　　　数:328 千字
版　　　次:2020 年 8 月第 1 版
印　　　次:2020 年 8 月第 1 次印刷

ISBN 978-7-5635-6138-4　　　　定价:48.00 元

· 如有印装质量问题,请与北京邮电大学出版社发行部联系 ·

前　言

知识经济时代,企业或组织运用自身有限的知识资源难以满足其可持续发展的知识需求,而借助互联网信息环境和技术获取社会外部知识资源早已成为企业或组织提升核心竞争力的重要途径和主要表现形式。众包的出现为企业和组织创造了获取外部资源的新途径和新方式。

目前,众包模式的推广和发展(尤其是知识内容众包)已成为国家战略层面的重要举措之一。尽管众包平台的出现为用户与企业和组织搭建了知识内容创造、贡献、更新和汇集的平台,一时间也吸引了大量用户的关注和参与,但相比最初的热情,众包正在慢慢地失去知识贡献者,存在众包用户知识贡献意愿低下,参与度不高等问题,而用户持续知识贡献是企业和组织获取外部知识资源的有力保证,也是众包平台可持续发展的必要条件,其核心归咎于用户的持续知识贡献行为。实务界已开始关注用户持续知识贡献行为对众包发展的影响,学术界对此问题的研究仍相对匮乏,鲜有学者关注众包用户持续贡献行为的研究。因此,本书基于此社会现实背景提出研究问题,遵循规范的研究过程,通过实证验证获得了一些新的观点,提出了实践建议。

信息系统持续行为研究已有数十年的历史,形成了很多理论,学者们在此方面的理论综述也很多,本书在研究时吸收了国内外同行的相关研究,由于众包还未形成统一的学术术语,很多已有研究并未采用此术语,因此在文献检索时用了很多相关检索词,再进一步对文献进行筛选和整理。作者为提出本书的理论模型进行了访谈调研,并对调研内容咨询专家意见,深入分析,提炼概念;在提出理论模型的基础上进行了严格的问卷设计和测试,进行了大规模的调查,对理论模型进行了实证研究,最后提出了实践建议。

本书的内容主要包括以下几个方面。首先,众包用户持续知识贡献行为机理分析。本书在对众包分类、众包用户持续知识贡献行为形成过程和要素分析的基础上,依据相关理论,综合心理学、社会学和经济学的分析结论,认为众包用户持续知识贡献行为机理应包含知识贡献主体、知识贡献客体、中介平台、激励机制、组织规范五大要素,各要素之间的关系作用对用户持续知识贡献行为会产生一定的影响。本书根据众包用户应用情景探讨了用户持续知识贡献行为的内涵和外延,选择相关信息系统持续行为理论和模型作为本书的理论基础,在此基础上提出"影响因素分析—模型构建—模型实证—模型应用"的研究路径和框架。其次,众包用户持续知识贡献行为影响因素的模型构建。该模型由持续行为影响因素及其关系构成,因此,本书从理论分析与质性分析两个层面展开,从动机期望价值维度、社会认知维度、社会资本维度理论分析用户持续知识贡献行为影响因素,从已有研究中提取出相关可能的影响因素，经专家对相关可能影响因素的评估，并综合两者分析结果，确定了期望确认、感知有用性、满意度、成就价值、内在价值、实用价值、代价、互惠、信任、社会规范、知识自我效能、累积经验、习惯和持续意愿共十四个影响因素。参考以往研究中的相关结论，推理其在众包情境下的作用关系，并构建研究假设模型。再次，众包用户持续知识贡献行为模型实证研究。依照实证研究过程，对模型中的概念进行操作化定义，参考成熟量表，依据众包用户持续知识贡献行为情景，设计本书的量表，经过专家咨询，生成初始调查问卷，小范围内进行预试问卷调查，信度和效度检验修正问卷，生成正式调查问卷，设计样本结构、抽样方式，进行大规模调研，收集数据；对收集的数据进行描述性统计分析、控制变量分析、结构方程模型分析，分析结果表明模型的拟合度较好，予以接受。最后，在对众包用户持续知识贡献行为规律进行分析和解释的基础上，提出对我国众包平台发展的实践启示。从管理视角的任务管理、身份管理、知识管理、用户管理方面，从系统视角建立多层次的激励手段（如欣赏激励、奖励激励和能力激励），从技术视角支持管理和系统各项功能的实现提出了推动众包用户持续知识贡献的策略。

在本书的研究过程中，作者力求对众包用户需求和行为进行全面深入探讨，希望能够在理论和实践上有所贡献，但因作者水平有限，本书仍有浅显、单薄和不足之处，敬请专家批评指正，以期提高众包平台的服务水平，为用户带来更大的价值，为众包市场的利益相关者提供决策依据，给同行研究者提供研究基础和研究方法的参考。

在本书的调查过程中，很多专家学者参与其中，很多无名的被调查者为本书提供了数据分析的基础，感谢配合本书调研的朋友们。在研究开展过程中，本书参考了国内外大量的文献资料，借鉴并吸收了其中的研究成果和思想，在此向有关作者致以深切的谢意。在写作过程中，作者的博士生导师卢小宾教授及所在的单位给予了很多的支持和帮助，请接受作者最诚挚的谢意。

陈鹤阳
于天津外国语大学图书馆

目　录

第1章　绪论 ··· 1

1.1　背景 ··· 1
　　1.1.1　众包:从概念走向应用 ·· 1
　　1.1.2　知识要素:竞争优势的重要表现 ······································· 2
　　1.1.3　知识协同生产与贡献的新途径——众包 ···························· 3

1.2　研究依据与问题提出 ··· 3
　　1.2.1　研究依据 ·· 3
　　1.2.2　问题提出 ·· 5

1.3　研究意义 ·· 6
　　1.3.1　理论意义 ·· 6
　　1.3.2　现实意义 ·· 6

1.4　概念边界 ·· 7
　　1.4.1　概念关系图 ··· 7
　　1.4.2　众包 ··· 7
　　1.4.3　知识贡献 ·· 12
　　1.4.4　众包平台用户知识贡献 ·· 13

1.5　思路与方法 ·· 15
　　1.5.1　思路 ··· 15
　　1.5.2　方法 ··· 15

1.6　研究内容与技术路线 ··· 16
　　1.6.1　研究内容 ·· 16
　　1.6.2　技术路线图 ··· 16

1.7　研究创新 ·· 18
1.8　本章小结 ·· 18

第 2 章 研究现状与述评 ································ 19

2.1 持续知识贡献 ································ 19
2.2 IS/IT 用户持续行为研究 ································ 20
2.2.1 基于用户接受及其扩展的持续使用行为研究 ································ 20
2.2.2 基于期望确认及其扩展的持续使用行为研究 ································ 25
2.2.3 融合多种理论的持续使用行为研究 ································ 29
2.3 众包平台用户持续知识贡献行为 ································ 35
2.3.1 研究概况 ································ 35
2.3.2 关注的影响因素 ································ 35
2.3.3 理论基础分析 ································ 40
2.4 研究述评 ································ 41
2.5 本章小结 ································ 42

第 3 章 理论基础与整合 ································ 43

3.1 期望价值理论 ································ 43
3.1.1 期望价值理论的基本概念 ································ 43
3.1.2 期望价值理论的相关研究 ································ 44
3.2 社会认知理论 ································ 45
3.2.1 社会认知理论的基本概念 ································ 45
3.2.2 社会认知理论的相关研究 ································ 46
3.3 社会资本理论 ································ 47
3.3.1 社会资本理论的基本概念 ································ 47
3.3.2 社会资本理论的相关研究 ································ 48
3.4 社会交换理论 ································ 49
3.4.1 社会交换理论的基本概念 ································ 49
3.4.2 社会交换理论的相关研究 ································ 50
3.5 信息系统持续使用理论 ································ 51
3.5.1 信息系统持续使用理论基本概念 ································ 51
3.5.2 信息系统持续使用理论相关研究 ································ 51
3.6 习惯理论 ································ 52
3.6.1 习惯的基本概念 ································ 52

  3.6.2　习惯的相关研究 …………………………………………………… 53
 3.7　知识管理相关理论 ……………………………………………………………… 54
  3.7.1　知识资本 ……………………………………………………………… 54
  3.7.2　知识资本的相关研究 ………………………………………………… 55
 3.8　理论整合——知识管理视角用户持续行为理论 ……………………………… 55
 3.9　本章小结 ………………………………………………………………………… 57

第4章　众包平台用户持续知识贡献行为机理 …………………………………… 58

 4.1　众包的分类 ……………………………………………………………………… 58
  4.1.1　协作式众包 …………………………………………………………… 61
  4.1.2　竞赛式众包 …………………………………………………………… 61
 4.2　众包平台用户持续知识贡献基本过程 ………………………………………… 62
  4.2.1　用户持续知识贡献行为的形成过程 ………………………………… 62
  4.2.2　用户持续知识贡献行为的核心要素 ………………………………… 65
 4.3　心理学视角下众包用户持续知识贡献行为分析 ……………………………… 67
  4.3.1　基于期望价值理论的用户持续知识贡献行为分析 ………………… 68
  4.3.2　众包用户持续知识贡献行为动机的质性研究 ……………………… 70
 4.4　社会学视角下众包用户持续知识贡献行为分析 ……………………………… 73
  4.4.1　基于社会认知理论的用户持续知识贡献行为分析 ………………… 73
  4.4.2　基于社会交换理论的用户持续知识贡献行为分析 ………………… 74
  4.4.3　基于社会资本理论的用户持续知识贡献行为分析 ………………… 75
 4.5　经济学视角下众包用户持续知识贡献行为分析 ……………………………… 76
  4.5.1　众包用户持续知识贡献的知识交易市场 …………………………… 77
  4.5.2　众包用户持续知识贡献的收益与成本分析 ………………………… 79
 4.6　众包平台用户持续知识贡献行为机理集成框架 ……………………………… 80
 4.7　本章小结 ………………………………………………………………………… 80

第5章　众包平台用户持续知识贡献行为影响因素分析 ………………………… 82

 5.1　众包用户持续知识贡献行为影响因素的理论分析 …………………………… 82
  5.1.1　动机期望价值维度 …………………………………………………… 83
  5.1.2　认知维度 ……………………………………………………………… 86
  5.1.3　社会资本维度 ………………………………………………………… 87

5.2 众包用户持续知识贡献行为影响因素的质性分析 …………………… 88
　　5.2.1 指标构建的方法 …………………………………………………… 88
　　5.2.2 初步指标构建 ……………………………………………………… 90
　　5.2.3 评价指标筛选 ……………………………………………………… 90
　　5.2.4 显著性检验 ………………………………………………………… 94
　　5.2.5 专家权威性检验 …………………………………………………… 95
5.3 本章小结 ……………………………………………………………… 96

第6章 众包平台用户持续知识贡献行为模型构建 …………………… 97

6.1 模型构建 ……………………………………………………………… 97
6.2 研究思路 ……………………………………………………………… 97
6.3 研究假设 ……………………………………………………………… 100
6.4 研究变量的释义 ……………………………………………………… 105
6.5 本章小结 ……………………………………………………………… 115

第7章 众包平台用户持续知识贡献行为实证研究 …………………… 116

7.1 实证研究设计 ………………………………………………………… 116
　　7.1.1 研究对象范围 ……………………………………………………… 116
　　7.1.2 研究方法 …………………………………………………………… 116
　　7.1.3 研究过程设计 ……………………………………………………… 117
7.2 预试调查 ……………………………………………………………… 117
　　7.2.1 量表项目分析 ……………………………………………………… 117
　　7.2.2 信度分析 …………………………………………………………… 120
　　7.2.3 建构效度分析 ……………………………………………………… 123
　　7.2.4 正式问卷生成 ……………………………………………………… 127
7.3 实证研究 ……………………………………………………………… 127
　　7.3.1 数据收集 …………………………………………………………… 127
　　7.3.2 描述性统计分析 …………………………………………………… 128
　　7.3.3 重复测量方差分析 ………………………………………………… 135
7.4 结构方程模型分析 …………………………………………………… 142
　　7.4.1 测量模型内在结构适配度评估 …………………………………… 142
　　7.4.2 结构模型适配度评估 ……………………………………………… 145

  7.4.3 假设检验结果分析 ………………………………………… 148
  7.4.4 潜在变量效应关系 ………………………………………… 151
  7.4.5 模型统计解释力评估 ……………………………………… 151
 7.5 本章小结 ………………………………………………………… 155

第8章 研究总结与实践启示 ……………………………………… 156

 8.1 研究总结 ………………………………………………………… 156
  8.1.1 研究发现 …………………………………………………… 157
  8.1.2 研究贡献 …………………………………………………… 162
  8.1.3 研究不足 …………………………………………………… 163
  8.1.4 研究展望 …………………………………………………… 163
 8.2 实践启示 ………………………………………………………… 164
  8.2.1 管理视角 …………………………………………………… 164
  8.2.2 系统视角 …………………………………………………… 165
  8.2.3 技术视角 …………………………………………………… 166

参考文献 …………………………………………………………………… 167

附录1 众包用户持续知识贡献行为访谈提纲 ………………………… 190

附录2 专家意见咨询表（第一轮） …………………………………… 191

附录3 专家意见咨询表（第二轮） …………………………………… 195

附录4 众包平台用户持续知识贡献行为影响因素调查问卷 ………… 199

第1章 绪　　论

随着共享经济的快速发展,人类的生产和生活方式正悄然发生改变,以信息技术为平台的共享模式推动了社会经济的发展与进步。众包作为典型的共享经济新范式,借助社会化力量,汇集各方智力与知识技术,优化共享资源,满足企业或组织临时性劳力、智力的需求,从而提高知识生产效率。Garnter[①]在2015年10月发布的评估报告中指出众包将在中国掀起IT服务市场的革命,并预测到2019年众包模式将创造至少10万个IT就业机会。近年来,中国的众包平台处于快速发展阶段,参与众包的用户呈几何级增长,用户的知识贡献降低了企业或组织的生产成本,实现了资源的优化分配。有效促进用户持续知识贡献不仅是企业或组织获取外部知识资源的有力保证,同时也是众包平台可持续发展的重要前提。因此,对众包用户持续知识贡献行为的研究具有一定的学术价值和实践意义。

1.1　背　　景

1.1.1　众包：从概念走向应用

2015年9月16日,李克强总理主持召开的国务院常务会议决定,建设"大众创业 万众创新"支撑平台,利用"互联网＋"积极发展众创、众包、众扶、众筹等新模式[②]。随后,国务院发布《国务院关于加快构建大众创业万众创新支撑平台的指导意见》(下称《指导意见》),《指导意见》指出,要加快发展众创、众筹、众扶、众包(以下简称"四众")等支撑平台的发展,其中要发展专业空间、网络平台、企业内部众创,应用研发、运维、内容知识等众包,推动企业分享、社会互助等众扶,开展实物、股权等众筹[③]。随着互联网与工业的加速融合创新,在信息化和工业化深度融合专项行动计划的第七项行动"互联网与工业融合创新"中提出了开展互联网与工业融合创新行动[④],力求支持一批典型互联网企业,培育个性化定制、众包以及移动O2O等方面的成功模式。在推广众包方面,主要包括研发创意众包、制造运维众包、知识内容众包和生活服务众包。加快推广知识内容众包,支持百科、视频等开放式平台积极通过众

---

① Gantner. Crowdsourcing in China Will Revolutionize the IT Services Market [EB/OL]. [2016-08-04]. https://www.gartner.com/doc/3157618?ref＝SiteSearch&sthkw＝crowdsourcing&fnl＝search&srcId＝13478922254.

② 中国政府网.国务院常务会议[EB/OL]. (2015-09-16)[2016-08-04]. http://www.gov.cn/guowuyuan/2015-09/16/content_2933058.htm.

③ 新华社.国务院印发《关于加快构建大众创业万众创新支撑平台的指导意见》[Z]. (2015-09-26)[2016-08-04]. http://www.gov.cn/xinwen/2015-09/26/content_2939239.htm.

④ 中华人民共和国工业和信息化部.工业和信息化部关于印发信息化和工业化深度融合专项行动计划(2013-2018年)的通知[Z]. (2013-09-05)[2016-08-04]. http://www.miit.gov.cn/n1146290/n1146397/c4233535/content.html.

包实现知识内容的创造、更新和汇集,引导有能力、有条件的个人和企业积极参与,形成大众智慧集聚共享新模式。

众包的发展方兴未艾,创新的生产和资源组织方式改变了企业或组织的创新模式。众包借助互联网技术,以"用户创造价值"为核心,让用户参与到企业或组织知识内容、产品、技术等的创造活动中,充分发挥和调动大众知识创新的热情和能力,从而体现其知识创新的价值。Howe(2009)[①]在其著作《众包》中提到已有越来越多的公司认识到众包知识创造模式的重要价值,并已将众包的思想广泛应用于产品和服务创新领域。目前,全球共有众包网站过万家,注册会员超过3亿人。国外知名的众包平台有Innocentive、Threadless、istockphoto、Goldcorp、Philoptima等,一些世界知名企业也纷纷建立了自己的众包平台,如IBM的WikiCentral、Amozn的Mechanical Turk劳动力众包等,IBM以"维基化"的方式重新构建信息传播的受益者,将提出的问题放在相关门类下,全球范围内的研发人员都可围绕问题提出各种致力于完善它的建议和解决方案,规避了以往企业官僚机制的阻碍,让用户参与知识创造,以与用户共创价值为核心理念。相比之下,我国各类众包平台的发展仍处于起步阶段,但已得到国家层面对众包模式发展的重视和支持,利用众包协同创新、开放式生产及其灵活的组织管理等特性,能够促进社会各类闲置资源的优化配置和共享,激发创新要素和资源的社会价值。国内比较著名的众包平台有猪八戒网、百度百科、任务中国、微差事等,知识内容众包不仅能够聚集多领域、多地域的资源和信息,同时还能够增强企业或组织产品创新和服务创新的能力,从而促进大众智慧的聚集、分享与创新,促进内容知识体系的共建共享。但由于我国众包的发展仍处于初期探索阶段,势必将面临严峻的市场考验。

1.1.2　知识要素:竞争优势的重要表现

互联网环境的变化和信息技术的快速发展使得生产技术周期不断缩短,组织正面临着如何运用有限的资源提高自身核心竞争力并促使其快速、持续且稳定发展的问题。新的环境下,知识已成为人力、资本之后组织可持续发展的关键资源。企业间、组织间的竞争态势也逐渐转变为以知识为主体的竞争形态,知识要素已成为新环境下组织核心竞争力的重要表现形式。Miller & Shamsie(1996)[②]认为知识是组织成长和具有持续竞争优势的一种价值资源。还有一些学者认为知识是一个组织最有价值的资源,它代表的是无形资产、操作规范和创作过程。知识更新迭代的速度之快使得企业或组织仅仅依靠内部资源的知识创新难以实现其发展目标,它们需要获得更加丰富的知识资源和拥有强大的知识创新能力来应对需求环境的变化,应对日益激烈的企业竞争。因此,获取外部知识资源,发挥其潜在价值已成为企业或组织应对激烈的市场竞争的重要战略,也是实务界关注的焦点。越来越多的企业已将自己的部分工作以组织社会活动的方式来寻求大众的帮助,从而获得外部知识资源。在这样的态势下,协同知识建构应运而生,用户已不再是被动的价值接受者,而是产品或服务的创造者,与企业或组织共同完成创新活动,双方协同知识建构已成为企业获得知识资源的必然趋势。

---

① Howe J. Crowdsourcing [M]. New York: Random House Business, 2009.
② Miller D, Shamsie J. The resource-based view of the firm in two environments: the Hollywood film studios from 1936 to 1965[J]. Academy of Management Journal, 1996,39(3):519-541.

1.1.3 知识协同生产与贡献的新途径——众包

互联网技术的发展和普及为众包应用提供了可能,它将地理上分散的大众联结在一起协作生产。根据中国互联网络信息中心公布的《第38次中国互联网络发展状况统计报告》[①],截至2016年6月,中国网民规模达7.10亿,互联网普及率51.7%,手机网民达6.56亿,移动互联网塑造的社会生活形态进一步加强。大众是参与众包的主体,其对网络的依赖使得众包这种知识创造模式成为可能。

就个人而言,众包能够使用户不断地自我提高和改进,以适应社会生活环境的变化,就组织而言,保持良好的竞争态势,以促进其可持续发展,为实现其目标两者都存在获取外部知识资源的潜在需求,而在Web 2.0技术的应用与社会大环境发展需求下,众包的发展与成熟为企业、组织和个人提供了新型的获取外部知识资源的交流空间和平台,创造了知识贡献、传播、交流与再生的新模式,满足了大众对知识贡献、知识内容创造的需求。对于企业、组织和用户来说,知识内容的众包是一个良性的循环模式,用户贡献的知识资源能够为企业或组织提供创新能力,同时企业或组织对知识资源的利用、再造也激励着用户更加积极地参与到众包活动中。

1.2 研究依据与问题提出

1.2.1 研究依据

1. 众包平台开发与利用的矛盾

众包是由知识需求者(发包方)发出请求,知识贡献者(接包方)即用户为其提供相应的知识资源,其关键因素在于用户对众包内容的评价、态度、感知和使用动机。众包平台的存在并不能保证知识贡献、内容创造一定能发生,其价值很大程度上依赖用户持续不断的参与,形成稳定的用户群。尽管众包社区用户数量在不断提升,但实证研究发现众包平台在保留用户和激励用户相关知识管理活动方面不尽如人意。Wikipedia作为知识众包平台的典型代表,允许用户检索、浏览、编辑,为了促进Wikipedia平台的长期发展,用户持续知识贡献是其发展的关键要素。K. Panciera(2009)[②]认为随着时间的变化,大多数Wikipedia用户会减少参与知识贡献。Wikipedia的创始人Jimmy Wales(2011)[③]也指出尽管现在还不是最危急的时刻,但Wikipedia正在慢慢地失去知识贡献者。众包活动作为一个完整的生态系统,"知识需求者(发包方)—知识—知识贡献者(接包方)"之间既有共生关系,也有冲突关系。从知识贡献的过程看,一方面,由于双方的信息不对称,知识贡献者(接包方)无法辨别知识需求者(发包方)的真伪,潜在欺骗行为的存在使得双方很难建立起信任关系,使得知识

[①] 中国互联网络信息中心. 第38次中国互联网络发展状况统计报告[EB/OL]. (2016-08-03)[2016-08-04]. http://www.cnnic.cn/gywm/xwzx/rdxw/2016/201608/t20160803_54389.htm.

[②] Panciera K, Halfaker A, Terveen L. Wikipedians are born, not made: a study of power editors on Wikipedia [C]//Proceedings of the ACM 2009 international conference on Supporting group work, GROUP, 2009:51-60.

[③] Associated Press. Wikipedia Says it's Losing Contributors[EB/OL]. (2011-08-04)[2016-08-04]. http://www.huffingtonpost.com/2011/08/04/wikipedia-losing-contributors_n_918154.html?view=screen.

贡献者(接包方)存在一定的感知风险,即使它偶然建立起了关系,也很容易崩塌。另一方面,众包平台中各利益相关方之间的社会关系松散、管理不规范易造成知识产权问题和智力定价问题的偏差,这些问题的存在极大地影响知识贡献的效果和用户持续知识贡献的意愿。从用户知识贡献本身来看,贡献自己的知识就代表自己将在未来的社会竞争中失去一定的竞争优势,失去自己独特的价值,并且还将在知识贡献的过程中付出一定的精力、时间等作为代价,这些问题与鼓励用户持续知识贡献是相悖的。

2. 信息系统用户行为研究理论与方法的日益成熟

众包是一种新的组织形式,是提高知识内容创造与知识贡献的重要平台,是用户知识交流和互动的重要途径,通过贡献知识帮助其他人解决问题,传授相似事件的经验,探讨基于共同利益为出发点的问题,同时发展社会人际关系网络以及实现自我价值。众包平台本身并不是一个知识库,它仅仅是为用户与用户、用户与组织之间搭建的知识交换、知识创造的平台,归根结底依赖用户的知识贡献[1],从而使得知识创造变得更加协作化和集成化[2]。作为一种新型社区,知识贡献最重要的活动就是获取所需知识并将知识转化为见解[3][4]。

众包相对于一般的信息系统来说,具有更强的社会性、多样性和复杂性,但归根结底也是信息系统的一种类型。众包平台的利用可认为是用户获取知识、使用知识、贡献知识的行为,该行为可以分为两个阶段:初始的使用阶段与持续参与阶段。初始使用阶段是用户对众包的认知、态度、采纳,持续参与阶段是用户对众包知识贡献的习惯和依赖。信息系统用户行为研究的理论是为了预测和解释用户应用信息系统或信息技术的行为差异,通常结合社会学和心理学的相关理论分析用户行为机理及其影响因素。近些年,信息系统研究者试图探索个人用户如何以及为什么采取众包平台来贡献知识。社会交换理论[5]是用来解释用户知识贡献最常见的理论,很多学者认为利己主义会直接影响知识贡献,也有部分学者认为个人认知(地位与声誉、享乐、互惠)、人际关系(社会交流、信任)、组织内容(组织支持、薪酬)等都是影响用户知识贡献的因素[6]。而对用户持续知识贡献行为的研究相对匮乏,初始知识贡献的相关研究是否对持续知识贡献具有适用性仍需要进一步验证和分析。但已有研究中的相关理论与方法为众包平台用户持续知识贡献行为的研究提供了可行的研究框架和理论基础。

综上所述,基于"信息技术悖论"和"价值悖论"问题的出现,从用户角度了解用户持续知识贡献的意愿和行为机理是十分必要的,同时对众包平台知识管理水平的提高也将具有一定的指导作用。

---

[1] Brown J S, Duguid P. Knowledge and Organization: A Social-Practice Perspective[J]. Organization Science, 2001,12(2):198-213.

[2] Cho H, Chen M H, Chung S. Testing an Integrative Theoretical Model of Knowledge-Sharing Behavior in the Context of Wikipedia[J]. Journal of the American Society for Information Science & Technology,2010,61(6):1198-1212.

[3] Bontis N, Serenko A. A follow-up ranking of academic journals[J]. Journal of Knowledge Management, 2009,13(1):16-26.

[4] Chiu C M, Hsu M H, Wang E T G. Understanding knowledge sharing in virtual communities: An integration of social capital and social cognitive theories[J]. Decision Support Systems, 2006,42(3):1872-1888.

[5] Blau P M. Exchange and power in social life[M]. New York:Wiley,1964.

[6] Brabham D C. Moving the crowd at iStockphoto: The composition of the crowd and motivations for participation in a crowdsourcing application[J]. First Monday,2008,13(6):236-238.

1.2.2　问题提出

基于"信息技术"和"价值"的逻辑悖论,以众包平台用户持续知识贡献行为为研究内容,在国内外相关研究理论综述基础上,深入分析众包平台用户持续知识贡献的内在行为机理,探索众包平台用户持续知识贡献的行为规律,提高人力资源的利用率,提升整个社会的效率,发挥众包平台的优势,促进众包平台的有效发展,以期为众包平台协同知识管理水平的提高提供一定理论指导。

众包平台的知识需求者(发包方)乐于发布问题是因为通过众包可以获得有价值的知识,而知识贡献者(接包方)却无法保证其所贡献的知识能够得到回报,因此,互惠对于知识贡献者来说不明显,那么促使用户知识贡献的原因是什么?更重要的是知识贡献者由于某些动机完成知识贡献行为后是否愿意持续性的贡献知识?

根据上述分析认为众包平台用户持续知识贡献行为的研究存在理论与现实需求两个方面。

(1) 理论需求

学术界对于众包用户行为的研究正是当前的一个研究热点。事实表明,众包平台可持续发展的关键是用户参与众包任务的活跃度和忠诚度。尽管众包吸引了来自企业、机构、政府等组织的关注,但相比国外对众包的研究,国内的研究内容多集中于宏观层面不同情境下众包的应用,多以概念、模式的介绍为主,很少涉及微观层面用户行为的研究,研究内容单一,缺乏深入的理论分析。虽有学者或互联网研究机构从用户角度对众包社区进行了调研和分析,但研究也仅仅是对用户参与众包任务的简单调研,并没有对用户持续行为相关理论进行深入剖析。因此有必要对众包用户持续知识贡献行为理论进行深入研究,了解用户持续知识贡献的行为过程、行为机理、行为影响因素以及因素间的相互关系,探究用户持续知识贡献的行为规律,从而为众包平台的可持续发展提供理论决策依据。

(2) 实际需求

众包平台可持续发展依靠的是用户持续知识贡献,用户知识贡献行为可分为初始与持续知识贡献两个阶段,而目前企业大多仍将焦点放在第一个阶段而忽视了用户第二个阶段的需要,只关注注册用户而忽视了保持活跃用户的数量,使得众包平台面临空有大规模的用户参与到平台之中而实际用户的黏性、持续知识贡献完成众包任务的意愿不够理想。事实上,大规模用户注册是众包平台发展的前提,而其长久、可持续的发展需要依靠用户持续不断地参与众包任务,持续知识贡献才是众包可持续发展的决定因素,只有依靠用户持续有效的知识贡献,众包平台才能获得预期的价值,才能真正发挥社会知识资源的作用,促进共享经济的发展。因此,探析众包用户持续知识贡献的行为规律为众包平台提供行之有效的对策和措施,才是众包平台可持续发展之路。

综上,基于上述理论与实际需求,本书拟在已有研究基础上探讨以下几个问题:

① 众包平台用户持续知识贡献的基本过程和核心要素是什么?

② 众包用户持续知识贡献行为的特征和规律是什么?不同研究视角下,众包平台用户持续知识贡献的行为机理是什么?

③ 影响用户持续知识贡献行为的因素是什么？各因素相互间的作用关系是什么？

④ 用户持续知识贡献的行为规律是什么？这些行为规律对众包平台实际的发展有哪些启示？

1.3 研究意义

1.3.1 理论意义

网络技术的蓬勃发展和"以用户为中心"的理念推动了用户信息行为的研究。初始采纳是 IS 成功的一个重要指标，但它并不一定会产生预期的管理结果，除非用户持续地参与与使用(Bhattacherjee 2001[①], Venkatesh V, DavisF D. 2000[②])。因此，依据技术创新与扩散理论，众包平台作为创新型信息系统，它的可持续发展不仅要依靠先进技术解决问题，同时对用户认知、接受和持续知识贡献行为的研究也是至关重要的。尽管在众包用户知识贡献研究方面已有一些理论研究和实证研究，但多数关注用户参与的行为动机、初始使用和采纳，少有研究以动态视角关注用户知识贡献的行为机理。随着共享经济理念的提出，许多学者开始关注众包平台的应用和发展，关注众包平台用户持续行为的研究。

综上，理论意义表现为以下几个方面：

第一，丰富了众包用户行为研究的理论，整合现有多学科相关理论，从不同视角探析持续知识贡献的行为过程、行为机理以及行为影响因素，弥补了现有用户持续行为研究理论单一、视角单一的不足，拓展了众包用户行为的研究的视角。

第二，从纵向时间维度上探析用户持续知识贡献的行为变化，更好地识别用户持续知识贡献过程中认知、心理、关系的变化，弥补了原有横截面静态数据分析的不足。

第三，构建用户持续知识贡献行为影响因素模型，解释和预测了用户持续知识贡献行为的规律。依据多学科理论分析的结果，以扩展信息系统持续行为模型为基础，从不同维度将影响因素以模型化的方式展现，并通过实证研究加以验证。模型的构建为未来持续行为的研究提供理论参考。

1.3.2 现实意义

第一，对众包平台用户持续知识贡献行为的一般影响因素进行定量化总结和梳理，并通过实证调查的方法了解用户持续知识贡献行为的认知情况，对把握众包应用和发展有重要的现实意义。

第二，对众包平台用户持续知识贡献行为影响因素进行实证研究，对众包平台的系统开发、活动规划和实施有重要意义，同时也能进一步促进用户持续的知识贡献率。

[①] Bhattacherjee A. Understanding Information Systems Continuance: AnExpectation-Confirmation Model[J]. MIS Quarterly, 2001, 25(3): 351-370.

[②] Venkatesh V, DavisF D. A theoretical extension of the technology acceptance model: Fourlongitudinal field studies[J]. Management Science, 2000, 45(2): 186-204.

第三,对用户来说,在知识贡献过程中了解影响用户持续知识贡献的因素,提高用户体验,进一步激励用户贡献知识、推动知识分享与群体协作的发展,有效引导和规范用户知识贡献,促进用户知识协作,对用户知识创造、知识贡献的效率和效果的提升有一定的现实意义。

1.4 概念边界

1.4.1 概念关系图

梳理相关的知识概念以及它们之间的相互关系有利于从整体上把握所要研究的核心内容,理清内在联系和脉络、明确研究边界为后续的文献综述提供有力的保障,具体的概念关系如图1-1所示。

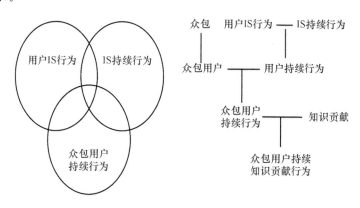

图1-1 概念关系图

1.4.2 众包

1. 众包概念

最早提出"众包"一词的是美国记者Jeff Howe(2006)[①],早在2005年,我国学者刘锋就提出与众包相似的概念——"威客",侧重从计算机(信息)技术方面来阐释"众包"商业模式[②]。自2006年众包概念提出后,"众包"随着实践应用领域的不断发展,其含义也在经历演变与扩展。国内外学者根据不同类型的众包平台从不同视角对众包进行了再定义。对众包概念的研究集中在什么是众包?众包与其他相似的概念之间有哪些不同点?尽管有很多学者从理论或实践角度将众包概念化,但是学术界仍然没有达成共识,存在某种语义上的混

---

① Howe J. The Rise of Crowdsourcing[J]. Jenkins H Convergence Culture Where Old & New Media Collide,2006,14(14):1-5.

② Lin S, Ouyang Z, Feng L. Crowdsourcing or Witkey, Which Leads[J]. Journal of Applied Sciences,2013,13(12):2359-2362.

乱。许多学者在研究的过程中也给出了多版本的定义（如 Brabham[①] 和 Howe[②③]），现有的众包定义基本上聚焦于某一个视角或众包应用的特性。从信息技术视角认为众包是通过网络技术整合大众和机器以解决难题，是以"网络协同技术"为基础，依赖于计算机网络的开放源模式，促进众包社区内知识或技能的集合，从而实现突变的业务目标，代表学者有刘锋（2006）[④]、Chanal 和 Caron-Fasan（2008）[⑤]、Doan 等（2011）[⑥]、Grier（2011）[⑦]、Wexler（2011）[⑧]、Sloane(2011)[⑨]、Saxton 等（2013）[⑩]、Schlagwein 和 Bjørn-Andersen(2014)[⑪]；从商业模式视角认为众包是一种能够给企业或组织带来利益的商业活动，其核心是商业利益，认为众包的商业实践模式是利益相关方之间互惠互利的商业活动，代表学者有 Howe(2006，2008)、Brabham（2008）、Porta 等（2008）[⑫]、Kleeman 等（2008）[⑬]、DiPalantino 和 Vojnovic（2009）[⑭]、Heer 和 Bostok(2010)[⑮]、Ling(2010)[⑯]、Liu 和 Porter 2010[⑰]、Heymann & Garcia-

---

[①] Brabham D C. Moving the crowd at iStockphoto：The composition of the crowd and motivations for participation in a crowdsourcing application[J]. First Monday,2008,13(6):236-238.

[②] Howe J. Crowdsourcing：Why the Power of the Crowd is Driving the Future of Bussiness[M]. New York：Crown Publishing Group,2008.

[③] Howe J. Crowdsourcing：A definition. Crowdsourcing：Why the Power of the Crowd is Driving the Future of Business[EB/OL]. (2006-06-02)[2016-02-11]. http://crowdsourcing.typepad.com/cs/2006/06/crowdsourcing_a.html.

[④] 刘锋. 威客（witkey）的商业模式分析[D]. 北京：中国科学院研究生院硕士论文,2006.

[⑤] Chanal V, Caron-Fasan M L. How to invent a new business model based on crowdsourcing：The crowdspirit ® case[C]//Conference de l'Association International de Management strategique,2008,1-27.

[⑥] Doan A, Ramakrishnan R, Halevy A. Y. Crowdsourcing systems on the World-Wide Web[J]. Communications of the ACM,2001,54(4):86-96.

[⑦] Grier D A. Not for All Markets[J]. Computer,2011,44(5):6-8.

[⑧] Wexler M N. Reconfiguring the sociology of the crowd：exploring crowdsourcing[J]. International Journal of Sociology & Social Policy,2011,31(1/2):6-20.

[⑨] Sloane P. The brave new world of open innovation[J]. Strategic Direction,2011,27(5):3-4.

[⑩] Saxton G, Oh O, Kishore R. Rules of Crowdsourcing：Models, Issues, and Systems of Control[J]. Information Systems Management,2013,30(1):2-20.

[⑪] Schlagwein D, Bjørn-Andersen N. Organizational Learning with Crowdsourcing：The Revelatory Case of LEGO [J]. Journal of the Association for Information Systems,2014,15(11):754-778.

[⑫] Porta M, House B, Buckley L, et al. Value2.0：eight new rules for creating andcapturing value from innovative technologies[J]. Strategy & Leadership,2008,36(4):10-18.

[⑬] Kleemann F, Voß G G, Rieder K. Un(der) Paid Innovators：The Commercial Utilization of Consumer Work through Crowdsourcing[J]. Science, technology & Innovation stuides. 2008,4(2):5-26.

[⑭] DiPalantino D, Vojnovic M. Crowdsourcing and all-pay auctions[C]//Proceedings of the10th ACM conferenc-e on Electronic commerce,2009,9:119-128.

[⑮] Heer J, Bostok M. Crowdsourcing graphical perception：using mechanical turk to assess visualization design[C]// Proceedings of the 28th international conference on Human factors in computing systems, CHI'10（ACM, New York）2010：203-212.

[⑯] Ling P. An Empirical Study of Social Capital in Participation in Online crowdsourcing[J]. Computer,2010,7(9):1-4.

[⑰] Liu E, Porter T. Culture and KM in China[J]. VINE,2010,40(3/4):326-333.

Molina(2011)①,Alonso 和 Lease(2011)②,Bederson 和 Quinn(2011)③;从知识创造视角认为众包是组织或企业获得外部知识的方式,是智力资产创造的平台,是知识创造的新途径,是参与者创造知识、发布知识、转移知识,发包方选择知识、吸收知识的过程,代表学者有 Pénin J 和 Burger-Helmchen(2010)④,Kazai(2011)⑤,Wiggins A(2011)⑥,Poetz 和 Schreier,(2012)⑦,Estellés-Arollas 等(2012)⑧,《指导意见》,(2015)⑨。整理上述列举文献的众包概念具体释义如表 1-1 所示。

表 1-1 众包概念汇总

文献来源	概　　念
刘锋(2006)	利用 IT 技术将智慧、知识、经验转化为实际收益的新模式,并将已完成的项目公开外包给网络大众
Howe(2006)	以公开号召的方式,潜在网络劳动力协同完成工作项目,实现大众生产
Howe(2008)	以 IT 为基础,以公开号召的方式,人才和知识与需要它的人相匹配的机制
Brabham(2008)	一种分布式解决问题的策略模式,相比传统商业模式,分布式的方式提高了解决问题的质量和数量
Porta 等(2008)	直接招募用户帮助企业在产品或服务的生命周期内完成各个方面的事务
Kleeman 等(2008)	以利益为导向,以公开号召的方式让个人为企业、公司生产作出贡献,使企业得到免费或低于估计价值的知识资源
Chanal 和 Caron-Fasan(2008)	通过网络设施整合和传播外部个人或组织/社区资源的开放创新过程
DiPalantino 和 Vojnovic(2009)	通过公开号召方式征求任务解决方案的方法
Burger-Helmchen 2010	企业或组织获得外部知识资源的一种方式
Heer 和 Bostok(2010)	网络大众完成一个或者多个细小任务,每个任务能够获得微支付 0.01~0.1 美元
Buecheler et al(2010)	集体智慧的特殊情况

---

① Heymann P,Garcia-Molina H. Turkalytics:analytics for human computation[C]//International Conference on World Wide Web,2011:477-486.

② Alonso O,Lease M. Crowdsourcing 101:Putting the WSDM of Crowds to Work for You[C]//Proceedings of the fourth ACM international conference on Web search and data mining,2011:1-2.

③ Bederson B B,Quinn A J. Web workers Unite! Addressing Challenges of Online Laborers[C]//Proceedings of the annual conference extended abstracts on Human Factors in Computing Systems,2011.

④ Pénin J,Burger-Helmchen T. Crowdsourcing of inventive activities:definition and limits[J]. International Journal of Innovation & Sustainable Development,2011,5(2/3):246-263.

⑤ Kazai G. In Search of Quality in Crowdsourcing for Search Engine Evaluation[J]. Lecture Notes in Computer Science,2011,6611:165-176.

⑥ Wiggins A,Crowston K. From Conservation to Crowdsourcing:A Typology of Citizen Science[C]//Hawaii International Conference on System Sciences. IEEE Computer Society,2011:1-10.

⑦ Poetz M K,Schreier M. The Value of Crowdsourcing:Can Users Really Compete with Professionals in Generating New Product Ideas? [J]. Journal of Product Innovation Management,2012,29(2):245-256.

⑧ Estellésarolas E. Towards an integrated crowdsourcing definition[J]. Journal of Information Science,2012,38(2):189-200.

⑨ 国务院办公厅. 国务院办公厅关于加快构建大众创业万众创新支撑平台的指导意见[Z]. (2015-09-26)[2016-08-04]. http://www.gov.cn/xinwen/2015-09/26/content_2939239.htm.

续表

文献来源	概念
Ling(2010)	一种通过网络实现的新的商业模式
Liu 和 Porter(2010)	开放协作的社区,将任务外包给潜在的用户
Heymann 和 Garcia-Molina(2011)	让一个或多个远程用户通过市场执行任务
Alonso 和 Lease(2011)	将任务以外包的形式发布给大众,代替原有的将任务安排给内部员工或承包商
Bederson 和 Quinn(2011)	大众有偿完成发包方(requestors)提出的任务
Howe(2011)	基于商业模型的网站,利用网络大众通过公开号召的方式最终获得创新的解决方案
Doan etal(2011)	一种通用的问题解决方法
Grier(2011)	利用 Internet 雇佣大量分散的用户的一种方法
Kazai(2011)	公开号召大众贡献知识以解决问题或完成智力任务,从而得到小额支付或社会认可和娱乐价值的满足
Wiggins A(2011)	一种分布式的生产模型,呼吁大量的网络用户参与贡献知识
Sloane(2011)	众包是对开放式创新的特殊诠释,它通常是以公开号召方式把任务外包给组织以外的大范围人的行为
Wexler(2011)	将大众聚焦关联在一起,共同为问题提供解决方案
Poetz 和 Schreier(2012)	将企业或组织中需要创新的部分以公开号召的方式寻求潜在、未知大众的帮助
Estellés-Arollas 等(2012)	公开号召方式,吸引不同知识水平、不同领域的大众参与的在线活动,帮助号召者解决问题
Saxton,GD 等(2013)	利用先进的网络技术组织大众完成具体任务的商业模式
Liu S B.(2014)	众包是一种动态的合作形式,涉及大量且不定数量的公民参与者,进行半自治任务以解决信息管理问题
SchlagweinD,Bjørn-Andersen N.(2014)	IT 驱动的一种开放式创新形式
《指导意见》	借助 IT 手段,将传统任务向自愿参与的所有企业和个人进行分工,汇众力以更高的效率、更低的成本满足生产及生活服务需求

随着众包应用领域的不断扩大,越来越多的学者认为互联网技术的进步降低了知识获取的成本和难度,互联网技术带来的知识环境的变化是最终促使众包模式出现和不断发展的根本原因。因此,经过对上述众包概念的整理,本书认为从知识视角(创造、交流、共享、转移)探讨众包核心观点是未来应用和发展的主要趋势,认为众包是一种开放式创新的生产模式、合作模式,是一种新型的信息系统,以共享经济为驱动,以网络协同技术为核心,以大众参与为中心,以公开号召为方式,以知识资源为内容,为利益相关方提供互惠互利的服务。众包不仅仅是一种知识聚集平台,更是一种创新企业或组织生产业务的模式,企业以免费或较低的成本获取解决问题的答案,通过"众"实现知识资源的协同化创造。以知识视角为核心的众包定义为后续众包用户持续知识贡献的行为结果划分提供了理论基础。综上所述,众包概念要素梳理如表 1-2 所示。

表 1-2 众包概念要素

概念要素	内容
参与主体	任何可能的网络大众
合作方式	大众参与、公开号召
技术核心	网络协同技术
服务模式	信息模式(组织型、评价型等)、商务模式(悬赏型)、知识模式(问答型、知识基础构建等)
利益相关者	发包方、中介机构、接包方
优势	成本降低、缩短周期、风险降低、协同、共享等

2. 众包特征

通过对众包定义的整理与众包概念要素的提取认为众包具有以下几个方面的特征。

(1) 参与主体多元化

参与主体多元化体现在两个方面,即参与数量和参与大众的类型。参与数量是指知识需求者(发包方)对大众参与完成任务的人数的设定,可以限定参与的人数,也可以设定为开放式,无数量限制。参与众包的数量一般由众包任务的难易和知识需求者(发包方)的实际需求决定。例如,Iceland Constitution[①]对开放式的想法、创意活动的征集,对众包任务的参与数量没有限制,参与的用户越多越好,以便从中选择最佳的方案。相反,Lego case[②]众包平台上的任务有时会对数量做出说明。众包参与的大众类型可以是个体、公司职员、消费者、网络社区用户等具有不同的人口统计学特征(不同年龄、不同学历、不同身份、不同背景)的任何个体或组织。

(2) 参与过程协同化

在对众包概念整理的过程中发现很多概念中都描述了众包平台的参与过程,如 Amazon Mechanical Turk 的外包过程[③],InnoCentive[④] 的分布式在线过程,Threadless[⑤]的商业过程或者战略过程。无论实施过程的类型是何种模式,其结果都是众包用户以参与者、创造者的身份直接参与到企业的产品和服务中,强调协同生产形成的价值,从而完成多样化的任务。

(3) 参与结果互利化

众包双方在众包过程中实现了各自的目的,对于知识贡献者(接包方)来说得到了物质或精神收益,满足了马斯洛金字塔[⑥]中一个或多个需求,无论是金钱奖励,还是社会认可、自尊、个人技能等都得到了回报,实现了自我价值。对于知识需求者(发包方)来说从众包用户

---

① Siddique H. Mob rule: Iceland crowdsources its next constitution. The Guardian[EB/OL]. (2011-11-12)[2016-08-09]. http://www.guardian.co.uk/world/2011/jun/09/iceland-crowdsourcing-constitution-facebook.

② Howe J. Crowdsourcing: How the Power of the Crowd is Driving the Future of Business[M]. Great Britain: Business Books,2008.

③ Oliveira F, Ramos I, Santos L. Definition of a Crowdsourcing Innovation service for the European SMEs[J]. Lecture Notes in Computer Science,2010,6385:412-416.

④ Mazzola D,Distefano A. Crowdsourcing and the participacion process for problem solving:the case of BP[C]//In: VII Conference of the Italian Chapter of AIS. Information technoogy and Innovation trend in Organization,2010.

⑤ Vukovic M, Lopez M, Laredo J. Peoplecloud for the globally integrated enterprise[C]//International Conferenceon Service-Oriented Computing,Springer-Verlag,2010:109-114.

⑥ Maslow A H. A theory of human motivation[J]. Psychological Review,1943,50(1):370-396.

贡献的经验和知识中获得多样化的解决方案,双方互惠互利。

1.4.3 知识贡献

知识贡献概念在学术界并没有统一的定义,国内外学者们由于出发点和研究视角的不同,其概念描述也有所差异。总结相关研究文献,知识贡献的概念描述可以归纳为以下四种视角。

(1) 共享视角的知识贡献

持有这种观点的研究学者将知识贡献等同于知识共享(Ma 和 Agarwal,(2007)[1];Choi Lee 和 Yoo(2010)[2];Yu Lu 和 Liu(2010)[3];Teng 和 Song(2011)[4]),认为知识贡献是个体显性或隐性知识在成员或组织中的分享。国内持此观点的学者主要有关培兰等(2007)[5],他们认为知识贡献与知识共享两者是息息相关的,知识贡献是知识共享的前提,而知识共享又为新知识的产生创造了条件。曹兴等(2010)[6]认为知识贡献就是要利用各种方法、手段共享知识。

(2) 转移视角的知识贡献

持有此观点的学者认为知识贡献的信息、知识、经验通过媒介转移给知识接受者。强调知识贡献是动态的学习过程。通过知识个体间的转移、扩散和应用创造出新知识、形成新能力。Kumar 和 Thondikulam(2005)[7]对知识贡献的定义被认为是最具代表性的,认为知识贡献是通过贡献知识、分享知识、撰写评论等一系列途径将知识在个体间转移或分享。Cummings 等(2004)[8]认为知识贡献是要通过媒介提供给他人知识、新观念,以及协助解决问题的经验或信息。

(3) 系统视角的知识贡献

系统视角观点的学者强调通过用户对知识存储系统使用的指标如时间(Duration),频率(Frequency)和数量(Number of Unique)确保知识存储系统知识的增加,在不断变化的业务环境下有新的发展。但并不是所有系统视角的知识贡献都要涵盖全部三个指标,有可能是一个或多个。如 Durcikova and Gray(2007)[9]认为知识贡献在很大程度上是由用户使用

---

[1] Ma M,Agarwal R. Through a Glass Darkly:Information Technology Design,Identity Verification,and Knowledge Contribution in Online Communities[J]. Information Systems Research,2007,18(1):42-67.

[2] Choi S Y,Lee H,Yoo Y. The impact of information technology and transactive memory systems on Knowledge-sharing, application, and team performance:a field study[J]. MIS Quarterly,2010,34(4):855-870.

[3] Yu T K,Lu L C,Liu T F. Exploring factors that influence knowledge sharing behavior via weblogs[J]. Computers in Human Behavior,2010,26(1):32-41.

[4] Teng J T C,Song S. An exploratory examination of knowledge - sharing behaviors:solicited and voluntary [J]. Journal of Knowledge Management,2011,15(1):342-342.

[5] 关培兰,顾巍.研发人员知识贡献的影响因素及评价模型研究[J].武汉大学学报:哲学社会科学版,2007,60(5):652-656.

[6] 曹兴,刘芳,邬陈锋.知识共享理论的研究述评[J].软科学,2010,24(9):133-137.

[7] Kumar S,Thondikulam G. Knowledge management in a collaborative business framework[J]. Information-Knowledge-Systems Management,2005,5(3):171-187.

[8] Cummings J N. Work Groups, Structural Diversity, and Knowledge Sharing in a Global Organization[J]. Management Science, 2004, 50(3):352-364.

[9] Durcikova A, Brown S A. Influence of System, Environment, and Procedures on Knowledge Submission Frequency[C]//Hawaii International Conference on System Sciences. IEEE, 2007:192c.

知识存储系统的频率和知识贡献的频率决定的。He & Wei(2009)[①]认为知识贡献就是用户花费在企业内部系统上的时间。Kankanhalli etal(2005)[②]、King & Marks(2008)[③]、Raman etal(2005)[④]、Wasko & Faraj(2005)[⑤]Watson and Hewett(2007)[⑥]等人也从系统视角的相关指标对知识贡献进行了描述。

(4) 交易视角的知识贡献

持有此观点的学者认为人们知识贡献是在利益驱动下发生的,知识在知识市场环境下被认为是一种资源,且这种资源的有用性、价值性促使知识交易行为的发生。Davenport & Prusak(1998)[⑦]认为企业内部本身存在一个知识市场,知识贡献的实质就是员工参与市场的过程,获得物质或精神的奖励。

本书中的知识贡献与知识共享是存在一定差异的,认为知识贡献是用户通过第三方媒介将个体知识(显性知识/隐性知识)提供给他人,实现知识流动、转化、再造的过程。知识贡献描述的是个体向其他人提供有价值的知识交换的程度,关注的不仅是个体共享知识给他人的意愿,而且也是给他人传递恰当有用的知识。有效的知识贡献是指知识提供者和接受者之间更加深层的整合。知识贡献超越了知识共享水平,它是交换相关知识并被用来解决特定问题,它关注的是知识的质量,而知识共享关注的是知识流动的数量。

综上所述,知识贡献具有以下四个特征:①知识贡献是双向的知识流动,不同于知识共享单向传播行为。②知识贡献是知识的外化与创造,贡献的结果就是创造出新的知识,发展新的知识代替已有的显性知识和隐性知识。③知识贡献是知识积累和重用的过程。知识贡献者提供基于实践的有用、有价值的知识以便知识需求者访问和重用。④知识贡献是一种知识交易行为,与产品、服务相类似,知识贡献者与需求者为了各自利益、目标完成知识交易活动,利益的回报可以是有形的(如物质奖励等)抑或是无形的(如名誉、声望等)。

1.4.4 众包平台用户知识贡献

众包用户知识贡献不仅仅涉及技术,更重要的是众包双方的交互。尽管众包平台为用户提供了技术支持,但是知识贡献行为的发生取决于人们是否愿意积极地参与其中并进行

[①] He W, Wei K K. What drives continued knowledge sharing? An investigation of knowledge-contribution and -seeking beliefs[J]. Decision Support Systems, 2009, 46(4):826-838.

[②] Kankanhalli A, Wei T K K. Contributing knowledge to electronic knowledge repositories: an empirical investigation[J]. MIS Quarterly. 2005, 29(1):113-143.

[③] King W R, Jr Marks P V. Motivating knowledge sharing through a knowledge management system[J]. OMEGA: Int. J. Manag. Sci. 2008, 36(1):131-146.

[④] Raman M, Ryan T, Olfman L. Designing knowledge management systems for teaching and learning with wiki technology[J]. Information Systems Education, 2005, 16(3):311.

[⑤] Wasko M L, Faraj S. Why should I Share? Examing Social Capital and knowledge contribution in electronic networks of practice[J]. MIS Quarterly, 2005, 29(1):35-57.

[⑥] Watson S, Hewett K. A multi-theoretical model of knowledge transfer in organizations: determinants of knowledge contribution and knowledge reuse[J]. Management Studies, 2006, 43(2): 141-173.

[⑦] Davenport T, Prusak L. Learn how valuable knowledge is acquired, created, bought and bartered[J]. Australian Library Journal, 1998, 47(3):268-272.

知识活动[①]。本书将从知识贡献的利益相关方、知识流的转化过程和知识贡献的类型阐述众包用户知识贡献的特殊性。

(1) 知识贡献的利益相关方

众包平台知识贡献的利益相关方可以分为知识需求者(发包方)、中介平台、知识贡献者(接包方)。知识需求者(发包方)是指有知识需求(某种问题、某种任务需要被解决)的个体、组织或者企业。问题需求是众包的核心[②],它可能是简单的需求,如知识需求者(发包方)发起一个尚未解决的技术问题,希望从知识贡献者(接包方)的一个或多个人处得到解答。问题需求也有可能是复杂的,如一个城市交通建设规划项目,它需要集结大众智慧,群体创造。中介平台则是知识需求者(发包方)和知识贡献者(接包方)之间的重要桥梁,知识需求者(发包方)的问题需求可以通过自己的网站发布吸引知识贡献者(接包方),从而降低成本,但并不是所有的知识需求者(发包方)都拥有自己的网站或者能让大众了解需求的平台,这就需要通过中介平台将两者连接在一起。知识贡献者(接包方)的属性是网络大众,既可以是某一领域的专业人士,也可以是兴趣爱好者,利用自身知识借助于网络帮助发包方(知识需求者)解决实际问题。

(2) 知识流的转化过程

众包平台用户知识贡献过程体现在第一,知识的外化与创造。用户将自身隐性知识显性化的过程,知识贡献者(接包方)通过将个人或群体所拥有的知识编撰、整理,用语言文字、图示等符号表达或传递给知识需求者(发包方),充分利用群体智慧,对知识贡献者(接包方)贡献的知识再组织、再创造发现更多的创新想法[③]。个体与个体或群体之间的知识交互可能是单向的,也可能是双向的,对于封闭问题,知识需求者(发包方)发布任务,知识贡献者(接包方)接受任务,外化知识、传递知识、创造知识,然后知识需求者(发包方)再接受知识,只需要一个简单的流程设计。对于开放问题,需要所有参与者之间更加深度的合作,双方在知识互动过程中扮演双重角色——既是知识贡献者,也是知识接受者。第二,知识的内化与转移。知识需求者(发包方)对显性知识进行学习并将之转化为个人、组织或企业知识系统的一部分。对于企业或组织来说,知识贡献者(接包方)外化和创造的知识转移到企业或组织的知识库中,众包平台用户知识贡献帮助组织或企业拓展了其信息系统的知识内容,也丰富了众包平台的知识内容,具有拓展延伸的作用,开放式创新也为其他组织或用户进行决策提供了有价值的信息。

(3) 知识贡献的类型

众包平台知识贡献主要包含两种类型:第一,交易型知识贡献,众包平台的知识需求者(发包方)与知识贡献者(接包方)之间互相传递和交流知识,如知识需求者(发包方)提出问题,知识贡献者(接包方)给出解决问题的方法、知识、经验,发包方在众多的回答中选择适合

---

① Edwards M J. Common Knowledge: How Companies Thrive by Sharing What They Know[J]. Long Range Planning,2001,34(2):872.

② Haythornthwaite C. Crowds and Communities:Light and Heavyweight Models of Peer Productioon[C]//Hawaii International Conference on System Sciences. Los Alamitos,Ca:IEEE Computer Society. 2012:1-10.

③ Vreede G J D, Briggs R O, Massey A P. Collaboration Engineering: Foundations and Opportunities: Editorial to the Special Issue on the Journal of the Association of Information Systems[J]. Journal of the Association for Information Systems,2009,10(3):121-137.

的解决方案,或者是个体成员主动发布自己的经验和技能知识供其他人使用,接受方给予物质或精神奖励。第二,协作型知识贡献,由大众互相协作,共同参与某种有目的的项目,实现多主体协同知识建构,形成某一主题的知识记录。

1.5 思路与方法

1.5.1 思路

本书从实际问题出发,揭示众包平台用户持续知识贡献行为的作用机理,促进众包平台知识内容的创造、更新和汇集,形成大众智慧集聚共享新模式。通过理论推演、历时研究以及实证分析等方法解决问题。第一,对相关概念进行辨析,如众包的内涵、特征、核心要素;知识贡献;持续知识贡献行为等。第二,对已有众包平台用户持续知识贡献行为相关文献进行梳理,为后续研究提供理论基础。第三,从心理学视角、社会学视角和经济学视角分析用户持续知识贡献行为机理;第四,根据理论分析并结合已有文献建立行为影响因素的各个维度以及各维度变量的内容构成,通过专家调查法对量表内容进行判断和评估,根据修改意见完善量表,最终构建众包平台用户持续知识贡献行为影响因素的理论模型,操作化定义模型中的相关变量,确定变量及其评测指标,提出研究假设;第五,对提出的理论模型进行实证研究,制定历时调查问卷,体现用户持续知识贡献的动态性和宏观性,对同一批调查对象进行历时调查,利用 SPSS 和结构方程对模型进行测试、修正和解释;第六,针对实证分析中的验证结果,解释和预测用户持续知识贡献的行为规律,并对众包平台可持续发展、促进用户持续知识贡献提出具有可操作性和针对性策略。

1.5.2 方法

本书依据提出的问题和研究思路,综合运用文献调查、访谈、调查问卷、比较研究等方法。

(1) 文献研究法

根据本书的研究内容和研究范围,对涉及的相关文献进行全面搜集,对"众包""知识贡献""用户持续行为"领域的中英文学术文献进行检索、筛选和梳理,从中得出关于本书的前沿动态和研究空白,为众包平台用户持续知识贡献行为研究提供理论基础。

(2) 专家调查法

又称德尔菲法,在构建众包用户持续知识贡献行为影响因素模型时需要对维度设置、内容构成等问题咨询专家意见,并由专家做出判断、评价,形成修改意见并整理,经过几轮征询专家意见,形成最终量表,目的在于理论模型中的维度、变量以及变量内容的设置和构成更加权威和有效,保证后续实证研究的科学性和客观性。

(3) 问卷调查法

对用户持续知识贡献行为模型进行实证,检验模型中的构念、变量之间的关系,需要设计结构化的量表,将调查问卷发放给符合研究要求的用户,收集样本数据,然后利用统计分析方法验证模型的有效性,并对模型进行修正。

(4) 比较研究法

研究中多次用到比较研究法,如在文献综述中比较不同研究者的研究结果,比较不同持续行为理论,并在最后将本书结论和已有研究结论进行比较,以进一步探索和确认本书的结论和意义。

(5) 纵向研究方法

又称历时研究方法,对同一调研对象在不同时间点上的观察,建立时间序列以发现用户持续知识贡献过程中行为的变化和影响行为变化的心理因素、社会因素等。

1.6 研究内容与技术路线

1.6.1 研究内容

第1章绪论,主要包括研究背景、研究依据与问题、研究意义、概念边界、研究思路与方法、内容与技术路线以及研究创新等问题,并对后续论文主要内容的开展作以说明。

第2章文献综述,全面系统地对众包平台用户持续知识贡献相关的研究进行综述,从众包、知识贡献的内涵出发,对知识贡献、持续使用理论和持续知识贡献行为研究的成果进行述评。

第3章梳理研究的理论依据。信息系统持续使用理论、社会认知理论、社会资本理论、动机理论、期望价值理论、习惯理论和知识管理相关理论为后续研究奠定理论基础。

第4章用户持续知识贡献行为机理分析,分析用户持续知识贡献行为的基本过程、核心要素,然后从心理学、社会学和经济学视角对众包用户持续知识贡献行为机理进行探讨和分析。众包平台用户持续知识贡献是一个动态发展过程,也是一个渐变的演化系统,在过程中用户的认知、情感和行为因素交织在一起,是一个多维结构,通过行为机理的分析,从动态发展的角度对用户持续知识贡献行为构建动态集成模型。

第5章基于理论分析与质性分析确定影响用户持续知识贡献行为的因素。通过理论分析依据不同的维度设定可能的影响因素,然后通过专家调查法确保维度设置、变量表达以及内容构成的科学性和客观性,从而最终确定量表的内容,为实证研究奠定理论基础。

第6章模型构建。从知识管理视角,以信息系统持续使用行为理论为基础,根据专家评价的最终方案提出用户持续知识贡献行为影响因素模型,对变量释义进行操作化定义,并提出研究假设。

第7章众包平台用户持续知识贡献行为影响因素的实证研究,首先是探讨用户持续知识贡献行为变化过程,在实证研究部分采用历时研究设计,对调查问卷进行预测试、修正,生成正式调查问卷,然后进行大规模数据调研、数据收集和数据分析,最后进行模型分析。

第8章研究总结与启示。对上述研究结论进行分析,提出促进众包平台用户持续知识贡献行为发展的策略建议,并对本书的研究结论、研究创新和理论价值进行总结,指出本书存在的局限,最后提出进一步研究的构想和思路。

1.6.2 技术路线图

本书的技术路线如图1-2所示,主要包括五个阶段:研究背景和现状、理论研究、模型构建、实证研究、问题解决。

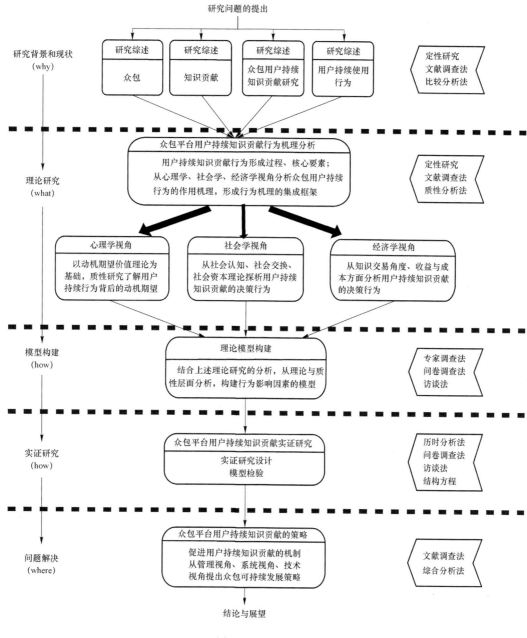

图 1-2 技术路线图

第一阶段为研究背景和现状阶段。依据研究背景和依据提出本书预解决的问题,并对研究问题的现状和发展进行调查、整理,确定已有研究存在的不足和问题,阐明本书的目标和内容。

第二阶段为理论研究阶段。依据相关理论(动机理论、社会学和经济学的相关理论)对用户持续知识贡献行为机理进行分析,了解用户行为作用机理,形成用户持续行为动态集成框架模型。

第三阶段为模型构建阶段。以扩展的信息持续使用行为模型为基础,结合理论构面与实现构面构建用户持续知识贡献的影响因素模型,并对模型进行操作化变量定义,提出研究假设。

第四阶段为实证研究阶段。首先进行历时实证研究设计,包括调研步骤、方法、数据分析。通过设计调查问卷,收集用户数据,然后对模型进行检验、修正,最后对模型分析结果予以解释。

第五阶段为问题解决阶段。在数据分析结果的基础上,结合我国众包市场的发展现状,分析促进用户持续知识贡献具有针对性和可行性的建议,以及从不同视角提出众包平台可持续发展的策略。

1.7 研究创新

本书的创新点主要体现在以下三个方面:

(1) 探索了众包用户持续知识贡献行为机理

基于心理学、社会学和经济学相关理论分析用户持续行为的动机、行为的变化过程、行为的作用机理并构建了持续知识贡献行为作用机理集成框架;基于 EECM-ISC 理论从动机期望价值、社会认知、社会资本等多视角探索众包平台用户持续知识贡献行为影响因素,对已有理论中的因素进行添加、修订和删除,弥补已有研究对用户持续知识贡献影响因素认知的不足,从多维度构建行为研究的理论模型,对已有研究中因素解释比较零散,缺乏从原理层次上揭示问题本质,缺乏理论框架的现状是一种有效补充,有力地补充了 IS 持续使用理论,丰富了众包平台用户持续知识贡献行为机理方面的研究。

(2) 挖掘了众包用户持续知识贡献行为的影响因素

依据众包平台用户持续知识贡献影响因素和用户持续使用行为理论,对影响因素之间的关系进行构建,生成众包平台用户持续知识贡献行为影响因素模型,用以揭示用户持续知识贡献行为意向与行为机理,细致全面地研究影响因素对用户持续知识贡献的作用路径和作用机理,结合理论与质性两个层面确定了影响用户持续知识贡献行为的主要因素并进行实证研究,使得关于用户持续知识贡献行为机理的研究更加全面和系统化,弥补了目前相关研究比较零散和片面的不足。同时,该模型也是对 IT 持续使用模型的一种贡献和创新。

(3) 丰富了用户持续行为研究的方法

现有文献对持续行为的研究多以静态数据为研究对象,无法体现用户持续行为的动态性,继而无法体现出用户在持续行为的过程中受环境、技术、情境、自我知识能力等方面的影响。因此,本书采用纵向研究方法,弥补静态研究中缺乏因素关联性的问题,更加合理、清晰地解释用户持续行为,从而提高研究的可信度,使研究更加具有科学性。

1.8 本章小结

本章是对研究背景、问题的提出、研究意义、研究思路与方法、研究内容等方面的概括性介绍,明确了研究的核心内容和概念关系,以及拟解决的问题,确定了研究的逻辑脉络与结构,指出了研究对理论与现实的重要意义,并对本书预期的贡献和创新点进行了详细的说明。

第 2 章 研究现状与述评

本章是对众包用户持续知识贡献行为研究现状和发展趋势的调查、整理与述评,从而发现研究中存在的空白、问题和不足,进一步明确本书要突破的问题。由于目前直接对众包用户持续知识贡献行为的研究并不多,为全面了解该问题的研究现状,考虑对其上位类以及与它类似的研究进行详细的分析,即持续知识贡献行为、信息系统/信息技术用户持续行为和虚拟社区用户持续知识贡献行为。具体分析如下:首先,界定持续知识贡献行为,明确其内涵;其次,本书将众包平台视为一种创新的信息系统,众包平台用户持续行为属于信息系统用户持续行为的一种,因此,对 IS/IT 用户持续行为相关研究进行述评能够为本书提供理论、方法上的支持和引导;最后,对众包用户持续知识贡献行为的相关研究进行述评,由于现有的相关研究数量较少,考虑众包平台是为用户提供知识创造、知识转移、知识交流的社区平台,具有虚拟社区的一般特性,因此将虚拟社区持续知识贡献行为的相关研究纳入文献分析中,总结已有研究涉及的理论、方法以及影响持续知识贡献行为的因素等,并结合众包情境,深入分析已有研究的不足。

2.1 持续知识贡献

目前,学术界对用户持续知识贡献并没有统一的概念,并对此概念与用户持续使用之间的关系也颇有争议,关注的焦点在于"使用"与"贡献"的行为差别。《辞海》中,"使用"意为"行、做","贡献"则意为"进奉、进贡",今指把自己的力量、经验、物资等献给国家、人民或做有益于国家人民的事。前者强调作用的过程不一定会产生结果的变化,而后者强调作用效果,即对个人或群体产生有益的效果。学术界 Vroom(1988)[1]等人认为用户在虚拟社区中的贡献是作为社区成员参加社区内的活动,并为群体或者社区做出自己的贡献。Wenger(1998)[2]利用 LLP(Legitimat Peripheral Participation),即合法边缘性理论对虚拟社区用户贡献进行了研究,指出用户贡献不仅包含 Vroom 等人的研究观点,还体现了用户在虚拟社区进行情境学习的过程以及在此过程中身份建构的重要性。Fang & Neufeld(2006)[3]认同 Wenger 的观点,认为用户持续使用即是"存在",并指出情境学习与身份建构是在用户持续贡献过程中才能够实现的。用户在交互的过程中奉献得越多,参与贡献的频率越高,就越能

---

[1] Vroom V, Jago A. The new leadership: Managing participation in organizations[M]. Englewood cliffs, NJ: Prentice-Hall, 1099.
[2] Wenger E. Communities of practice: Learning, meaning and identity[M]. Cambridge: Cambridge University Press, 1998.
[3] Fang Y, Neufeld D J. Should I Stay or Should I Go? Worker Commitment to Virtual Organizations[C]//Hawaii International International Conference on Systems Science. DBLP, 2006: 27b-27b.

从情境学习中收获更多,也越容易构建用户个体的身份。

一般情况下,在用户持续知识贡献过程中,用户会经历角色的、关系的、情感的、认知的行为变化,这本身就是一个动态发展的过程。总的来说,众包平台用户持续知识贡献从狭义上是指众包平台用户实际参与知识活动及相关事件的行为,而在广义上,用户持续知识贡献是一个过程,这个过程包括了众包平台用户在知识活动及相关事件的过程中情感上的参与与实际行动上的参与。本书以广义的概念为研究落脚点,关注用户持续知识贡献行为,并认同 Wenger 关于情感参与的具体化描述(包括身份建构、认同感、信任感、归属感等)和实际行动的具体描述(如知识和信息的贡献及获取、服务使用和活动参与等)。

2.2 IS/IT 用户持续行为研究

用户持续行为理论的研究最早源于信息系统研究领域。通常,我们认为一个信息系统成功的衡量标准并非是用户初始的接受行为决策,而是用户持续使用的行为。无论用户的初始接受有多广泛,未来提供的信息服务功能如果不能满足用户对信息系统的需求,那么用户持续使用的行为就会下降。整理用户持续行为相关文献发现,其理论研究主要来源于三个方面:即基于用户接受及其扩展的持续使用行为理论、基于期望确认及其扩展的持续使用行为理论、融合多种理论的持续使用行为。

2.2.1 基于用户接受及其扩展的持续使用行为研究

基于用户接受及其扩展的持续使用行为理论是依据计划行为理论(Theroy of Planned Behavior,TPB)、技术接受模型(Technology Acceptance Model,TAM)、任务-技术匹配理论(Task-Technology Fit Theory,TTF)、创新扩散理论(Diffusion of Innovation,DOI)、整合技术接受模型(Unified Theory of Acceptance and Use of Technology,UTAUT)的改进和扩展,认为持续使用行为是首次采纳在时间上的延伸,与首次采纳接收信息系统时具有同样的概念集,仍以原有初始采纳信息系统的影响因素作为研究切点,解释用户后采纳行为,即用户持续行为。

1. 计划行为理论研究

计划行为理论以理性行为理论为基础,Ajzen 和 Fishbein(1985)[1]在此基础上引入了感知行为控制变量,如图 2-1 所示。认为用户对完成某一行为容易或困难的感知能够影响用户的行为意愿。当个体感知行为控制能力越强,行为意向就越强。

M. H. Hsu 和 C. M. Chiu(2007)[2]在解构计划行为理论(Decomposed Theory of Planned Behavior,DPTB)基础上,整合先前信息系统理论和实验结果,构建了用户电子服务持续使用的模型,将原有 TPB 模型中行为态度解构为感知有用性、感知风险、感知娱乐性;主观规范解构为个人内在影响、外部环境影响;感知行为控制解构为网络自我效能感和感知

---

[1] Fishbein M, Ajzen I. Belief, Attitude, Intention and Behaviour: an introduction to theory and research[J]. CahiersD Études Africaines,1975,41(4):842-844.

[2] Hsu M H, Chiu C M. Predicting electronic service continuance with a decomposed theory of planned behavior[J]. Behaviour & Information Technology,2007,23(5):359-373.

控制力。研究发现用户电子服务持续使用意向是由网络自我效能感和满意度决定的。

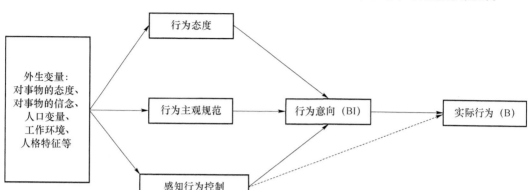

图 2-1 计划行为理论模型

E. Pelling 和 K. M. White(2009)[①]以原有的计划行为理论(TPB)为基础进行扩展,引入了自我认同和归属感两个变量,预测 17～24 岁年轻人持续应用社交网站(Social Networking Web sites,SNWs)的意图和行为,研究发现自我认同和归属感影响年轻人对 SNWs 上瘾倾向,态度、主观规范、自我认同对预测年轻人持续使用有显著影响,应用这些发现制定相应的措施改变年轻人高频率应用抑或防止年轻人社交网络成瘾的现象。

M. M. Al-Debei 和 E. Al-Lozi(2013)[②]将感知价值引入计划行为理论中,用来解释用户持续参与 Facebook 的意图和行为。研究发现用户持续参与意图和感知价值对用户持续参与行为有正向影响,感知行为控制则对用户持续参与行为没有显著影响。

N. Hajli(2015)[③]等扩展了计划行为理论(TPB),将社会支持引入模型中,对驱动用户持续参与在线社区的影响因素进行分析,指出社会支持和感知价值对在线社区用户持续参与有显著影响。

H. Ajjan 等(2014)[④]利用解构的计划行为理论探索企业内部即时消息(Enterprise Instant Message,EIM)持续使用的影响因素以及对企业内部知识创造、知识转移、知识留存的影响,同时验证了用户持续使用 EIM 对企业知识管理具有积极正向的影响。

K. G. Boakye(2015)[⑤]利用计划行为理论,整合了质量框架,对用户持续应用移动数据服务的意图进行了实证研究,41.4%的移动数据服务用户的持续使用意图受系统服务质量和服务移动性的影响,该研究的重要发现是用户体验作为中介变量对用户的持续应用具有

---

① Pelling E L, White K M. The Theory of planned behavior applied to young people's use of social networking web sites[J]. CyberPsychology & Behavior, 2009, 12(6):755-759.
② Al-Debei M M, Al-Lozi E, Papazafeiropoulou A. Why people keep coming back to facebook: explaining and predicting continuance participation from an extended theory of planned behaviour perspective[J]. Decision Support Systems, 2013, 55(1):43-54.
③ Hajli N, Shanmugam M. A study on the continuance participation in on-line communiti-es with social commerce perspective[J]. Technological Forecasting & Social Change, 2015, 96(2015):232-241.
④ Ajjan H, Hartshorne. Continuance use intention of enterprise instant messaging: a knowledge management perspective[J]. Behaviour & Information Technology, 2014, 33(7):678-692.
⑤ Boakye K G. Factors influencing mobile data service (mds) continuance intention: an empirical study[J]. Computers in Human Behavior, 2015, 50:125-131.

决定性的作用。

2. 技术接受模型研究

技术接受模型(Technology Acceptance Model,TAM)[①]是 Davis 在 TRA 理论基础上于 1986 提出的。TAM 广泛应用于预测和评估用户对新 IS/IT 的接受程度,Davis 认为感知有用性和感知易用性是影响用户接受新 IS/IT 的主要因素,并指出感知有用性和感知易用性是决定态度的关键要素,从而影响用户的行为意愿和实际行为。技术接受模型如图 2-2 所示。

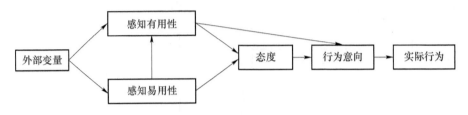

图 2-2 技术接受模型

Venkatesh 和 Devis(2000)[②]对已有 TAM1 进行修改,引入主观规范等社会影响因素,形成新的模型 TAM2。随后,Venkatesh 和 Bala(2008)[③]在 TAM2 的基础上引入了计算机自我效能等因素作为锚定变量,将感知愉悦性和客观可能性作为调节变量,研究结果表明初始阶段用户的采纳受感知易用性影响较大,随着持续应用,经验的增加降低了感知易用性的显著作用,并且感知娱乐性和客观可能性的影响增强。

Taylor S 等(1995)[④]借助技术接受模型(TAM)验证了 430 名有经验用户和 356 名无经验用户在持续使用行为影响因素上是存在差异的,两个群体除了态度,其他影响因素对持续使用意图均有积极正向影响,经验是影响用户持续使用的关键因素,对于有经验的用户,持续行为意愿和持续行为之间有着密切联系,并且意愿会转化为持续行为;相反,无经验的用户通过感知易用性增加持续使用的意图,但对持续行为的影响较小,不一定会生成实际行动。文章最重要的贡献是证明了 TAM 可以用来预测用户的持续使用行为,具有较好的解释效度。

D. Gefen(2003)[⑤]根据 TAM 模型对网上购物有经验的用户持续使用行为进行研究,将习惯(habit)变量引入 TAM 模型中,研究结果表明习惯变量不仅对感知有用性、感知易用性有显著影响,对持续使用意愿也有积极正向影响。

---

① Davis F. Perceived usefulness, perceived ease of use, and user acceptance of information technology[J]. MIS Quarterly,1989. 13(3):319-341.

② Venkatesh V, DavisF D. A theoretical extension of the technology acceptance model: Four longitudinal field studies[J]. Management Science, 2000, 45(2):186-204.

③ Venkatesh V, Bala H. Technology Acceptance model 3 and a research agenda on interventions[J]. Decision Sciences,2008,3(2):273-315.

④ Taylor S, Todd P. Assessing it usage: the role of prior experience[J]. MIS Quarterly,1995,19(4):561-570.

⑤ Gefen D. Tam or just plain habit: a look at experienced online shoppers[J]. Journal of Organizational & End User Computing, 2003,15(July), 1-13.

S. S. Kim 和 N. K. Malhotra(2005)[①]以用户接受理论 TAM 为基础,提出了两阶段纵向模型来分析基于 Web 的个性化信息系统用户的评价和行为是如何演进的。随着时间的演变、用户应用信息系统的使用率不断提高以及经验的不断累积,其对信息系统的评价和使用行为也会发生改变。文中强调了持续使用行为中四种不同的机制,即技术接受模型的过程、连续更新机制、反馈机制、重复的行为模式,并指出长期使用会使用户形成一种习惯性行为,对其持续使用行为有显著影响。

P. Ifinedo(2006)[②]利用技术接受模型 TAM 对波罗的海爱沙利亚地区的大学生持续使用网络学习工具的意愿进行研究,并将技术特征和用户特征引入模型中,研究结果显示技术特征和用户特征对感知易用性和感知有用性有积极影响,感知易用性对用户持续使用意愿有显著影响,感知有用性则没有影响。

R. Naidoo 和 A. Leonard(2007)[③]研究金融医疗网站的电子服务客户保持率行为时,利用 TAM 模型并引入了服务质量和忠诚两个外生变量,验证了感知有用性、服务质量和用户忠诚对持续使用电子服务的显著作用,高感知有用性环境下,感知有用性是用户持续使用的唯一因素,但是在低感知有用性环境下,服务质量对持续使用意愿的作用更显著。

Tseng,S. M.(2015)[④]利用 TAM 模型分析感知有用性和感知质量特征对用户持续使用网络在线服务(Web-Based Self-Services,WBSS)意愿的影响,研究发现感知质量对感知使用有积极正向影响,对满意度和持续使用意愿也有显著影响,应该为用户提供所需且正确的信息内容,而感知使用对满意度没有显著影响。

3. 任务-技术匹配模型研究

Goodhue(1995)[⑤]提出任务-技术匹配模型(Task-Technology Fit,TTF)用来解释信息技术对工作任务的支持能力,如图 2-3 所示,从任务特征、技术特征和个体特征三个方面强调 IT 与任务匹配程度,若具有良好的匹配程度,则表示产品具有良好的绩效或利用率。

王长林等(2011)[⑥]利用 TTF 理论构建移动政务后采纳阶段用户持续使用模型,认为感知匹配和感知有用与用户满意度成正相关,TTF 显著影响感知有用。

---

① Kim S S, Malhotra N K. A longitudinal model of continued is use: an integrative view of four mechanisms underlying post adoption phenomena[J]. Management Science, 2005, 51(5):741-755.

② Ifinedo P. Acceptance and continuance intention of web-based learning technologies (wlt) use among university students in a baltic country[J]. Ejisdc the Electronic Journal on Information Systems in Developing Countries, 2006, 23(6): 1-20.

③ Naidoo R, Leonard A. Perceived usefulness, service quality and loyalty incentives: effects on electronic service continuance[J]. South African Journal of Business Management, 2007, 38(3), 39-48.

④ Tseng S M. Exploring the intention to continue using web-based self-service[J]. Journal of Retailing & Consumer Services, 2015, 24:85-93.

⑤ Goodhue D L, Thompson R L. Task-Technology fit and individual performance[J]. MIS Quarterly, 1995, 19(2): 213-236.

⑥ 王长林,陆振华,冯玉强,等. 后采纳阶段移动政务的持续使用——基于任务-技术匹配理论的实证分析[J]. 情报杂志,2011,30(10):189-193.

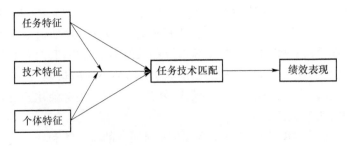

图 2-3　任务-技术匹配模型

4. 整合技术接受模型及其研究

Venkatesh 和 Devis(2003)综合上述已有模型,引入动机理论和创新扩散理论构建了整合技术接受模型(Unified Theory of Acceptance and Use of Technology,UTAUT)[①]。如图 2-4 所示,研究结果表明影响用户行为意愿和使用行为的主要因素为期望效用、期望努力、社会影响和便利条件,并在预测用户行为意愿与实际行为的过程中设置了人口统计学变量作为控制变量,探讨控制变量对行为的影响。

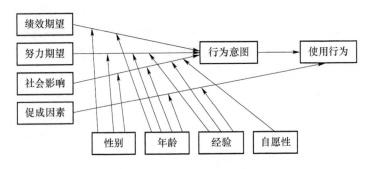

图 2-4　整合技术接受模型

Chiu C. M.,Wang E.(2008)[②]利用整合技术接受模型 UTAUT,引入主观任务价值(Subjective Task Value)变量研究网络学习者的持续使用意愿,结果表明感知绩效、努力期望、技术自我效能感、成就价值、效用价值和内在价值对用户持续使用有积极的影响,积极的主观任务价值与感知绩效、努力期望一样都是促进学习者持续使用网络学习的行为意愿的重要因素。

董婷(2013)[③]利用 UTAUT 理论,并将感知风险、情境和满意度引入模型中,对移动支付用户持续使用意愿的影响因素进行分析。通过对 275 位有经验用户的调查认为使用情境通过绩效期望和努力期望对用户持续使用意愿有间接影响,而绩效期望、感知风险、社会影响对持续使用有正向影响。

---

① Venkatesh V, Morris M G, Davis, F D. User acceptance of information technology: Toward a unified view[J]. MIS Quarterly,2003,27(3):425-478.

② Chiu C M, Wang E. Understanding web-based learning continuance intention: the role of subjective task value[J]. Information & Management,2008,45(3):194-201.

③ 董婷. 移动支付用户持续使用意愿研究[D]. 南京:南京大学,2013.

Sun Y.等(2014)[①]利用 UTAUT 模型对中国 320 名 SNS 用户持续使用意愿进行调查,结果证明了相较 TAM、TPB 等单一模型,UTAUT 能够更好地解释用户持续使用 SNS 行为,认为感知有用性、使用满意度、信任、主观规范、努力期望、社会影响对用户持续使用 SNS 有重要影响。

采用用户接受 TAM 及扩展模型研究用户持续使用行为的文献存在以下不足:①采用横截面研究方法(Cross-Sectional Field Study)获取到的数据为静态数据,无法体现用户持续行为的动态变化;②TAM 及扩展模型的理论思路是延续用户初始采纳行为时的态度、意向去预测和分析用户持续行为,其构建的模型对用户持续行为的解释度不高,已有学者验证了此观点(Limayem M.C.,2003[②]),究其原因,持续行为不单是初始采纳的延续,它还受到心理、社会、经济等各方面的影响。因此,采用经典 IS 采纳理论解释用户持续使用行为具有一定的局限性。

2.2.2 基于期望确认及其扩展的持续使用行为研究

1. 期望确认理论

与传统通过技术接受模型研究持续行为不同,期望确认理论(Expectation Confirmation Theory,ECT)是全新的理论框架,它源于 Oliver(1981)[③]消费者重复购买行为的研究,研究结果表明用户是通过比较购买前的期望与实际使用后的感知绩效,若用户觉得满意则会促进其重复购买,反之,行为终止。如图 2-5 所示。

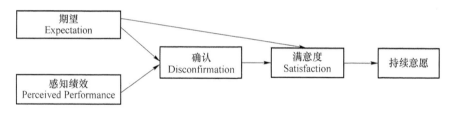

图 2-5 期望确认模型

ECT 模型是解释和预测用户持续行为最基础的理论模型,最早应用于消费者行为领域,但随着信息技术地不断发展,ECT 也被广泛应用于 IS/IT 用户持续使用行为中。但是,ECT 模型仍然存在一定的不足,如没有很好地体现用户期望的动态性,用户使用先后的期望会随着时间的变化而变化,存在一定的差异。

2. 信息系统持续使用理论

Bhattacherjee(2001)[④]以 ECT 为基础,依据"期望/感知绩效-确认-满意-持续使用意图"

---

① Sun Y, Liu L, Peng X, et al. Understanding Chinese users' continuance intention toward online social networks: an integrative theoretical model[J]. Electronic Markets,2014, 24(1):57-66.

② Limayem M, Cheung C M K, Chan G W W. Explaining Information Systems Adoption and Post-Adoption: Toward an Integrative Model[C]//International Conference on Information Systems, 2003:720-731.

③ Oliver R L, Linda G. Effect of satisfaction and its antecedents on consumer preference and intention[J]. Advances in Consumer Research,1981,8(1):88-93.

④ Bhattacherjee A. Understanding Information Systems Continuance: An Expectation-Confirmation Model[J]. MIS Quarterly,2001,25(3):351-370.

的范式,结合 IS 的特点,提出了 IS 持续使用模型。Bhattccherjee 认为 IS 的持续使用决策和消费者的消费决策是相似的,为避免期望在使用前后的差异性,将技术接受模型中的感知有用性影响因子引入到模型中,构建了信息系统持续使用模型(Expectation-Confirmation Model-IT, ECM-IT),感知有用性会依据用户期望进行调整,用户主观感受也会直接影响行为意图,如图 2-6 所示。

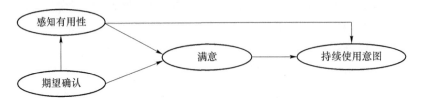

图 2-6 信息系统持续使用模型

Wang J., Sun B.(2007)[①]利用信息系统持续使用模型,探讨了习惯变量是如何影响用户 IS 持续使用,并分三种情况进行讨论,当模型中无习惯变量时,所有变量对持续使用意愿均成正相关关系;当习惯作为直接变量时,习惯对用户 IS 持续使用行为有显著影响;当习惯作为 IS 使用意愿与持续行为的调节变量时,习惯对两者之间的关系具有显著影响。

Jin X. L(2010)[②]利用期望确认模型,引入娱乐价值和感情承诺两个外生变量,预测中国大学公告板 BBS 用户持续使用意愿,发现满意度和感情承诺是用户持续使用 BBS 的决定因素,娱乐价值和任务不一致对满意度和感情承诺有显著影响。

Shiau Wen-Lung 和 Margaret Meiling Luo(2012)[③]利用期望确认模型,探讨 blogs 用户持续使用意愿,研究表明用户参与、满意度、感知娱乐性对用户持续使用意愿有直接影响,习惯在满意度和用户意愿之间没有表现出强相关性,花费在 blogs 的时间对习惯和感知娱乐性有积极影响,但对满意度和持续使用意愿没有影响。

Shiau W., Chau P. Y. K.(2012)[④]利用 ECM-IS 模型对博客用户持续使用意愿进行分析,通过对台湾 6 个知名博客共 361 名用户数据的调查发现,采用 ECT-IS 模型化 TAM 模型能更好地解释博客用户持续使用意愿,并且也为博客服务提供商提供了有价值的信息以加强和拓展博客功能,从而提高用户满意度。

Ralph Keng-Jung Yeh, James T. C. Teng(2012)[⑤]将技术采纳的关键因素感知有用性进行了概念化扩展,探讨 IS 持续使用阶段的影响作用,利用 ECT 理论将感知有用性延伸为扩展感知有用性(即感知效率和感知有效性),并对美国一所大型州立大学的研究生进行调

---

① Wang J, Sun B. How habit limits the predictive power of intention: the case of information systems continuance [J]. MIS Quarterly,2007,31(4):705-737.

② Jin X L, Lee M O, Cheung C. K. Predicting continuance in online communities: model development and empirical test[J]. Behaviour & Information Technology,2010,29(4):383-394.

③ Wen-Lung Shiau, Margaret Meiling Luo. Continuance intention of blog users: the impact of perceived enjoyment, habit, user involvement and blogging time[J]. Behaviour & Information Technology,2012,32(6):1-14.

④ Shiau W, Chau P Y K. Understanding blog continuance: a model comparison approach[J]. Industrial Management & Data Systems,2012,112(4):663-682.

⑤ Ralph Keng-Jung Yeh, James T C. Teng. Extended conceptualisation of perceived usefulness:empirical test in the context of information system use continuance[J]. Behaviour & Information Technology,2012,31(5):525-540.

查分析,验证了扩展感知有用性相比传统感知有用性对满意度和用户持续使用意愿更具解释效率,同时对满意度和用户持续使用意愿也具有显著影响作用。

Pereira F. A. D. (2015)[①]等利用解构的期望不一致理论,引入技术就绪指数(Technology Readiness Index,TRI),对巴西两个公共组织中用户持续使用数字化服务意愿进行分析,通过调查的343名有经验用户的分析表明,满意度是用户持续使用数字化服务的决定性因素,技术就绪指数与绩效之间具有相关关系。技术就绪指数最主要的贡献是为以绩效为核心的远程培训课程和公共组织中数字化应用评估提供了一种新的方法。

Bøe,T.(2015)[②]基于 ECM-IT 模型,从个人使用和管理的视角,通过对挪威大学6 500名学生和460名教师的网络调查,进而研究高等教育中用户信息交流技术(ICT)的持续使用行为,并对传统持续使用模型进行了补充。

肖怀云(2011)[③]基于 ECM-IT 模型,通过与采纳行为相比较,分析 MC 消费者持续使用行为的特征,通过内外部演化过程分析用户认知变化的过程。

刘鲁川,孙凯(2012)[④]利用 ECM-ISM 理论及其扩展模型构建云计算服务用户持续使用模型,并验证了其适用性,认为感知有用性、用户满意度等是用户持续使用的关键影响因素。

彭希羡等(2012)[⑤]在 ECM-ISC 模型基础上,从微博特点、系统质量、主观规范三个方面扩展构建微博用户持续使用意愿的理论模型,并通过实证研究证明满意度、隐私安全对用户持续使用意愿有直接影响。

张希风(2013)[⑥]利用 ECM-IT 理论构建消费者持续使用电子商务网站意愿的模型,从主观规范、习惯、自我效能和转换成本四个维度进行分析。通过对网购的249名用户的分析,得出用户持续使用的最大影响因素是感知绩效,其次是满意度。其他相关因素(如有用性、易用性、感知娱乐等)对持续使用意愿有直接或间接的影响。

热米娜·阿布都卡的尔(2014)[⑦]利用 ECM-IS 模型,融入 SNS 特性,并引入社会认同、自我认同、习惯等因素构建了 SNS 用户持续使用行为模型,认为满意度是用户持续使用的显著影响,期望则对满意度、感知有用性有积极显著影响。

刘虹,孙建军等(2014)[⑧]利用期望确认模型构建视频网站持续使用模型,并引入感知娱乐、感知成本、习惯外生变量,并将模型分为两部分分析用户持续行为的影响因素及作用机理,认为感知娱乐对持续使用意向有直接影响。习惯则作为意向与行为之间的调节变量。

---

① Pereira, F. A. D. M., Ramos, A. S. M., Gouvêa, M. A. & Costa, M. F, D. Satisfaction and continuous use intention of e-learning service in brazilian public organizations. Computers in Human Behavior,2015,46(51):139-148.

② Bøe T,Gulbrandsen B, Øystein Sørebø. How to stimulate the continued use of ICT in higher education: Integating Information Systems Continuance Theory and agency theory[J]. Computers in Human Behavior,2015,50 (C):375-384.

③ 肖怀云. MC 消费者持续使用行为演化分析[J]. 西安电子科技大学学报:社会科学版,2011(6):49-54.

④ 刘鲁川,孙凯.云计算服务用户持续使用的理论模型[J]. 数学的实践与认识,2012,42(17):129-139.

⑤ 彭希羡,冯祝斌,孙霄凌,等. 微博用户持续使用意向的理论模型及实证研究[J]. 现代图书情报技术,2012(11):78-85.

⑥ 张希风.消费者持续使用电子商务网站意愿的模型构建及实证研究[D].杭州:浙江工商大学,2013.

⑦ 热米娜·阿布都卡的尔. SNS 用户持续使用行为的影响因素及实证研究[D].北京:北京邮电大学,2014.

⑧ 刘虹,裴雷,孙建军. 基于期望确认模型的视频网站用户持续使用的实证分析[J].图书情报知识,2014(3):94-103.

李然(2014)[①]利用 ECM-IT 理论整合价值采纳模型,分析移动购物的影响因素,通过对中国移动购物的特点指出普遍连接、感知愉悦、技术复杂度、满意度等均对用户持续使用有影响。

江源(2014)[②]以 ECM 理论为基础,从服务质量的角度分析虚拟社区用户持续使用意愿,对江西师范大学 357 名学生的调查访问得出满意度直接影响用户持续参与意愿,而服务质量、确认、有用性则对满意度有直接影响。

邓李君,杨文建(2014)[③]利用 ECM-ISC 理论探讨移动图书馆持续性使用,从信息质量、系统质量、服务质量三个主要因素实现用户测度并区分各因素的重要性。

李曼静(2015)[④]以 ECM 理论为依据,引入感知风险和感知愉悦性两个外生变量,对国内科学网、小木虫等学术虚拟社区用户持续使用意愿进行调查分析,认为满意度、期望确认度、信任度和社区交往与互动是影响用户持续使用意愿的主要变量。

赵鹏,张晋朝(2015)[⑤]利用 ECM 理论,从用户满意度和感知风险视角分析在线存储服务持续使用意愿,通过对 226 名用户的数据分析认为满意度对用户持续使用意愿有显著作用,而感知风险则影响不显著。

杨根福(2105)[⑥]基于 ECM-IT 模型对移动阅读用户持续使用影响因素进行分析,认为满意度、感知有用性、感知娱乐性对用户持续使用有显著影响,阅读的内容、服务等功能对用户满意度有显著影响。

赵杨,高婷(2015)[⑦]利用 ECM-ISC 分析移动图书馆用户 App 持续使用意愿,通过对 406 名用户的有效访问认为系统质量、信息质量、服务质量、感知有用性、习惯对用户持续使用有积极正向影响。

张冰(2015)[⑧]以 ECM 理论为基础,根据分类信息网站的特点,引入感知易用性、感知转化成本、系统质量、信息质量、服务质量五个外生变量,通过网络调查得出影响用户持续使用意愿的关键因素是感知易用性和感知转换成本。

李武,赵星(2016)[⑨]利用 ECM 模型构建了社会化阅读 App 持续使用意愿的理论模型,并通过对大学生的调查分析,发现影响社会化阅读 App 持续使用的主要因素是期望确认和满意度,而阅读有用性认知则对满意度和持续使用意愿有积极影响,但同时满意度和持续使用意愿也受到主观规范等其他变量的影响。

尽管 IS 持续使用模型摒弃了初始采纳研究持续行为的思路,但是模型中仍然存在不尽

[①] 李然.持续使用移动购物意愿的影响因素研究[D].成都:电子科技大学,2014.
[②] 江源.虚拟社区用户持续使用意愿影响因素研究——期望确认理论和服务质量视角[D].南昌:江西师范大学,2014.
[③] 邓李君,杨文建.基于扩展持续使用模型的移动图书馆持续性使用影响因素分析[J].图书馆理论与实践,2014(3):90-93.
[④] 李曼静.学术虚拟社区用户持续使用意愿研究[D].南京:华中师范大学,2015.
[⑤] 赵鹏,张晋朝.在线存储服务持续使用意愿研究——基于用户满意度和感知风险视角[J].信息资源管理学报,2015(2):70-78.
[⑥] 杨根福.移动阅读用户满意度与持续使用意愿影响因素研究——以内容聚合类 APP 为例[J].现代情报,2015,35(3):57-63.
[⑦] 赵杨,高婷.移动图书馆 App 用户持续使用影响因素实证研究[J].情报科学,2015(6):95-100.
[⑧] 张冰.分类信息网站用户持续使用意愿影响因素研究[D].哈尔滨:哈尔滨工业大学,2015.
[⑨] 李武,赵星.大学生社会化阅读 App 持续使用意愿及发生机理研究[J].中国图书馆学报,2016(1):52-65.

如人意的地方。例如,IS 持续使用模型仅从有用性上考虑用户满意度,忽视了用户持续行为受其他因素影响的情况,考虑的因素有所欠缺,对用户持续行为的解释不足。

2.2.3　融合多种理论的持续使用行为研究

多种理论的持续使用行为研究如表 2-1 所示。

如表 2-1 所示,许多学者将技术接受模型和期望确认理论或其他理论相融合构建新的理论模型研究用户持续使用行为。另外,还有一些学者从不同的视角分析了用户持续使用行为如下。

Chen I. Y. L.(2007)[1]从情境和技术视角纵向研究影响个人用户持续参与专业虚拟社区知识共享意愿的因素。其中,情境因素包括社会互动关系期望和社会互动关系确认,与之前基于 ECT 研究的结论不同的是技术因素中的系统质量确认与网站使用满意度之间并没有强相关关系,社会互动关系确认对后使用阶段社会互动关系和满意度有显著影响,同时,两者也是用户持续使用意愿的影响因素,对技术因素中知识质量也有积极正向影响。

Lin K. M. 等(2011)[2]以负面关键事件(Negative Critical Incidents)为研究视角,认为过往服务遭遇、信念、满意度、态度是用户持续使用意愿的关键因素,将 NCIS 和质量归因分为四个维度进行分析,证明了 NCIS 是影响用户决定持续参与 E-learning 的因素。

Zhao K. 等(2013)[3]预测用户持续使用虚拟社区的意愿,将其分为无意识意愿和有意识意愿两种意图结构过程,意愿目的也分为两种,即持续消费(持续浏览或搜寻信息)和持续贡献。在无意识过程中,资历和使用程度对用户持续贡献有显著影响;在有意识过程中,感知信息和利他利益对用户持续消费和持续贡献都有显著影响,感知利益对持续贡献无明显影响。研究最主要的贡献就是将持续使用意图分为消费和贡献,并验证了两种意图受以往使用经验和感知利益因素影响是不同的。

Zhou T. 和 Li H.(2014)[4]从社会影响和隐私视角研究中国移动 SNS 用户持续使用行为,并将社会影响分成承诺、确认、内在主观三部分,分别代表主观规范、社会确认和群体规范,结果表明社会影响与隐私对用户持续使用行为有显著影响。

徐光,刘鲁川(2015)[5]从协作学习视角分析在线学习持续使用行为,确认学习中技术和功能性因素对 MOOCs 的期望有直接影响;同时,在协作学习中,结构性和社会性的因素对持续使用也有影响。

---

[1] Chen I Y L. The factors influencing members' continuance intentions in professional virtual communities-a longitudinal study[J]. Journal of Information Science,2007,33(4):451-467.

[2] Lin K M, Chen N S, Fang K. Understanding e-learning continuance intention: a negative critical incidents perspective[J]. Behaviour & Information Technology, 2011,30(1):77-89.

[3] Zhao K, Stylianou A C, Zheng Y. Predicting users' continuance intention in virtual communities: The dual intention-formation processes[J]. Decision Support Systems,2013, 55(4):903-910.

[4] Zhou T, Li H. Understanding mobile SNS continuance usage in China from the perspectives of social influence and privacy concern[J]. Computers in Human Behavior, 2014,37:283-289.

[5] 徐光,刘鲁川. 慕课背景下学习伙伴对在线学习者持续使用行为的影响——基于协作学习视角[J]. 山东师范大学学报:人文社会科学版,2015(5):135-142.

表 2-1 融合多种理论的持续使用行为研究

文献	研究主题	基础理论	研究对象	调查样本	因变量	自变量	研究方法	主要结论
Liao Chechen 等(2006)[1]	预测和解释个人用户在线服务持续使用意图	期望不一致理论(EDT) 计划行为理论(TPB)	网络大学系统 Cyber University System	系统内注册的469名学生	持续使用意图	PU PEOU SAT SN PBC	调查问卷 结构方程模型	用户持续使用电子服务意图的重要决定因素在于用户的满意度;另外,感知有用性和主观规范对其也有积极的促进作用
Vatanasombut B., Igbaria M. (2008)[2]	用户持续使用在线银行服务意愿	承诺信任理论 commitment-trust theory 期望确认理论(ECM) 技术接受模型(TAM)	美国运营良好的财政机构	4 667名用户库中随机选取发放问卷,最终有效问卷1 058	客户保留	PS Trust RC PE Commuication	调查问卷 结构方程模型	关系承诺和信任是IS持续使用意愿的核心因素,其中感知授权对关系承诺有积极正向影响,感知安全则正向影响信任,研究的重要贡献是信任在电子商务领域是预测用户保有率的重要因素,这一点与市场营销研究是相反的
Cheung C. M. K(2009)[3]	虚拟社区可持续使用	期望确认理论(ECM) 社会影响理论(SIT) 使用满意理论(UGT)	中国香港HongKong. Education Cty (http://www.hkedcity.net)	315名教师	持续使用意愿 推荐意愿	SAT SN SE EV PV Commitment	在线调查 结构方程模型	满意度、承诺、群体规范对持续使用意愿有显著影响,其中满意度影响程度最大;与个体相关的因素(如用户满意度发现和自我价值)对用户意愿也有显著影响,与社会相关的因素对承诺和群体规范则有重要作用

[1] Liao C, Chen J L, Yen D C. Theory of planning behavior (TPB) and customer satisfaction in the continued use of e-service: an integrated model. [J]. Computers in Human Behavior, 2007, 23(6): 2804-2822.

[2] Vatanasombut B, Igbaria M. Information systems continuance intention of web-based applications customers: the case of online banking[J]. Information & Management, 2008, 45(7): 419-428.

[3] Cheung C M K, Lee. Understanding the continuance intention of knowledge sharing in online communities of practice through the post-knowledge-sharing evaluation processes[J]. Journal of the American Society for Information Science & Technology, 2013, 64(7): 1357-1374.

续表

文献	研究主题	基础理论	研究对象	调查样本	因变量	自变量	研究方法	主要结论
Larsen T. J (2009)①	用户持续使用 IS 的动机	期望确认理论(ECT) 任务-技术匹配模型(TTF)	3 所大学中的 3 个系学生	135 名学生	持续使用意愿	PU Confirmation PTT Utilization SAT	调查问卷	TTF 中引入的变量感知任务技术匹配和利用是用户持续使用 IS 的重要因素。同时也提出了两种不同的解释路径：以工作系统为中心的通过 IS 的利用影响持续使用意愿，以 IT 为中心的通过满意度影响用户持续使用意愿
Chen H., Chen H. H (2009)②	个人用户持续使用自助服务(Self-service technologies)	技术接受模型(TAM) 计划行为理论(TPB)	自助服务技术中的电子服务功能	481 名台湾商业管理硕士和信息管理本科生	持续使用意愿	PU PEOU SAT SN PBC Optimism Innovation	访谈法	满意度对用户持续使用意愿有显著影响，感知有用性、易用性、主观规范、感知行为控制、乐观、创新对满意度显著影响
Venkatesh V (2011)③	电子政务服务平台	期望确认理论(ECT); 整合技术接受模型(UTAUT)	中国香港电子政务门户网站(SmartIDs, GovWeb)	两阶段调查 stage1. 10368 stage2. 4670	持续使用意愿	PE EE SI Trust ATT SAT	在线调查(SmartIDs, GovWeb)	态度作为使用前和持续使用的变量也会不同程度地发生变化。所有的变量在持续使用阶段大部分小于使用前，表明用户的感受是不稳定的。社会影响在持续使用阶段也低于使用前，表明在一定时间内社会影响是相对稳定的

① Mohamed N, Hussein R, Zamzuri, et al. Insights into individual's online shopping continuance intention[J]. Industrial Management & Data Systems, 2014, 114 (9): 1453-1476.

② Chen H, Chen H H. Determinants of satisfaction and continuance intention towards self-service technologies[J]. Industrial Management & Data Systems, 2009, 109(8-9): 1248-1263.

③ Venkatesh V, Thong J Y L, Chan F K Y, et al. Extending the two-stage information systems continuance model: incorporating utaut predictors and the role of context[J]. Information Systems Journal, 2011, 21(6): 527-555.

续表

文献	研究主题	基础理论	研究对象	调查样本	因变量	自变量	研究方法	主要结论
Byoungsoo Kim (2010)①	预测用户持续使用移动数据服务的行为意愿	期望确认理论(ECT) 计划行为理论(TPB)	韩国移动数据服务用户	使用移动数据服务的用户 207名18~35岁的年轻人	持续使用意愿	PU,PE PF SAT SN PBC CON IPI,ESI	调查问卷	感知有用性、感知娱乐性、感知价值是用户持续使用的重要影响因素
Ham J. (2012)②	虚拟社区用户持续使用意愿	技术接受模型(TAM) 社会资本理论(SCT)	韩国虚拟社区使用有经验的用户	168名用户	持续使用意愿	PU SAT CON PEOU Trust NQ	在线调查 两阶段结构方程模型	从技术接受、社会资本视角构建了四个模型,发现从社会角度利用社会资本理论诠释用户持续使用意愿最合适
Hsieh T. C (2014)③	ePortfolio电子档案持续使用	计划行为理论(TPB) 技术接受模型(TAM) 期望确认理论(ECT) 归因理论(Attribute theory)	ePortfolio	122采纳-持续阶段 adoption-continuous stage 117持续阶段 continuous stage	持续使用意愿	PU PEOU SAT ATT ES PWS Attr	纵向研究方法(Longitudinal test) 3次调查问卷	持续阶段感知有用性和态度对感知有用性的影响显著,用户的信念从采纳阶段到持续使用阶段都作为归因阶段归因的调节效应,但在持续使用意愿的影响并不显著,持续阶段的感知有用性和态度对持续使用意愿的重要因素,满意度和归因变量是驱动用户持续使用意图的重要因素

---

① Kim B. An empirical investigation of mobile data service continuance: Incorporationg the theory of planned behavior into the expectation-confirmation model[J]. Expert System with Applications,2010,37(10):7033-7039.
② Ham J,Park J,Lee J N, et al. Understanding Continuous Use of Virtual Communities: A Comparison of Four Theoretical Perspectives[C]//Hawaii International Conference on System Sciences 2012:753-762.
③ Hsieh T C, Chen S L, Hung M C. Longitudinal test of eportfolio continuous use: an empirical study on the change of students' beliefs[J]. Behaviour & Information Technology,2014,34(8):1-16.

续表

文献	研究主题	基础理论	研究对象	调查样本	因变量	自变量	研究方法	主要结论
Lai C. Y., Yang H. L. (2014)①	用户持续Wikipedia内容编辑	期望确认理论(ECT) 期望价值理论(EVT)	English Wikipedia	288名Wikipedia注册用户	持续使用意愿	SAT CON PJ Commitment Value Cost	网络调查法 结构方程模型	以心理和情境为视角,认为确认(主观任务价值,承诺和分配公正)显著影响用户的满意度,满意度是用户持续Wikipedia内容编辑的决定因素
Lowry, P. B.等(2015)②	解释终端用户对系统评价和持续使用意愿	期望不一致理论(EDT) 任务-技术适配理论(TTF)	中国香港的公立大学	477名商科学生	持续使用意愿			提出多动机IS持续使用意愿模型(MISC):内在动机、外在动机、感情动机来解释用户满意度和持续使用意愿
姚涛(2006)③	网络游戏持续使用	计划行为理论(TPB) 技术接受模型(TAM) 期望确认理论(ECT)	网络游戏	403	持续使用意愿	ATT SN PBC SQ		满意度是最重要的因素,其次是主观规范,游戏设计质量、网络游戏自我效能和服务质量
刘鲁川(2014)④	云计算的移动浏览器用户持续使用	任务-技术适配理论(TTF) 信息系统持续使用理论(ECM-IST)	微博使用经历	502名用户	持续使用意愿	SAT SQ IT PM	实证研究 结构方程模型	满意度和IT自我效能对用户持续使用有正向影响,感知匹配对用户满意度有直接影响

---

① Lai C Y, Yang H L. The reasons why people continue editing wikipedia content—task value confirmation perspective[J]. Behaviour & Information Technology, 2014,33(12):1371-1382.
② Lowry P B, Gaskin J, Moody G D. Proposing the multi-motive information systems continuance model (misc) to better explain end-user system evaluations and continuance intentions[J]. Journal of the Association for Information Systems, 16(7): 515-579.
③ 姚涛. 基于延伸的计划行为理论的网络游戏持续使用研究[D]. 杭州:浙江大学, 2006.
④ 刘鲁川, 王菲. 移动浏览器用户的感知匹配与持续使用意向研究[J]. 情报科学, 2014(02):106-111.

续表

文献	研究主题	基础理论	研究对象	调查样本	因变量	自变量	研究方法	主要结论
刘佳(2014)①	顾客持续使用行为	技术接受理论(TAM)流理论(Flow Theory)	小米		持续使用行为	PU PE ATT PC PE 产品涉入度 感知同步性	案例分析	外在驱动:感知有用性、感知易用性—态度—持续使用意向; 内在驱动:产品涉入度、同步性—心流体验—意向和行为
赵英、范娇颖(2016)②	社交媒体持续使用	期望确认理论(ECT) 信息系统持续使用理论(ECM-IST) 使用与满足理论(UGT)	微信 微博 人人网	235名用户	持续使用意愿	PU SAT 信息质量 系统质量 服务质量	分层随机抽样	共性:服务质量、满意度、满足程度间接影响持续使用意愿; 差异性:媒体特定不同受信息质量、系统质量影响不同

(注:PU 感知有用性,PEOU 感知易用性,SAT 满意度,PWS 网站偏好,Attr 归因,PBC 主观行为控制,CON 确认,ATT 态度,PE 感知娱乐性,PF 感知价格,IPI 人际关系影响,ESI 外部影响,ES 感情稳定性,SN 主观规范,SI 社会影响,Trust 信任,EE 努力期望,PS 感知安全,RC 关系承诺,NQ 网站价值,EV 娱乐价值,PV 目标价值,DHO 不确定性带助,DOP 不确定互惠,PJ 分配公正,GC 目标冲突,RA 风险规避)

① 刘佳. TAM 和心流理论下的顾客持续使用行为[D]. 大连:大连理工大学,2014.
② 赵英,范娇颖. 大学生持续使用社交媒体的影响因素对比研究——以微信、微博和人人网为例[J]. 情报杂志,2016,35(01):188-195.

2.3 众包平台用户持续知识贡献行为

本章初始已对文献分析策略进行了说明,由于直接以众包用户为研究主体分析其持续知识贡献行为的文献较少,因其具有虚拟社区的一般特性,所以适当地扩展了文献搜集范围,将虚拟社区用户持续知识贡献行为纳入参考,以便全面了解持续知识贡献行为的研究现状,并结合众包情境深入分析持续知识贡献行为的理论基础、研究方法和影响因素。

2.3.1 研究概况

依据上述文献分析策略,为全面获取与研究问题相关的文献,对直接以众包用户持续知识贡献行为为主题和与其类似的虚拟社区用户持续知识贡献行为的文献分别进行检索,利用中外文数据库CNKI、万方、EBSCO、Springer、Web of Science、IEEE、ProQuest,将"众包""众包用户"分别与"持续行为""持续知识贡献"组配作为中文文献检索词,"crowdsurcing""crowds"分别与"continuous/continuance knowledge contribution"组配作为英文文献检索词,并对已获得文献进行回溯检索,共检索文献12篇,用同样的方式,以"虚拟社区"分别与"持续行为""持续知识贡献"组配作为中文文献检索词,"virtual communities""virtual community"分别与"continuous/continuance knowledge contribution"组配作为英文文献检索词,共检索文献58篇,最终共检索出符合要求的文献70篇,其中英文文献42篇,中文文献28篇。从数字上看,国外对于用户持续知识贡献行为的研究明显高于国内研究,并且文献多集中于近几年,说明用户持续行为研究已引起了学界的关注,但国内研究相对匮乏,有待进一步深入研究。

2.3.2 关注的影响因素

通过对众包用户持续知识贡献行为相关文献系统的整理和分析,发现不同的学者从不同的视角对持续知识贡献行为进行了研究。从知识管理视角看,认为众包平台构建了知识生产、存储、交流、共享和利用的新范式,为知识贡献提供所需要的技术、资源和环境。从用户视角看,认为吸引和留住用户是众包平台成功的关键所在,Imran A. Zualkernan(2012)[①]强调了参与人群知识贡献的重要性,为了优化"吸引"和"保留"就需要了解用户做出知识贡献最初或潜在的动机是什么。但是目前对用户持续知识贡献行为的关注不够,鲜有学者从持续行为角度分析众包平台用户的知识贡献行为。因此,根据前述的分析策略,考虑其具有虚拟社区的一般特性,遂将虚拟社区用户知识贡献行为纳入,经过对相关文献的总结、比较和分析,发现用户持续知识贡献行为的文献多以用户持续行为影响因素的分析为主,并且不同的研究视角所关注的影响因素也不尽相同,对比已有研究文献中持续知识贡献影响因素的研究结论,将用户持续知识贡献的影响因素归纳为四类,相关文献的研究理论、对象、涉及的影响因素如表2-2所示。

---

① Zualkernan I A, Raza A, Karim A. Curriculum-guided crowd sourcing of assessments in a developing country [C]//International Forum of Educational Technology & Society. 2012:14-26.

表 2-2 用户知识贡献行为相关内容分析

文献来源	理论依据	研究对象	影响因素
Wasko & Faraj(2000)	社会资本	美国法律专业学会 观察和搜集四个月的信息	影响知识贡献的三个主要因素:互惠、亲社会行为、社区利益,并认为贡献的知识属于公共物品
Javenppa(2000)	信息共享	澳大利亚州立大学协作电子媒体	信息文化认知、态度、信息所有权、分享倾向、知识类型
Chen I Y L (2007)	期望确认	专业虚拟社区	外在动机和内在动机两个维度
He & Wei(2009)	IS 持续使用	网络 IT 公司的 161 名员工	知识贡献意愿受知识贡献信念、态度、激励条件影响,实际的持续知识贡献行为通过花费在系统上的时间测算
Jung J H 等(2009)	社会认知	在线网络 韩国科学家和工程学家	互惠对用户知识贡献有积极影响,同时帮助别人的愉悦感也是影响知识贡献的显著因素
Cheung(2009)	期望不一致 社会认知	Hkedcity.com 的 124 名用户	修改了 Bagozzi① 的两个变量,知识自我效能对帮助他人的不确定性有影响,满意度受互惠不确定、知识自我效能不确定、帮助他人不确定性的影响
Alexandra Durcikova (2009)	信号理论 强化理论	HelpCo 高级管理者	通过知识验证过程(持续时间、透明度、限制)影响知识贡献行为,实证证明知识验证过程的透明性能够促进知识贡献
Fang & Chiu (2010)	组织公民行为	142 名 JavaWorld@TW 用户	公正、信任、利他主义和责任心对持续知识共享意愿有积极影响,持续知识贡献行为通过意愿衡量
Tha K K O (2010)	社会认知 认知评价	电子知识库	运用环境因素如反馈、奖赏、沟通和个人的动机,如认为知识自我效能感和自尊来解释人的持续知识贡献行为
Lai Huimin (2010)	社会交换 社会资本	台湾成功大学的 190 名学生	声誉、互惠对知识贡献(显性和隐性知识)没有显著影响,利他主义和知识自我效能显著影响知识贡献,群体合作规范显著影响知识贡献(显性和隐性知识),群体信任和团体意识对显性知识贡献有显著影响
Hashim K F(2011)	期望确认 技术接受模型	商业在线社区	动机、技术、社会三个维度,每个维度下都有相应的影响变量,除了花费,其余变量对持续知识贡献都有积极影响

---

① Bagozzi R P, Dholakia U M. Intentional Social Action in Virtual Communities[J]. Journal of Interactive Marketing, 2002, 16(2):2-21.

续 表

文献来源	理论依据	研究对象	影响因素
LEE,C(2012)	社会资本 社会学习	澳大利亚虚拟金融社区的707名用户	互惠、协调相关性、流行度改变、行动改变、传递性变化都是知识贡献的影响因素
HR Kim(2011)	社会学习	知识分享贡献者	服务为导向,自身相关和社区相关的因素直接影响知识贡献的动机,内在因素是知识贡献行为的主要因素
Deng S 等(2012)		251社会网络的251名用户	知识贡献能力、人际信任、习惯对知识贡献有积极影响,花费对于知识贡献没有显著影响
Sun 等(2012)	期望价值 社会学习	Taskcn.com 205名用户	外部激励(取决于任务的复杂性)和内部动机
Pee L G(2012)	组织行为理论	163名雇员	外部奖励和内部奖励都是影响知识贡献的因素,相比之下,外部奖励可以增强工作自主性、技能多样性、任务完整性,从而促进知识贡献行为
Chang KC(2013)	社会认知	ISD团队 71个软件开发团队	团队关系承诺、团队关系规范、专业知识定位,三个变量对知识贡献有积极影响,专业知识定位作为团队关系承诺、团队关系规范的中间变量,促进知识贡献
Chen G L,等(2013)	使用满意	台湾知名IT虚拟社区	态度是连接动机和使用经验的决定因素,虚拟社区的感受是态度和知识贡献之间的调节变量
Jin, X. L(2013)	期望确认	"Yahoo! Answers China!"	用户持续使用后感受的两个维度(即满意度和知识自我效能感)对用户持续知识共享意愿有直接影响,同时也指出知识自我效能感和确认是满意度的调节变量
Yi-Cheng K(2015)	IS持续使用	Epinions.com	评论的数量、其他成员打出的乐于助人的平均分,负面评论比,评论的总数,委托人数量五个因素对持续知识贡献有显著影响
KM Abdul-Cader(2016)	社会交换 社会资本	207名IT工程师	花费是阻碍知识贡献的主要因素,经济奖励对知识贡献有显著影响。互惠、知识自我效能、帮助别人的愉悦感与知识贡献具有相关性但不显著
高金燕(2013)	期望确认 感知价值	69名学生	满意度是影响持续知识贡献的最主要因素,其次是社会规范,经济价值和系统质量对持续知识贡献无影响

续表

文献来源	理论依据	研究对象	影响因素
王琼(2015)	组织承诺 自我效能	278名知乎用户	最主要的影响因素是满意度,满意度是知识自我效能和持续知识贡献的中介变量
张嵩(2015)	社会交换	国内大型问答类社区238名用户	遵循认知-情感-意向-行为的过程,将习惯作为意向和行为的调节变量,发现满意度是知识贡献的主要影响因素,同时,用户的自我效能感的提高能够促进满意度

1. 个人因素

个人因素主要是指由自身的感知、态度、情感、意愿、期望等因素驱动用户持续知识贡献行为,如 Lai Huimin(2010)[1]提出声望、利他主义,Fang & Chiu(2010)[2]、Yi-Cheng Ku 等(2015)[3]也指出利他主义是判断用户持续贡献的主要变量,Jung J H 等(2009)[4]提出感知愉悦性,Javenppa(2000)[5]、He & Wei(2009)[6]、Chen G L 等(2013)[7]认为信念/态度是影响用户知识贡献的决定因素。Cheung(2009)[8]、Tha K K O(2010)[9]、Deng S 等(2012)[10]、Jin,X.L(2013)[11]、KM Abdul-Cader、GM Johar(2016)[12]、王琼(2015)[13]均将反映用户自身能力的自

---

[1] 赖慧敏,林建宏,刘宗旻. The Influence of Individual and Group Motivation on Individual's Knowledge Contribution Intention[J]. 朝阳科技大学管理学院,2010,9(1):1-2.

[2] Fang Y H, Chiu C M. In justice we trust: Exploring knowledge-sharing continuance intentions in virtual communities of practice[J]. Computers in Human Behavior,2010,26(2):235-246.

[3] Ku Y C, Peng C H, Wei C P, et al. Contribute Knowledge Continuously or Occasionally? [C]//International Conference on HCI in Business,2015:130-141.

[4] Jung J H, Yang S B, Kim Y G. A Study on the Factors Affecting Knowledge Contribution and Knowledge Utilization in an Online Knowledge Network[J]. 韩国经营科学会志,2009,34(3):1-27.

[5] Jarvenpaa S L, Staples D S. The use of collaborative electronic media for information sharing: an exploratory study of determinants[J]. Journal of Strategic Information Systems, 2000,9(2):129-154.

[6] He W, Wei K K. What drives continued knowledge sharing? An investigation of knowledge-contribution and -seeking beliefs[J]. Decision Support Systems,2009,46(4):826-838.

[7] Chen G L, Yang S C, Tang S M. Sense of virtual community and knowledge contribution in a P3 virtual community: Motivation and experience[J]. Internet Research,2013,23(1):4-26.

[8] Cheung C M K, Lee M K O. Understanding the sustainability of a virtual community: model development and empirical test[J]. Journal of Information Science,2009,35(3):279-298.

[9] Tha K K O. Examining the Factors Influencing Continued Knowledge Contribution in Electronic Knowledge Repository[C]//Proceedings of the sixteenth. Americas Conference on Information Systems, Amcis, Lima, Peru, August. 2010,548.

[10] Deng S, Zhou T, Zhang M. Factors influencing knowledge contribution: An empirical investi-gation of social networking website users[J]. Chinese Journal of Library & Information Science,2012,5(4):37-50.

[11] Jin X L, Zhou Z, Lee M K O, et al. Why users keep answering questions in online question answering communities: a theoretical and empirical investigation[J]. International Journal of Information Management,2013,33(1):93-104.

[12] KM Abdul-Cader, GM Johar. A Study of Knowledge Contribution through Electronic Knowledge Repositories among Sri Lankan IT Professionals[J]. International Journal of Emerging Trends & Technology in Computer Science (IJETTCS),2016,5(2):118-129.

[13] 王琼. 社交问答平台用户承诺、自我效能与知识持续贡献意愿的关系研究[D]. 广州:华南理工大学,2015.

我效能作为预测变量,判断其对行为的影响。从个人因素涉及的变量来看,虽是用户对知识贡献行为的认知感受,但是过于零散,缺乏整体性,如声望、利他主义与信念/态度变量都是实现用户自身价值的体现,只是这些因素反映了用户不同的价值期望。为更加全面地体现个人影响因素的层次,本书将引入动机价值期望理论,对用户价值期望的维度进行重新划分,以便体现用户不同的价值期望。

2. 社会因素

社会因素是从社会外部环境来探讨影响用户持续知识贡献行为的主要因素,现有文献大多以社会资本和社会认知理论为理论支撑,从社会资本的关系、认知、结构三个维度来反映,Wasko & Faraj(2005)[1]认为互惠、社区利益是持续知识贡献的影响因素,Jung J H 等(2009)[2],LEE C(2012)[3]也将互惠作为社会因素考量用户知识贡献行为。另外,也有部分学者从信任、主观规范、承诺等因素考察对知识贡献的影响,如 Chang KC(2013)[4]、Fang & Chiu(2010)[5]指出信任、主观规范、承诺对知识贡献都有积极影响。

3. 环境因素

环境因素主要是立足应用的情景,认为外部环境激励、政策和法律环境等是用户知识贡献行为的主要影响因素。Chen I Y L.(2007)[6]、Sun 等(2012)[7]、Pee L G(2012)[8]都将外部环境激励因素作为研究变量,如任务的复杂性、任务完整性等。Pee L G(2012)研究指出外部的激励能够提高用户的自主性;Sun 等(2012)指出环境的激励因素由任务的复杂性决定;Fang & Chiu[9]利用组织公民行为理论,认为在公平的制度环境下用户持续知识贡献的意愿更高。

4. 其他因素

Alexandra Durcikova 等(2009)[10]从知识验证过程如持续贡献的时间、透明度等方面考

---

[1] Wasko M L, Faraj S. Why should I Share? Examing Social Capital and knowledge contribution in electronic networks of practice[J]. MIS Quarterly,2005,29(1):35-57.

[2] Jung J H, Yang S B, Kim Y G. A Study on the Factors Affecting Knowledge Contribution and Knowledge Utilization in an Online Knowledge Network[J]. 韩国经营科学会志,2009,34(3):1-27.

[3] Lee C. Dynamics of Advice Network and Knowledge Contribution: A Longitudinal Social Network Analysis[D]. Tucson:The University of ARIZONA. 2012.

[4] Chang K C, Yen H W, Chiang C C, et al. Knowledge contribution in information system development teams: An empirical research from a social cognitive perspective[J]. International Journal of Project Management,2013,31(2):252-263.

[5] Fang Y H, Chiu C M. In justice we trust: Exploring knowledge-sharing continuance intentions in virtual communities of practice[J]. Computers in Human Behavior,2010,26(2):235-246.

[6] Chen I Y L, Chen N S, Kinshuk. Examining the Factors Influencing Participants' Knowledge Sharing Behavior in Virtual Learning Communities[J]. Journal of Educational Technology & Society,2009,12(1):134-148.

[7] Sun Y, Fang Y, Kai H L. Understanding sustained participation in transactional virtual communities[J]. Decision Support Systems,2012,53(1):12-22.

[8] Pee L G. Encouraging Knowledge Contribution to Electronic Repositories: The Roles of Rewards and Job Design[C]//2012 45th Hawaii International Conference on System Sciences. IEEE,2012:3729-3738.

[9] Fang Y H, Chiu C M. In justice we trust: Exploring knowledge-sharing continuance intentions in virtual communities of practice[J]. Computers in Human Behavior, 2010, 26(2):235-246.

[10] Alexandra Durcikova, Peter Gray. How Knowledge Validation Processes Affect Knowledge Contribution [J]. Journal of Management Information Systems,2009,25(4):81-108.

察知识贡献行为;高金燕(2013)①将系统质量、经济价值作为主要变量探讨对持续知识贡献的影响;张嵩(2015)②将习惯作为情感意向的调节变量,考量其对行为的影响作用。

已有研究从不同角度和方法进行了广泛深入的探讨,从不同维度考虑了持续知识贡献的影响因素。但是,已有研究多从单一维度或者从几个维度中剥离出某些因素来研究用户持续知识贡献行为的影响因素,忽略了各维度相关却不同行为变化之间的关系,从而引发不同研究结论的冲突和矛盾。例如,KM Abdul-Cader、GM Johar(2016)和 LEE C(2012)的观点中"互惠"对于知识贡献的影响就是相互冲突的。另外,大多文献采用经典理论固有模型进行研究,仅从某一层面考察了驱动用户持续行为的因素,在因素设定上存在一定的局限性,少有文献对模型的拓展、深化和整合的研究,缺乏从动态视角反映用户持续行为关系的、情感的、认知的变化规律。尽管引入一些变量丰富模型,但仍然存在维度划分不合理、因素考虑不全等问题,如知识贡献行为结果(知识创造、知识转移等)、期望价值因素等,基于上述的内容分析,影响因素的维度划分、因素设置等问题都有待进一步研究。

2.3.3 理论基础分析

通过对已有研究的内容分析,用户持续知识贡献行为研究中应用相关理论基础分析的文献有 26 篇(部分文献使用多种理论),主要涉及 15 种理论或模型,其中包括社会资本理论(SCT)、信息共享理论(IST)、期望确认理论(ECM)、社会影响理论(SIT)、信号理论、强化理论、使用满意理论(UGT)、组织公民行为理论(OCB)、组织承诺理论(OCT)等。其中,期望确认理论应用的次数最多,其次是社会资本理论和社会认知理论,其他理论的使用频次较低且较为分散,代表性理论应用如图 2-7 所示。

对于文献中选取的变量来说,不同的理论或模型体现的变量要素也不尽相同,如采用期望确认理论为基础的文献实证研究结果大多数认为用户满意度是用户持续行为最重要的影响因素,采用其他理论或模型选取的影响因素一般也仅仅反映了该理论或模型的思想,视角比较单一,没有体现用户持续行为的复杂性和动态性,即便采用同一理论的研究文献其变量要素以及所代表的含义在一定程度上也存在偏差。因此,须从用户持续行为的全过程考虑影响用户行为的因素,如通过采用专家调查、访谈调研等方法保证研究的全面性、客观性和可靠性。

对于文献中理论应用的形式来说,多以单一理论为基础,仅仅是对原有理论或模型的增添、修改和组合,对于用户持续知识贡献行为的解释仍然延续用户初始/采纳行为时的研究思路和理念,并没有融入实际的众包情境,也没有考虑用户的动机、心理、认知和社会环境在持续知识贡献过程中对用户行为的动态影响,仅验证了理论或模型的适用性,并未体现众包用户持续知识贡献行为影响因素的全面性和针对性,对实践指导意义不显著。

总的来说,众包用户持续知识贡献行为的研究仍处于探索阶段,缺乏多种理论的整合与扩展,多以静态视角分析用户持续行为导致对问题研究得不够深入和全面。因此,本书立足于用户持续知识贡献行为的动态特征,结合众包实际情境,融合多种理论基础以体现用户持

---

① 高金燕.评价型非交易虚拟社区持续知识贡献意愿研究[D].济南:山东大学,2013.
② 张嵩,吴剑云,姜雪.问答类社区用户持续知识贡献模型构建[J].计算机集成制造系统,2015,21(10):2777-2786.

续知识贡献行为心理的、认知的、社会的动态变化过程,从而进一步指导实践应用。

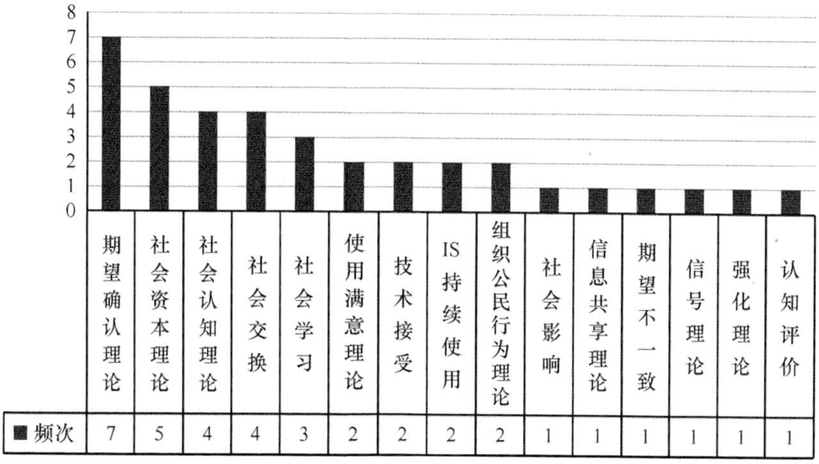

理论	期望确认理论	社会资本理论	社会认知理论	社会交换	社会学习	使用满意理论	技术接受	IS持续使用	组织公民行为理论	社会影响	信息共享理论	期望不一致	信号理论	强化理论	认知评价
频次	7	5	4	4	3	2	2	2	2	1	1	1	1	1	1

图 2-7 用户持续知识贡献行为理论应用频次分布图

2.4 研究述评

综上所述,通过对持续知识贡献、IS/IT 用户持续行为、众包用户持续知识贡献行为三方面文献的梳理和总结,尽管在知识贡献和用户持续行为方面有很多相关的文献,但仍然存在一些问题和不足:

① 研究理论方面,已有研究集中以期望确认理论及其扩展理论的单一使用对众包用户持续知识贡献行为进行分析,而众包用户持续知识贡献行为是一个动态的、复杂的过程,受到社会、心理、认知等多方面的影响,单一的理论或视角无法全面系统地解释用户持续知识贡献行为,需要多种理论的扩展和整合。

② 研究过程方面,已有研究集中对影响用户初始知识贡献意愿的因素以及对用户知识贡献动机的研究,对知识贡献行为的解释存在一定的局限性。没有从知识管理的角度对知识贡献行为结果进行细分,如知识创造、转移等,这些因素对众包平台用户知识管理来说至关重要,其价值具有长期效应,能够潜在的影响用户持续知识贡献。

③ 研究方法方面,已有研究多以问卷调查方式获取用户持续知识贡献的横截面数据,即静态数据作为分析的样本,没有从时间维度上区分初始参与到持续参与用户习惯、心理、认知过程的变化,无法体现用户的知识贡献过程和过程中行为的变化。尤其对于众包用户知识贡献的行为来说,随着使用时间的变化,用户的心理、动机、习惯、情境都会发生变化,静态的数据无法客观地解释用户持续行为过程的变化。

④ 研究模型因变量方面,已有研究集中在用户持续知识贡献意愿,而并没有对用户持续知识贡献行为进行研究,以用户持续意愿来代替持续贡献行为的分析方式难免存在偏差;

Sheppard 等人(1988)[①]研究发现,意愿与行为之间的相关系数平均为 0.58;随后 Davis(2003)[②]对 IS 用户的使用意愿与实际行为之间的相关关系进行了验证,其结果仅为 0.35,在平均值以下。因此,需要重新审视两者之间的关系,并对用户持续知识贡献行为与意愿之间的关系进行再研究。

2.5 本章小结

本章主要为研究问题的文献综述,依照概念关系图中的逻辑关系"相关概念—持续知识贡献—用户持续行为—众包用户持续知识贡献行为"对现有相关文献进行梳理,掌握该问题的研究现状和存在的问题与不足,从而明确本书预突破的问题。首先,理清持续知识贡献的内涵,为下一步开展文献调研做准备;其次,结合定性与定量方法,梳理用户持续行为、众包用户持续知识贡献行为以及其相似领域的相关文献,并对影响知识贡献行为的因素以及它们之间的差异进行了辨析,整理相关文献中涉及的理论基础和研究方法以便为本书提供理论参考;最后,针对问题的研究现状,发现存在的不足和研究的空白,进一步明确本书的研究问题。

[①] Sheppard B H, Hartwick J, Warshaw P R. The Theory of Reasoned Action: A Meta-Analysis of Past Research with Recommendations for Modifications and Future Research[J]. Journal of Consumer Research, 1988, 15(3):325-343.

[②] Davis F D. Perceived Usefulness, Perceived Ease of Use, and User Acceptance of Information Technology[J]. MIS Quarterly,1989,13(3):319-340.

第3章 理论基础与整合

任何信息系统或信息技术的长久发展都离不开用户的持续使用,众包平台这种创新型信息系统也是如此。众包打破了时空限制、地域限制、文化背景限制,变革了以文献为基础的传统知识生产模式,顺应了共享经济时代开放式、协同式、互动式知识创新的需求,成为大众知识贡献的重要平台,其价值的发挥取决于用户是否会持续知识贡献,而用户持续知识贡献是动态的、复杂的行为过程。已有文献多以单一视角探析用户持续知识贡献行为,而忽视了行为受用户心理、认知、态度、社会等多方面的动态影响,无法全面探析用户持续知识贡献的行为机理、行为规律。本书为弥补已有研究仅从动机的来源对用户持续行为的研究,而忽视了动机的目标、时间对用户行为影响的现状,采用期望价值理论从心理视角挖掘用户持续知识贡献的动机期望及其价值体现,反映用户持续行为的动机心理及其背后的价值;采用社会认知理论的"认知—环境—行为"理念,从社会学视角应用社会交换和社会资本理论解释用户持续知识贡献的行为机理,并分析用户认知、社会环境等方面对持续知识贡献行为的影响;采用信息系统持续使用理论作为分析用户持续知识贡献行为影响因素的模型基础,结合众包情境和用户心理、认知、社会各方面对行为的影响构建新的理论模型,突出众包用户持续知识贡献行为的动态性、关联性,解释和分析用户行为变化的规律。同时,随着时间的变化,用户对持续知识贡献的习惯逐渐养成,自动重复性的行为不仅包括行为本身,也包括情感、态度等,习惯对持续知识贡献行为是积极作用还是消极作用有待进一步地探究。因此,引入习惯理论解释和分析其对持续知识贡献行为的作用,并依照知识管理理论中知识资本流的相关理念,将用户持续知识贡献行为结果进行划分,以便为众包平台可持续发展策略的制定提供理论依据。上述理论形成于对理论的归纳和实践的观察,整合上述理论能够全面、系统地反映用户持续知识贡献的行为过程、行为机理。鉴于此,本书选取以上七个方面的理论作为理论基础。

3.1 期望价值理论

3.1.1 期望价值理论的基本概念

期望价值理论是成就动机理论建构中最为重要的一种观点,也是动机心理学的重要组成部分。它的形成经历了早期阿特金森J. W. Atkinson(1958)[①]期望价值到现代期望价值的演变,阿特金森的期望价值理论是在前人研究的基础上提出的,用来解释与不同成就相关的

---

① Atkinson J W. Towards experimental analysis of human motivation in terms of motives, expectancies, and incentives[J]. Motives in fantasy, action and society,1958:288-305.

行为,它认为期望价值的动机水平取决于两个方面:第一,对目标的评价或成功驱力;第二,实现目标的可能性估计或成功预期,并以量化的形式表达两者之间的冲突。也就是说,如果个体对达到目标的动机大于可能达到目标的动机,就说明个体具有积极的成就动机,反之,用户具有消极的成就动机。但是,阿特金森期望价值理论的缺陷在于它将取决个体动机水平的内容以机械量化的形式表达,而在现实生活中,用户的行为动机是受多方面影响的,仅通过机械量化的方式计算,在一定程度上抹杀了动机的多样性和丰富性。随着理论的广泛应用,很多学者对阿特金森期望价值理论进行了改进和拓展,其中,比较具有影响力的是Eccles(1983)[①]等人提出的成就表现与选择期望价值模型,并将其提出的理论应用于数学成就中,模型中包括了任务价值和期望因素,如图3-1所示。

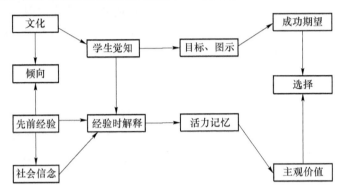

图3-1 Eccles早期期望价值模型

随后Bandura A(1996)[②]在其研究中将成功期望划分为两个方面,即效能期望和结果期望。效能是指个体的信念,而结果则表示确信程度,它指出两者之间的差异不能完全用成功期望来代替,而Eccles早期提出的模型中更加趋向于效能期望。在借鉴Bandura A研究结论v基础上,Eccles(1998)[③]将期望价值划分为成就价值、内在价值、实用价值和权衡价值(代价),并给出各个价值的内在含义。成就价值表示完成任务而体现出的个体的重要性;内在价值表示个体的心理反应,如愉悦、乐趣、兴趣等;实用价值表示完成任务对当下或未来个体发展的有利程度;权衡价值(代价)也可称为花费,表示完成任务所要付出的努力,是期望价值的消极作用。

3.1.2 期望价值理论的相关研究

期望价值理论被广泛应用于社会学、管理学、心理学等研究领域对用户持续行为的研究文献较少。Hashim等(2011)[④]利用期望价值理论对在线商务网络社区用户持续知识贡献

---

① Eccles J S, Wigfield A, Schiefele U. Motivation to succeed.[J]. Handbook of Child Psychoogy, 1998,(3):1017-1095.

② Barbaranelli C, Caprara G V. Multifaceted Impact of Self-Efficacy Beliefs on Academic Functioning[J]. Child Development, 1996, 67(3):1206.

③ Eccles J S, Wigfield A, Schiefele U. Motivation to succeed.[J]. Handbook of Child Psychology, 1998,(3):1017-1095.

④ Hashim K F, Tan F B, Andrade A D. Continuous Knowledge Contribution Behavior in Business Online Communities[C]//Proceeds of in CONF-IRM 2011. http://aose.aisnet.org/Confirm2011/29.

行为构建理论分析模型。Lai 和 Yang[①]的研究在原有模型基础上引入主观价值,并将成就价值作为前置变量,研究结果表明成就价值积极影响主观任务价值,并通过满意度对用户持续意愿产生正向显著影响。Lai,IKW 和 Lai,DCF(2014)[②]在 UTAUT 模型基础上将感知价值引入模型中,并认为感知价值通过社会影响对持续意愿产生积极正向的影响,Chiu 和 Wang(2008)[③]将成就价值、内在价值、实用价值引入 UTAUT 模型中,并验证了内在价值对用户网络学习持续意愿有显著影响,其次是成就价值和实用价值。

期望价值理论倾向于解释行为选择背后的价值体现,行为持续性变化的价值体现,行为实施的努力意愿,能够有效地反映用户行为背后动机心理动态化的变化。众包情境下,用户心理动机的变化是影响持续行为的重要方面,利用期望价值理论对探析用户持续行为背后的心理变化和期望价值有重要指导作用。

3.2 社会认知理论

3.2.1 社会认知理论的基本概念

社会认知理论起源于心理学领域,一般认为其正式作为独立理论应用是在 20 世纪 80 年代,随后的几十年中被广泛应用于管理学、教育学等领域中。Albert Bandura(1986)[④]在传统行为主义理论中引入认知,认为人类行为活动是通过对结果预期评估产生的,也就是说,人们执行某个特定的行为是基于可能后果(预期结果)的判断产生的。人们为自己所能做到的事情形成信念,预测预期行为的结果,设定目标并完成。相比传统动物实验、数理科学实验等方法,社会认知理论是通过对个人期望的行为结果进行评估,对研究个体行为形成和变化的过程具有更好的解释效果。它强调人类的行为不仅仅受外部环境影响,更重要的是内在认知活动对行为的影响,更加突出"认知—环境—行为"的相互影响。

社会认知理论的主要内容包括三元交互决定论、观察学习理论、自我调节和自我效能理论,本书主要借鉴社会认知理论中三元交互决定论和自我效能理论。传统行为主义认为人类的行为存在两派:外部环境因素决定即环境决定论,内部心理因素决定即个人决定论,Albert Bandura 在批判前人研究的基础上,认为无论单方面是外部环境因素还是内部心理因素都无法完全决定人类的行为,人类的行为是环境、人、行为之间动态的交互过程,三者之间相互促进、相互关联、相互决定,并将其称之为三元交互决定论,如图 3-2 所示。一方面,人的认知、生理反应等个人因素能够有力地支持用户的实际行为,行为也反作用于个体的情感、情绪;另一方面,个体的生理特征也可以刺激或激活不同的外部环境,行为作为两者的中

---

① Lai C Y, Yang H L. The reasons why people continue editing Wikipedia content - task value confirmation perspective[J]. Behaviour & Information Technology,2014,33(12):1371-1382.

② Lai I K W, Lai D C F. Understanding Students' Continuance Intention toward Social Networking e-Learning [M]//In:Cheung S K S,et al. (Eds)Hybrid Learning. Theory and Practice. ICHL 2014,LNCS 8595,2014,173-183.

③ Chiu C M, Wang E T G. Understanding Web-based learning continuance intention: The role of subjective task value[J]. Information & Management,2008,45(3):194-201.

④ Bandura A. Social foundation of thought and action:A social cognitive theory[M]. Englewood Cliffs, N. J.:Prentice-Hall,1986.

介,有助于人类改变环境以适应人类的需求,同时,人类的行为也受环境的制约。

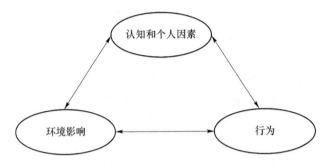

图 3-2 三元交互框架

自我效能是社会认知理论最重要的概念之一。班杜拉(1986)[1]将其定义为人们对自己的能力能够产生特定表现水平的信念,这种信念能够影响它们的生活。换句话说,自我效能就是个体判断执行某种活动的能力、信念,并对个体实际行动产生重要影响。自我效能感是通过不断地累积经验而建立的。Christy(2013)指出经验能够促进自我效能感的创造,建立强大的自我效能感能够激励个体持续的活动追求。自我效能感强的人更愿意把问题当作挑战,并在解决问题的过程中不断提升自我效能;反之,自我效能感低的人不愿意面对困难,选择放弃,从而导致自我效能感更加低下。个体若能建立起强大的信念和强大的自我效能感,那么信念就会不断地激励个体追求,从而影响它们的生活活动。

3.2.2　社会认知理论的相关研究

在信息系统研究领域,已有相关文献将自我效能感引入研究模型中,在原有研究基础上认为知识自我效能感能够帮助他人解决工作相关的问题,提高组织效率,或者使其在组织中与众不同,具有较强知识自我效能感的人对待需要解决的问题具有更持久、更努力的精神。Wang D 等(2014)[2]整合社会认知理论与思考-情绪平衡模型(Balanced Thinking-Feeling),对一般计算机自我效能感和具有特殊计算机自我效能感的用户 SNSs 持续使用意愿的影响因素进行分析,结果表明不同计算机自我效能感的用户之间对 SNSs 持续使用意愿是存在差异的,认知和喜爱因素对一般计算机自我效能感用户持续使用 SNSs 意愿有显著影响,对于特殊计算机自我效能感的用户来说,认知是显著影响因素。

Cheung,C. M. K(2013)[3]利用社会认知理论和期望不一致理论构建模型对香港(HongKong. Education City http://www.hkedcity.net)124 名用户持续使用意愿进行在线调查,认为满意度和自我效能感是用户持续使用网络社区的决定性因素,当用户的知识贡献成功地帮助社区中其他成员时,自我效能感就会提升,同时也提高了知识共享的满意度。

---

[1] Bandura A. Social Foundations of Thought & Action: A Social Cognitive Theory[M]. Englewood chiffs, N J: Prentice-Hall,1986.

[2] Wang D, Xu L, Chan H C. Understanding the continuance use of social network sites: a computer self-efficacy perspective[J]. Behaviour & Information Technology, 2014, 34(2):1-13.

[3] Cheung, C. M. K., Lee, M. K. O. Understanding the sustainability of a virtual community: model development and empirical test[J]. Journal of Information Science,2009,35(3),279-298.

Lin H等(2014)[①]依据自我调节理论(Self-Regulation Theory)的三个基本过程,即自我评价-自我感情判断-自我反应(Appraisal-Emotional Reactions-Coping Responses)构建理论模型,研究Facebook用户持续使用意愿,发现自我评价(高兴、意识、连通性、系统质量)对自我感情判断起决定作用,用户满意度和归属感对用户持续使用意愿有显著影响。

Choi N.(2015)[②]利用自我延伸理论(Self-Expansion Theory)引入IS满意度、IS忠诚度、IS附属感三个变量,并将其具体化以区分三者之间不同的属性,发现三个变量在用户行为不同阶段的影响力是不同的,相比忠诚度和满意度,IS附属感对用户持续行为具有更加显著的影响。

雷秋红(2014)[③]基于社会认知理论对武汉大学图书馆智能服务系统用户持续使用意愿构建模型,认为满意度、自我效能、感知有用性对用户持续使用意愿有直接影响,易用性和期望对用户持续使用意愿有间接影响。

社会认知理论结合了心理学和社会学的特点,从个体的认知、环境、行为三方面解释用户的行为决策,为动态环境下用户行为研究提供了独特的视角。社会认知理论的作用已在很多领域的诸多实证研究中得以验证,具有一定的价值和作用。Bandura(1988)[④]认为社会认知理论最适合用来解释动态环境中人的行为。在众包情境下,用户的认知、外部环境刺激和持续知识贡献行为之间存在一定的作用关系。因此,利用社会认知理论探析用户持续知识贡献行为具有重要的理论意义和方法指导作用。

3.3 社会资本理论

3.3.1 社会资本理论的基本概念

社会资本理论源于20世纪70年代,其发展已受到其他各学科的广泛关注。早期,学术界对社会资本概念并没有统一的认识,最早引入社会资本概念的是经济学家Loury(1976)[⑤],他强调社会资本是社会结构的某种资源,并能够通过行为获取。社会学领域最早定义并使用社会资本概念的学者是法国社会学家Piere Bourdieu(1986)[⑥],他认为"社会资本是实际或潜在资源的集合,这些资源与由相互默认或承认的关系所组成的持久网络有关,而且这些关系或多或少是制度化的",他将资本划分为社会资本、文化资本和经济资本。随后,

---

① Lin H, Fan W, Chau P Y K. Determinants of users' continuance of social networking sites: A self-regulation perspective[J]. Information & Management, 2014, 51(5): 595-603.

② Choi N. Information systems satisfaction, loyalty and attachment: conceptual and empirical differentiation[J]. Behaviour & Information Technology, 2015, 34(3): 261-272.

③ 雷秋红. 图书馆智能服务系统用户持续使用意愿实证研究——以武汉大学图书馆为例[J]. 信息资源管理学报, 2014(4): 78-83.

④ Bandura A. The Social Foundations of Thought and Action: A Social Cognitive Theory[M]. Englewood cliffs, NJ: Prentice-Hall, 1986.

⑤ Loury G C. A dynamic theory of racial income differences[J]. Discussion Papers, 1976, 225.

⑥ Bourdieu P. The Forms of Capital[M]. London: Blackwell Publishers Ltd, 1986.

美国学者 James Coleman（1988）[①]在《The American Journal of Sociology》上发表的文章中对社会资本概念进行了全面阐释，认为社会资本是一种行动的资源，是个人拥有的社会结构资源，将社会结构引入社会资本理论中更加具有合理性。同时，也提出了社会资本的三种形式：义务和期望、信息网络和社会规范。随着社会资本理论在各学科的广泛应用，其概念也得到了进一步的扩展和完善。Burt(1992)[②]认为社会资本存在于网络结构关系中，网络结构弱关系会使参与者失去竞争优势，同时它还提出了结构洞概念，认为结构洞能够连接异质网络结构，促使参与者获得不重复的资源。Putnam(1993)[③]认为社会资本是一种"公共利益"，也就是说，它不是从中受益的私人财产，通常包括网络、规范和信任，公民的集体参与能够促进规范，建立彼此之间的信任，有利于形成更广泛的集体意识。Nahapiet 和 Ghoshal(1998)[④]将社会资本分为三个维度，即结构维度、关系维度和认知维度，并且三者之间具有高度相关性。其中，结构维度是指参与者、网络配置或形态与适当组织之间联系的整体模式；关系维度强调人们之间的关系（如尊重、友好等），人们之间的关系能够影响它们的行为；认知维度是基于共同语言、共同感知目标和共同的文化建构的无形资源，是用来表示和解释的意义系统。

综上，学者从社会资源、社会网络等不同视角定义了社会资本，本书借鉴 Nahapiet 和 Ghoshal 对社会资本关系、结构、认知维度划分，结合众包情境，为用户、平台、众包需求者之间建立社会网络，在信任与社会规范的前提下促进各利益相关方资源的获得。

3.3.2 社会资本理论的相关研究

社会资本理论自出现后被广泛应用于社会学、经济学、政治学等学科领域，近年来，社会资本理论被引入管理学领域用来解释和预测用户行为。

Cross 和 Cumming(2004)[⑤]利用社会资本的结构资本研究个体的知识贡献行为，研究结果表明跨组织边界的关系和层级，对个人工作绩效会产生积极的影响。当员工完成复杂任务工作后，结构性社会资本能够为员工提供获得更多独特信息的机会，也就是说，信息网络结构的网络中心化能够影响个体的能力，使其能够接触到更丰富的经验，获得潜在的更多的资源和机会。

Wasko 和 Faraj(2005)[⑥]利用社会资本理论提出了互联网用户知识贡献模型，他将社会资本划分为三个维度，即结构资本（网络中心度）、认知资本（知识能力自测、专业知识的应用）、关系资本（互惠、承诺），认为用户贡献的知识内容为公共物品，并指出结构资本维度对

---

① Coleman J S. Coleman. Social Capital in the Creation of Human Capital[J]. The American Journal of Sociology, 1988, 94: 95-120.
② Burt R S. The contingent value of social capital[J]. Administrative science quarterly, 1997: 339-365.
③ Putnam R D. The Prosperous Community: Social Capital and Public Life[J]. American Prospect, 1997, 13(13): 1-11.
④ Nahapiet J, Ghoshal S. Social Capital, Intellectual Capital, and the Organizational Advantage[J]. Academy of Management Review, 1998, 23(2): 242-266.
⑤ Cross R. Cummings J. Tie and Network Correlates of Individual Performance In Knowledge-intensive Work[J]. Academy of Management Journal, 2004, 47(6): 928-937.
⑥ Wasko M L, Faraj S. Why should I Share? Examing Social Capital and knowledge contribution in electronic networks of practice[J]. MIS Quarterly, 2005, 29(1): 35-57.

知识贡献的影响最为显著。

Lai和Lin(2010)[①]从内在动机和外在动机两个方面探析用户知识贡献行为，并将社会资本理论中关系资本（互惠、信任）、结构资本（社会规范）以变量的形式划分在内在动机和外在动机维度下，结果表明信任对知识贡献有显著影响。

Lee,C(2012)[②]从结构维度、关系维度分析了社会资本对知识贡献行为的影响，其中结构维度包括网络协调相关性、流行度等，关系维度主要指互惠，结果验证了结构维度对知识贡献行为的正向影响作用。

张玉红(2015)[③]利用社会资本理论探讨了用户社区忠诚度，将社会资本分为结构资本、关系资本和认知资本。结构资本主要指社区参与程度，关系资本包括信任、社会规则、认同，认知资本包括共同愿景和共同语言。研究结果表明，结构资本、关系资本和认知资本对虚拟社区忠诚度均有积极影响。

陈明红(2015)[④]将社会资本划分为社会交互连接、认知资本（共同愿景和共同语言）和关系资本（信任、互惠），结合TAM理论构建社会-技术模型，探讨用户对学术虚拟社区的持续共享意愿。研究结果表明，社会资本对知识共享满意度影响最大，并通过满意度影响持续共享意愿。

原有企业或组织内部知识资源的转移和创造已无法满足发展的需求，众包平台成为企业或组织获取外部知识资源的主要途径，众包平台拓宽了用户、企业、组织和平台相互之间的社会关系，打破了传统时空、地域的限制，将闲置的社会资源连接在一起，形成了新的生产模式，在一定程度上改变了社会资本的形式。社会资本可以促进利益相关方之间的知识创造，因为它们拥有共同的价值观，能够促使它们建立互信的社会关系，强调个体与企业或组织之间形成资本，换句话说，社会资本的认同、规范和人际网络对个人和社会都有影响，能够解释相关方之间的社会关系，为更好地预测用户行为提供理论支持。

3.4　社会交换理论

3.4.1　社会交换理论的基本概念

社会交换理论(Social Exchange Theory)最早由Homans(1958)[⑤]在 *American Journal of Sociology* 提出，主张社会交换是人类的理性行为，从理性的视角阐释了个体行为受交换活动的支配，并能够为它们带来利益，强调个体在社会中的连接就是一种社会交换。在社会活动中，个体的行为决策是以衡量成本与收益为基础，当收益大于成本时，个体会执行行为，反之，终止行为，也就是说，社会交换是个体理性的利益最大化的行为活动。人们通过互利

---

① 赖慧敏，林建宏，刘宗旻. The Influence of Individual and Group Motivation on Individual's Knowledge Contribution Intention[J]. 朝阳科技大学管理学院, 2010(9:1):1-2.

② Lee C. Dynamics of Advice Network and Knowledge Contribution: A Longitudinal Social Network Analysis[D]. Tucson: The University of Arizona, 2012.

③ 张玉红. 基于社会资本理论的虚拟社区感对用户忠诚度的影响研究[D]. 北京：北京邮电大学, 2015.

④ 陈明红. 学术虚拟社区用户持续知识共享的意愿研究[J]. 情报资料工作, 2015,36(1):41-47.

⑤ Homans, G C. Social behavior as exchange[J]. American Journal of sociology, 1958:597-606.

互助的行为获得个体主观规范、情感、价值观念、信念、文化、正义等回报,如获得尊重、感受到了快乐、自我价值得以体现等。理想状态下,人们的社会交换活动是公平的、平等的,但实际社会环境下,这种理想状态很难实现,具有一定的不确定性和风险[1]。Thibaut 和 Kelley(1959)[2]提出人际关系和群体运作的理论,学术界正式将其称为社会交换理论,指出社会交换可以在两个人之间,也可以在群组之间,其核心是交换的双方都有交换的需求,同时要具有与对方相交换的资源(无论是何种资源只要能满足交换方的需求即可),交换的双方最终实现互帮互助的目标[3]。随后,也有学者从不同角度对社会交换理论进行了扩展,Blau(1964)[4]从社会结构的视角扩展了社会交换理论,认为个体交换既有经济交换关系,又伴有社会交换关系,用户从成本与收益的角度考虑认为收益大于成本才会发生经济交换关系,而社会交换关系由于没有相应的约束条件,未必能保证用户的收益大于成本,其核心是基于双方互惠的行为结果。

3.4.2 社会交换理论的相关研究

社会交换理论已经被广泛应用于知识管理领域,认为知识交换也是一种社会交换的体现,Kankanhalli,et al(2005)[5]利用社会交换理论确定收益和成本对企业构建电子知识库的影响,其中,收益包括自我效能、愉悦感、声望、互惠等,成本包括用户知识贡献的时间花费和贡献知识后自身价值的降低。研究结果表明,知识自我效能和帮助他人后的愉悦感能够影响知识贡献者对电子知识库的使用。Sibona,C(2014)[6]以 TAM 为基础利用社会交换理论、社会资本理论对 Facebook 1 552 名用户进行网络调查,认为用户持续使用社交网络就是要实现自身的价值同时赢得社会的认可,提高自身人际影响力,研究在原有模型中增加了个人创新能力、人际影响、选择性认知、消费转换成本和习惯因素。研究表明,人际影响、选择性认知、转换成本对用户持续使用意愿有直接影响。

根据社会交换理论,认为人类的一切社会活动都是一种交换,强调社会交换是人与人之间交往建立互动关系的基础,并且人们会在互动活动中寻求利益最大化。众包环境下,用户之间、用户与知识需求者之间通过社会交换建立了社会关系,用户通过知识贡献获得精神或物质奖励,知识需求者通过用户的知识贡献获得了解决问题的方案、措施。因此,社会交换理论能够解释用户行为背后知识交换的目的和动机,对研究众包用户持续知识贡献行为具有一定的适应性和解释力。

---

① Blau P M. Social Mobility and Interpersonal Relations[J]. American Sociological Review,1956,21(3):290-295.

② Thibaut J W, Kelley H H. The Social Psychology of Groups[J]. Revue Française De Sociologie,1960,62(4):184-186.

③ Lawler E J,Thye S R. Bringing Emotions into Social Exchange Theory[J]. Annual Review of Sociology,2003,25(1):217-244.

④ Blau P M. Exchange and Power In Social Life[M]. New York:Wiley,1964.

⑤ Kankanhalli A,Tan B,Wei K K. Contributing Knowledge to Electronic Knowledge Repositories:An Empirical Investigation[J]. MIS Quarterly,2005,29(1):113-143.

⑥ Bøe,T Gulbrandsen, Sørebø ø. How to stimulate the continued use of ict in higher education:integrating information systems continuance theory and agency theory[J]. Computers in Human Behavior,2015,50(C):375-384.

3.5 信息系统持续使用理论

3.5.1 信息系统持续使用理论基本概念

信息系统持续使用是用户在初始采纳 IS 后未中断地使用 IS 的持续意愿或行为[1]。用户初始采纳和持续使用构成了信息系统使用的两个方面,因此信息系统持续使用也衍生出两个观点,一方面,学者认为持续使用是初始采纳的延续,其理论构成也是延续 IS 采纳/接受的相关理论来探讨 IS 持续使用,如技术接受模型 TAM、计划行为理论 TPB、理性行为理论 TRA 等;另一方面,学者认为应重新整合理论,强调持续行为与初始采纳之间的行为变化。Bhattacherjee(2001)[2]基于期望确认理论 ECT(Oliver,1980)[3]和技术接受模型 TAM(Davis,1989)[4]提出了信息系统持续使用理论,其目的是为了解释用户持续使用 IS 行为的意愿,详细模型图可见第 2 章图 2-6。他指出用户信息系统持续使用决策与消费者持续购买决策类似,但是与以往 IS 持续使用理论不同的是,信息系统持续使用理论聚焦于后采纳变量,因为最初采纳变量对行为的影响已体现在期望确认、有用性、满意度等变量中,持续使用阶段更加强调用户对产品或服务的期望随着时间的变化,强调用户后采纳的心理动机变化。随后,不断有学者对 Bhattacherjee 模型扩展以适应更丰富的信息系统持续行为研究。Bhattacherjee(2001)[5]对个体层面 IS 持续使用行为进行研究,认为 IS 持续使用是个体使用 IS 已超越了意识行为而变成日常行为,这与最初采纳决策行为不同,持续使用不是偶然事件,而是经过一系列个人行为决策才实施的。Hong et al(2006)[6]将感知易用性引入 Bhattacherjee 模型中,通过对移动网络用户数据的实证研究进一步验证了模型的有效性。

3.5.2 信息系统持续使用理论相关研究

信息系统持续使用理论被广泛应用于不同领域,通过调查不同 IS 用户持续使用行为的研究,其实证结论验证了信息系统持续使用理论模型的有效性。

Hashim(2011)[7]以 IS 持续使用模型为研究框架,引入影响用户知识贡献的价值变量,构建了 ECM-IT 模型分析用户持续知识贡献行为,虽然没有进行实证研究,但其理论模型为

---

[1] Jasperson J, Carter P E, Zmud R W. A comprehensive conceptualization of post-adoptive behaviors associated with information technology enabled work systems[J]. MIS Quarterly, 2005,29(3):525-557.

[2] Battacherjee A. Understanding Information Systems Continuance: An Expectation-Confirmation Model[J]. MIS Quarterly,2001,25(3):351-370.

[3] Oliver R L. A Cognitive Model of the Antecedents and Consequences of Satisfaction Decisions[J]. Journal of Marketing Research,1980,17(4):460-469.

[4] Davis F D. Perceived Usefulness, Perceived Ease of Use, and User Acceptance of Information Technology[J]. MIS Quarterly,1989,13(3):319-340.

[5] Bhattacherjee A. An empirical analysis of the antecedents of electronic commerce service continuance[J]. Decision Support Systems,2001,32(2):201-214.

[6] Hong S J, Thong J Y L, Tam K Y. Understanding continued information technology usage behavior: a comparison of three models in the context of mobile internet[J]. Decision Support Systems,2006,42(3):1819-1834.

[7] Hashim K F, Tan F B, Andrade A D. Continuous Knowledge Contribution Behavior in Business Online Communities[C]//Proceedings of CONF-IRM 2011. http://aose.aisnet.org/confirm 2011/29.

研究持续行为提供了参考。

仲秋雁、王彦杰、裘江南(2011)[①]以信息系统持续使用理论为基础,从动机视角分析众包社区用户持续参与行为,研究发现内在动机和外在动机是影响用户满意度的主要因素,并将原有模型中的感知有用性和外部激励作为外在动机的主要变量,研究结果表明满意度是影响用户持续意愿的最主要因素,其次是感知有用性通过满意度对持续意愿产生积极正向的影响。

张嵩、吴剑云、姜雪(2015)[②]通过扩展信息系统持续使用模型,引入互惠、乐趣、奖赏、自我效能和利他主义,认为满意度是影响行为的关键因素,利他主义和自我效能对满意度有显著影响。

任何一个信息系统都涉及对用户使用情况的分析,其可持续发展依靠的就是用户持续的应用。众包作为新兴的生产模式,平台的建立为众包提供了物理的场所,对用户和需求者来说是一种新型的信息系统,因此,信息系统持续使用理论适用于众包平台用户持续行为的分析,能够为其提供理论指导。

3.6 习惯理论

3.6.1 习惯的基本概念

习惯的概念最早由 James(1890)提出,认为习惯对管理人们日常生活非常重要,他指出"如果人们的日常生活如抽雪茄、喝酒、睡觉、工作都不受习惯驱动而要主观思考,那人们的生活也太悲惨了"。多年来,习惯被广泛应用于各个学科领域如社会心理学、市场营销学、组织行为学等。有些学者认为习惯是对某种刺激的学习反应,如 Verplanken 等(1997)[③]将习惯定义为对特定情境自动响应的习得行为序列,可以在获得某些目标或结束状态中起作用,在无意识的情况下引导日常行为的形成,通过令人满意的重复而将某个行为制定为其日常行为。还有些学者认为在一定的情境下,习惯有时仅仅是通过想象的交互或响应或基于单个经验而快速形成的[④]。Fiske 和 Taylor(1991)[⑤],Orbell et al(2001)[⑥]在此基础上强调习惯的发展需要一定量的重复或练习,这种重复或练习需要在稳定的情境下发生。一旦习惯形成,行为就会自动执行,也就是说,行为的表现并不需要意识的关注,仅仅需要很少的精神努力,当习惯驱动行为时,个体无须思考,无须付出较大的努力去认知。对个体来说,习惯驱动

---

① 仲秋雁,王彦杰,裘江南.众包社区用户持续参与行为实证研究[J].大连理工大学学报社会科学版,2011,32(1):1-6.

② 张嵩,吴剑云,姜雪.问答类社区用户持续知识贡献模型构建[J].计算机集成制造系统,2015,21(10):2777-2786.

③ Verplanken B, Aarts H, Knippenberg A V. Habit, information acquisition, and the process of making travel mode choices[J]. European Journal of Social Psychology,1997,27(5):539-560.

④ Thorngate W. Must We Always Think Before We Act? [J]. Personality and Social Psychology Bulletin,1976,2(1):31-35.

⑤ Fiske S T, Taylor S E. Social Cognition[M]. New York:McGraw-Hall,1991.

⑥ Orbell S, Blair C, Sherlock K, et al. The Theory of Planned Behavior and Ecstasy Use: Roles for Habit and Perceived Control Over Taking Versus Obtaining Substances[J]. Journal of Applied Social Psychology,2001,31(1):31-47.

的行为既轻松又高效[①]。习惯不仅是特定情境下的自动行为，同时也可以作为行为意愿的前件，增加已存在行为持续的意愿。Quellette & Wood(1998)[②]指出重复性行为主要由习惯决定，过去的行为对未来行为有直接影响。在信息系统领域，Limayem(2007)[③]指出习惯反映了人们为了学习而自动执行使用IS的程度。

3.6.2 习惯的相关研究

习惯用来预测和判断用户的行为意愿和实际行为已在很多学科领域得到了验证。在习惯的相关研究中，发现学界对习惯与行为意愿和实际行为的影响可以从三个角度进行探析：

第一，将习惯作为独立的变量来探析三者之间的作用关系。如Shiau和Luo(2013)[④]对Blog用户持续使用意愿进行分析，将习惯作为独立变量，并验证了习惯对感知愉悦有显著的负向影响，与满意度和持续意愿无显著相关。Wu和Kuo(2008)[⑤]研究发现习惯对感知有用、感知易用、愉悦感和行为意愿都有积极的影响，研究也指出过去的行为常常被用来代替习惯行为，但两者对持续意愿的预测能力还是存在一定的差异，认为习惯行为对持续信息系统使用研究有重要作用。Gefen(2003)[⑥]验证了习惯作为行为意愿的前件，并通过实证研究证明了习惯不仅对感知有用性、感知易用性有正向影响，对在线消费用户的持续购物意愿也有强烈影响。

第二，将习惯作为影响意愿或行为的变量。Tuorila和Pangborn(1988)[⑦]验证了习惯和行为意愿对行为的影响，但是习惯和意愿在不同的情况下对行为影响的波动较大，这可能与它研究的脂肪食品消耗有关。Lee(2014)[⑧]分析了习惯、意愿与行为三者之间的关系，指出习惯和意愿在对行为的影响上存在差异，尤其是随着时间的变化，差异会越来越大，也证明了过去和未来行为之间受习惯的影响。Limayem和Hirt(2003)[⑨]基于两阶段问卷调查两个不同的学生群组了解习惯对IS使用的影响，研究结果表明习惯对愉悦感有重要影响，同时也验证了习惯对实际使用行为也有正向影响关系。

---

① Lindbladh E, Lyttkens C H. Habit versus choice: the process of decision-making in health-related behaviour[J]. Social Science & Medicine, 2002, 55(3):451-465.

② Ouellette J A, Wood W. Habit and Intention in Everyday Life: The Multiple Processes by Which Past Behavior Predicts Future Behavior[J]. Psychological Bulletin,1998,124(1):54-74.

③ Limayem M, Hirt S G, Cheung C M K. How Habit Limits the Predictive Power of Intention: The Case of Information Systems Continuance[J]. MIS Quarterly, 2007, 31(4):705-737.

④ Shiau W L, Luo M M. Continuance intention of blog users: the impact of perceived enjoyment, habit, user involvement and blogging time[J]. Behaviour & Information Technology,2013,32(6):570-583.

⑤ Wu M C, Kuo F Y. An empirical investigation of habitual usage and past usage on technology acceptance evaluations and continuance intention[J]. Acm Sigmis Database,2008, 39(4):48-73.

⑥ Gefen D. TAM or Just Plain Habit[J]. Journal of Organizational & End User Computing,2005, 15(3):1-13.

⑦ Tuorila H, Pangborn R M. Prediction of reported consumption of selected fat-containing foods[J]. Appetite, 1988,11(2):81-95.

⑧ Lee W K. The temporal relationships among habit, intention and IS uses[J]. Computers in Human Behavior, 2014,32(32):54-60.

⑨ Limayem M, Hirt S G. Force of Habit and Information Systems Usage: Theory and Initial Validation[J]. Journal of the Association for Information Systems, 2003,4(1):65-97.

第三,习惯作为调节变量判断其对意愿和行为的作用关系。Limayem 和 Chin(2001)[①]指出习惯对意愿与行为的强关系会产生阻碍作用,并且习惯与意愿的交互作用也会降低。Limayem(2007)[②]分别将习惯作为直接变量和调节变量验证其对 IS 持续使用行为的影响,结果表明,当其为直接变量时,习惯对持续行为有积极影响且强度低于持续意愿对行为的影响,当习惯作为调节变量时,习惯对持续意愿与持续行为之间的强相关有阻碍作用,并且满意度对习惯也呈现出正向显著影响。

3.7 知识管理相关理论

3.7.1 知识资本

从知识管理的角度,知识资本[③][④]被认为是个体、企业或组织具有竞争优势的重要表现。个体知识资本的知识化可以被认为是战略组织资源和竞争力的主要来源,也是企业或组织业务绩效改进与价值创造的重要途径,知识资本之间的相互作用影响个体与组织之间知识资本的相互转化和组织能力的发展。知识资本之间相互作用、相互转化和相互影响的结果是以知识资本流的形式表现,它是对知识资产功能性的链接,随着时间的推移,个体通过认知过程不断地更新和创造知识[⑤],如学习组织机制和一些相关的知识管理举措。目前,学界对知识资产流的研究还处于初步阶段,并没有很多研究分析知识资本是如何相互联系和变化,以及相互之间是如何转化的。大多数的研究是以知识资本过程论为基础(The Knowledge Process Wheel)[1],它为识别可能的知识管理过程并将知识资产管理的相关举措融入知识管理过程中提供了理论框架,如图 3-3 所示。

从图 3-3 可以看出知识资本被划分为七个可识别的过程,个体、企业或组织在知识管理的过程中通过转换知识资本类别,激活和支持动态的知识资产提供了重要的思想和方法。

---

① Limayem M, Hirt S, Chin W. Intention does not always Matter: The Contingent Role of Habit in IT Usage Behaviour[C]//Proceedings of the 9th Eeropean Conference on Information Systems, ECIS 2001, Bled, Slovenia, 2001:274-286.

② Limayem M, Hirt S G, Cheung C M K. How Habit Limits the Predictive Power of Intention: The Case of Information Systems Continuance[J]. MIS Quarterly, 2007, 31(4):705-737.

③ Grant R M. The Resource-Based Theory of Competitive Advantage: Implications for Strategy Formulation[J]. California Management Review, 1991, 33(3):3-23.

④ Teece D J. Strategies for Managing Knowledge Assets: the Role of Firm Structure and Industrial Context[J]. Long Range Planning, 2000, 33(1):35-54.

⑤ Schiuma G. Managing knowledge assets and business value creation in organizations: measures and dynamics[M]. Hershey; New York: Business science reference, 2011, 22.

图 3-3　知识过程图（The Knowledge Process Wheel）

3.7.2　知识资本的相关研究

从知识管理的角度研究众包的文献较少，但对于众包情境来说，用户的知识贡献实际上体现了用户个体知识资本的利用和创造过程。众包利益相关方即用户、众包平台以及需求者之间也是以知识资本流为主线完成众包任务的。涂慧（2013）[1]以社会网理论为基础构建了众包知识流理论模型，并解释和分析了众包情境下知识流动的过程，认为知识流是闭合回路。王姝（2012）[2]将大众用户的知识贡献作为一种智力资本，从用户创新的角度指出大众用户能够为需求者提供高质量的知识服务，将智力资本显性化，实现知识的价值化。

知识管理视角下，知识资本流的过程理念能够反映用户持续知识贡献过程中各类知识资本的转换，为用户知识贡献行为结果的划分提供理论依据，同时，也能够为众包平台知识管理提供新的思路，为制定各类知识资本转换的相关策略提供理论参考。

3.8　理论整合——知识管理视角用户持续行为理论

众包平台用户持续知识贡献过程中，用户认知、动机期望、社会影响、个体能力之间是交互影响、动态变化的。在文献综述中已经论述了相关理论从不同的视角对用户持续知识贡献行为的解释和预测，也提出了很多外部变量和中介变量来表征不同侧面对用户持续行为的影响。但已有文献对用户持续知识贡献行为的解释只是关注了用户个体的心理行为或认知差异，较为笼统，且将用户持续行为的动态变化特征简单化，并没有突出理论模型作用于用户行为的内在机制，对众包用户持续知识贡献行为的解释比较单一，不能提供足够的洞察以了解用户知识贡献的持续性，而且现有单一理论模型其预测和解释力也相对不足，只能解

---

[1] 涂慧.社会网视角下众包中的知识流研究[D].武汉：中南民族大学，2013.
[2] 王姝.网商平台众包模式的协同创新研究[D].杭州：浙江大学，2012

释用户持续行为的40%左右,说明仍然存在很多因素未从理论模型中找到阐释。因此,需要重新考虑众包用户持续知识贡献行为的应用情境,将用户个体特征/能力、动机期望、心理认知、社会影响等方面融入用户持续知识贡献的动态行为过程中,尤其是要突出用户个体持续知识贡献行为的内在机制。鉴于此,仅用单一的理论已无法全面地解释与预测众包用户持续知识贡献行为,有必要对上述章节中的理论进行整合,以期全面、客观地分析和解释不同侧面对用户持续知识贡献行为的影响。

为了体现用户持续知识贡献行为的动态过程,并突出这个过程中用户个体受知识贡献行为结果以及认知、心理、社会等方面的影响,本书以信息系统持续行为理论为基础,整合期望价值理论、社会认知理论、社会资本理论、社会交换理论、习惯理论和知识管理相关理论,力求全面考虑各方面的因素,构建更加合理的理论模型。

利用信息系统持续行为理论从心理学角度解释和预测用户行为。具体来说,Bhattacherjee(2001)[①]提出的理论是关于用户对IS感知有用性和满意度期望得到确认程度的解释和分析。期望为用户提供了评估IS实际性能的一个基准水平,确认决定了用户是否满意。该理论认为用户IS持续意愿主要受期望、感知有用性、满意度的影响。期望是接包方对于参与知识贡献,发包方提供的信息与承诺能否满足其参与动机背后价值的预测和期待;感知有用性是用户接包方与知识需求者(发包方)之间的交互中,用户(接包方)对众包活动的认知并在知识贡献的过程中获得知识和经验,使用户对众包知识贡献的有用性更加确认;满意度是用户心理状态的体现,是基准水平与实际心理感受的判别,是对付出的代价与收益的评估。众包平台作为实现众包这种新兴生产模式的媒介,它具备信息系统的特征,用户与众包平台交互可以视为用户与IS的交互。因此,以信息系统持续行为理论为研究基础具有合理性。但是,该理论只研究了感知有用性和满意度对用户持续行为的影响,将其归因于应用后的感受或态度,忽视了其他外部社会环境对持续行为的影响,用户持续行为体现的是用户动态的复杂的行为过程,过程中易受到用户心理的、认知的、外部环境等变化的影响。为全面体现用户持续行为心理的、认知的变化,对行为的预测和影响须整合其他理论,并将其引入基础模型。

期望价值理论作为动机心理学重要理论之一,它摒弃了传统心理学内在动机和外在动机的单维度划分,将动机从两个角度来诠释,即期望和价值,认为用户的行为是在人的成就需要的基础上产生的,它是激励个体从事自己认为重要的或有价值的工作,并力求获得成功的一种内在驱动力,将原有的内在动机和外在动机与动机背后的价值建立关联,从成就价值、内在价值、实用价值和代价四方面体现用户的动机期望,将达到目标的期待作为行为的决定因素,从多角度挖掘用户持续行为的心理动机和动机价值,体现持续知识贡献用户心理的变化对持续行为的影响和作用。

社会认知理论"认知-环境-行为"的理念是探索个体采取某些行为的理由,能够体现动态环境中个体行为的变化,更加关注人的认知因素对个体行为的影响。自我效能是该理论的核心概念,是用户对自身知识能力完成任务的自信程度,自我效能可以通过观察他人表现的行为及其结果进行学习,也可以通过自己经验的累积得到提高,新的认知或习得、新的知识

[①] Bhattacherjee A. Understanding Information Systems Continuance: An Expectation-Confirmation Model[J]. MIS Quarterly,2001,25(3):351-370.

对用户的行为会产生影响。众包平台用户持续知识贡献行为的实质就是用户与知识需求者、众包平台之间不断交互的学习过程,是用户不断获得新认知的过程。因此,从"认知-环境-行为"的角度分析用户持续行为能够体现用户认知动态变化对行为的影响和作用。

社会资本理论从个体所处外部环境中的关系维度、结构维度和认知维度来预测和解释用户行为。其中,关系维度通过信任度量,表示利益相关方之间的社会关系;结构维度通过互惠体现社会连接属性;认知维通过社会规范表示用户对外部环境、众包平台的社会氛围对行为的影响。通过这三个不同维度的社会外部变量考察用户持续行为,体现外部环境动态变化对行为的影响和作用。

社会交换理论是社会环境中个体互动活动的基础,所有理性个体都会追求利益最大化,体现"个体-环境-行为"之间的交互。个体的期望和价值观会影响交换行为的发生,即个体对成本和收益的衡量与评估是用户行为决策的前提,交换行为[①]的发生会引发环境事件,周围环境的变化会引发不同个体的自我概念,同样,个体不同的生理特征和社会属性会引发不同的环境反应,被引起的环境事件可改变行为的方向或强度,从而改变个体的行为。

知识管理相关理论为用户知识贡献行为结果的划分提供了理论基础,知识资本流过程将其进行了探索性划分,充分反映用户知识贡献过程中各类知识资本的动态变化,为用户各类知识资本的转换和众包平台知识管理策略的制定提供依据。

以往 IS 持续行为模型多从 IS 的使用环境、条件、功能等单一视角出发,而本书从知识管理视角,以知识贡献行为结果为基准,结合众包的情境特点,构建了知识管理视角的用户持续行为理论模型。其特点有:①该理论模型整合了知识管理与 EECM-ISC 持续使用模型的思想,基于 EECM-ISC 中的主要变量,同时增加了知识创造、知识转移和知识留存三个知识贡献行为结果变量,并结合期望价值理论挖掘用户的动机驱动及其背后价值,掌握用户心理动机变化的规律;社会认知理论的"认知-环境-行为"理念关注动态环境下用户认知的变化,分析用户以往经验与观察习得认知对持续行为的影响。社会交换理论和社会资本理论分析外部环境对持续知识贡献行为的影响,从而了解社会环境变化对用户个体内部动机变化的影响。②整合的理论模型着眼于用户持续知识贡献对众包需求者层面的应用,一方面能够反映用户知识贡献结果的表现形式,弥补 EECM-ISC 缺少外部变量的不足;另一方面,也能够为众包平台的知识管理、引导用户知识贡献提供依据,整合上述理论,突出众包用户持续知识贡献行为过程中价值认知的主观性、层次性和动态性,以更加全面、准确的解释"WHY 用户持续知识贡献"和挖掘众包用户持续知识贡献行为的规律。

3.9 本章小结

本章是对理论依据的梳理,在结合众包情境,充分考虑用户持续知识贡献行为受心理、认知、社会等多方面动态影响的基础上,分析了期望价值理论、社会认知理论、社会资本理论、社会交换理论、信息系统持续使用理论、习惯理论和知识管理相关理论等对于解释和预测用户持续知识贡献行为的全面性和科学性,为后续研究提供理论基础。

---

① 布劳,孙非,张黎勤.社会生活中的交换与权力[M].北京:华夏出版社,1988.

第4章 众包平台用户持续知识贡献行为机理

从心理学角度看,知识贡献者(接包方)持续知识贡献行为是复杂的、动态的社会心理变化过程,个体知识贡献的动机、期望、态度等均会对知识贡献行为产生一定的影响。从社会学角度看,G. Homans(1974)[①]在其 *SocialBehavior:Its Elementary Forms* 著作中指出社会行为是一种发生在两人或多人之间的有收益或成本、有形或无形的交换活动,认为人的一切社会行为都可视为一种交换。众包平台中知识需求者(发包方)和知识贡献者(接包方)的持续知识贡献行为也体现着这种社会交换关系,知识接受者(发包方)通过众包获得接包方贡献的知识、经验、技能,知识贡献者(接包方)获得有形或无形的奖励。从经济学角度看,双方参与的过程和参与的内容实际上是一种知识交易活动,是知识贡献者(接包方)在知识市场中与知识接受者(发包方)的知识交易,双方会在权衡利弊(收益与成本、风险与保障等因素)的情况下决定是否会继续发生知识贡献行为。因此,本章在分析众包分类、众包用户知识贡献行为的过程和要素的基础上,从心理学、社会学、经济学视角基于不同的研究理论深入剖析众包用户持续知识贡献行为的作用机理,同时明晰了动机、激励、社会资本等因素对个体知识贡献行为的作用机制。最后,综合上述分析结果,构建了众包用户持续知识贡献行为作用机理的集成框架,为后续众包用户持续知识贡献行为影响因素及其实证研究奠定理论基础。

4.1 众包的分类

众包分类的研究有助于了解不同众包平台用户的行为特征以及不同众包类型对用户持续知识贡献行为的影响。目前,在 crowdsourcing.com 上可以检索到具有不同功能和属性的众包平台约 2 000 个,其应用范围非常广泛,如从开源的知识集合(如 Wiki,iStockphoto)到访问人们日常工作的众包平台(如 eVirtualServices),从市场营销人员吸引顾客共同参与创造可市场化的想法或产品的平台(如 Threadless,Netflix)到邀请众包用户解决复杂问题或提供创新方法的平台(如 Brightidea.com,InnoCentive)等。学术界对于众包分类有多种表述方法,但大部分学者都是以众包的特性、参与形式为核心,从不同视角、不同维度进行划

---

① Homans G C. Social behavior: Its elementary forms. (Revised ed.)[J]. Revue Française De Sociologie,1974,3(4):479-502.

分,如聚焦于系统特性[1]、过程特性[2][3]、用户特性[4]、众包用户参与动机的形式[5]、薪酬特性[3][4][5]、任务特性[6]、众包内容[7]、众包任务类型[6]和众包平台自身的特性[8],经整理发现,关于众包分类,有些文献综合了众包的多种特性,但总体而言,无论从何种角度对众包进行分类,其分类都是以大众参与形式为基础进行划分,如文献[2-4,6-8],这也反映了众包以大众参与为核心的宗旨,详细的整理内容如表4-1所示。

表4-1 众包分类

来源	维度/视角	区分特性
Brabham[9] (2012)	四个类型: ①知识发现和管理;②广播搜寻;③大众创造产品;④分布式人工智能	聚焦解决组织问题或执行组织任务
Corneyet(2010)	三个维度: ①任务特征(创造、评价、组织);②大众特征(任何人可参与 VS 经验要求);③付费特征(自愿 vs 奖励贡献)	任务特征聚焦于大众想要做些什么
Doanet(2011)	九个维度系统特性: ①合作特征;②目标问题的类型;③如何招募和保留用户;④用户能做什么;⑤如何组合用户的输入;⑥如何评价用户的输入;⑦努力程度;⑧用户角色;⑨架构(独立 vs 搭载)	面向众包系统设计和问题实现
Geiger(2011)	四个特性: ①贡献者的预选择(基于资格、特定情境或无);②大众贡献可访问性(修改、评估、查看);③贡献的聚合(整合 VS 选择);④贡献的报酬(固定、基于成功或无)	将众包看成一个过程,依据用户参与贡献的特征分类
Rouse(2010)	三个维度: ①任务特征(简单、复杂、适中);②利益的分配(谁受益? 个人 VS 团体);③动机的形式(补偿、利他主义、个人成就、社会地位)	任务维度体现了任务复杂程度

[1] Doan A, Ramakrishnan R, Halevy A Y. Crowdsourcing systems on the World-Wide Web[J]. Communications of the Acm, 2011, 54(4):86-96.

[2] Schenk E, Guittard C. Towards a characterization of crowdsourcing practices[J]. Journal of Innovation Economics & Management, 2011, 7(1):93-107.

[3] Geiger D, Seedorf S, Schulze T, et al. Managing the Crowd: Towards a Taxonomy of Crowdsourcing Processes [C]//Americas Conference on Information Systems. 2011:1-11.

[4] Corney J R, Torressanchez C, Jagadeesan A P, et al. Outsourcing labour to the cloud[J]. International Journal of Innovation & Sustainable Development, 2010, 1(4):294-313.

[5] Rouse A C. A Preliminary taxonomy of crowdsourcing[C]//ACIS 2010: Information systems: Defining and establishing a high impact discipline: Proceedings of the 21st Australasian conference on information systems, ACTS, 2010: 1-10.

[6] Nakatsu R T, Grossman E B, Iacovou C L. A taxonomy of crowdsourcing based on task complexity[J]. Journal of Information Science, 2014, 40(6):823-834.

[7] Zhao Y, Zhu Q. Evaluation on crowdsourcing research: Current status and future direction[J]. Information Systems Frontiers, 2014, 16(3):417-434.

[8] Boudreau K J, Lakhani K R. How to Manage Outside Innovation[J]. Mit Sloan Management Review, 2009, 50(4):69-76.

[9] Brabham DC. A model for leveraging online communities[C]//In: Delwiche A and Henderson JJ (eds), The participatory cultures handbook. New York: Routledge, 2012, 120-129.

续表

来源	维度/视角	区分特性
Schenk & Guittard (2011)	两个维度过程特性：①贡献过程特性（整合性 VS 选择性）；②任务特性（简单、复杂、创造性）	聚焦与任务相关的信息和知识，通过整合性过程或选择性过程来区分
Surowiecki[①]	对于问题解决型众包的三种类型：①认知问题（有定义解决的问题）；②协调问题（要求大众协调他们的行为）；③合作问题（相关人员共同工作合作完成）	对问题解决型众包提出了框架
Vukovic[②](2009)	两个维度：①众包功能（设计、市场和销售、开发和测试）；②模式（竞争 VS 市场）	聚焦于企业或利润的众包
Nakatsu[③](2014)	三个维度：①任务结构（有明确目标 VS 开放性问题）；②任务独立性（独立 VS 虚拟社区）；③任务承诺（低 VS 高）	聚焦任务特征
Zhao(2014)	两个维度：用户参与众包的属性①协作式；②竞争性 四个方面：①设计开发；②测试评价；③想法咨询；④其他	聚焦用户参与众包的属性和众包内容
Boudreau & Lakhani[④](2009)	三个维度：①集成；②产品；(3)双边	聚焦于众包平台在大众与发起者之间的关系
Saxton[⑤](2013)	①中介模型；②大众媒体生产模型；③软件协作开发；④虚拟产品销售；⑤产品设计；⑥点对点的社会融资（众筹）；⑦消费者评论；⑧知识库构建；⑨科学项目协作	众包内容分析

因此，本书依据大众参与众包不同形式的划分方式，将众包分为两类，即协作式众包（Collaborative Crowdsourcing/Integrative Crowdsourcing）和竞赛式众包（Competitive Crowdsourcing/Selective Crowdsourcing）。

[①] Surowiecki J. The wisdom of crowds[M]. New York：Anchor，2005.
[②] Vukovic M. Crowdsourcing for Enterprises[C]//Services-I，2009 World Conference. New York：IEEE，July 2009：686-692.
[③] Nakatsu R T，Grossman E B，Iacovou C L. A taxonomy of crowdsourcing based on task complexity[J]. Journal of Information Science，2014，40(6)：823-834.
[④] Boudreau K J，Lakhani K R. How to Manage Outside Innovation[J]. Mit Sloan Management Review，2009，50(4)：69-76.
[⑤] Gregory D. Saxton，Onook Oh，Rajiv Kishore. Rules of Crowdsourcing：Models，Issues，and Systems of Control[J]. Information Systems Management，2013，30(1)：2-20.

4.1.1 协作式众包

协作式众包①通常是以科学为导向,由大众共同协作完成。"协作"意味着在线用户为完成众包知识需求者提出的问题,用户之间知识贡献的补充和改进,而不是像竞赛式众包那样相互竞争,其开放性的特征使得问题的解决和决策过程对网络中所有的用户开放,体现了大众不断参与的价值核心。换句话说,开放式协作的众包任务是通过组合或合成大众用户的知识贡献来完成的。开放式协作的众包任务最早源于组织或企业为了降低构建数据库或信息库的成本,利用开放的协作式众包整合个人层面的信息或数据来构建,从而减低成本,实现由在线用户协作努力完成众包任务②,其本质体现了个体用户之间知识贡献价值上的互补。典型的协作式众包如维基百科(Wikepedia)、文本数字化服务(DigiTalkoot)、reCAPTCHA、众筹和不同形式的大众投票和大众排名。协作式众包在社会生活中发挥着巨大的作用,广泛应用于各种社会事务中,如在线用户构建产品,其中 volpen.com③ 为在线用户共同参与完成新书写作,首先以 200～400 字的摘要表述新书的主题思想,然后在线用户通过增加新的内容来延续故事内容的发展,最后通过投票决定是否结束这本未完成的书;如预测和发现趋势,其中利用好莱坞股票交易市场(www.hsx.com)④的虚拟股票价格预测新发布电影的票房,玩家可以通过股市模拟游戏对即将上映的电影、演员或导演购买交易份额;再如在线讨论具体问题,其中 MindMixer.com 众包平台,政府可以利用在线用户解决城市建设的各种问题,通过评论或投票提出值得政府机构或公共实体关注的建议或想法。

4.1.2 竞赛式众包

竞赛式众包通常以市场为导向,由个人或者组织独立完成,任务完成后会得到相应的奖励,其目的是大众为特定问题或任务提供解决方案,并且需求者可以选择和奖励最佳贡献者,其本质具有一定的竞争性。典型的竞赛式众包有 Amzon Mechanical Turk(Mturk)、InnoCentive or 99designs。竞赛式众包是知识需求者(发包方)以公开号召的方式发布任务,并从在线用户提交的所有解决问题的方案中选出最佳方案的一种众包形式。竞赛式众包中的任务或问题通常被认为是具有挑战性的在线创新竞赛,在线用户提交解决方案的质量由众包问题所有者进行评估,并为获得最佳解决方案的在线用户提供一定的奖励。通常情况下,最佳解决方案不向公众透露。例如,Pahl & Beitz(1996)⑤指出当企业面临研发问题时,如果没有确定的内部解决方案,可能会依赖众包用户的能力来解决,公司以公开号召的方式提出问题,由在线用户提供解决方案,公司通过搜索和选择,继而实施最佳解决方案。

---

① Soliman W, Tuunainen V K. Understanding continued use of crowdsourcing systems: an interpretive study[J]. Journal of Theoretical & Applied Electronic Commerce Research, 2015, 10(10): 1-18.

② Schenk E, Guittard C. Towards a characterization of crowdsourcing practices[J]. Journal of Innovation Economics & Management, 2011, 7(1): 93-107.

③ Volpen.com. [EB/OL]. [2016-11-10] http://www.buydomains.com/lander/volpen.com? domain=volpen.com&utm_source=volpen.com&utm_medium=click&version=sea16&utm_campaign=tdfssea16&traffic_id=sea16&traffic_type=tdfs.

④ Hsx. [EB/OL]. [2016-11-10] http://www.hsx.com/.

⑤ Pahl G, Beitz W. Conceptual Design[J]. Engineering Design, 1996: 139-198.

4.2 众包平台用户持续知识贡献基本过程

4.2.1 用户持续知识贡献行为的形成过程

众包平台用户持续知识贡献行为是用户在初始完成众包任务后未中断的参与众包活动并贡献知识的行为。从用户行为角度,认为用户持续知识贡献行为是用户的决策行为,是在充分认知过去行为的基础上,衡量各种因素条件后决定是否继续参与知识贡献的行为。J. A. Quellette 和 W. Wood(1998)[1]指出对过去行为地充分理解可以预测未来的行为意愿,并将过去行为对未来行为的作用过程划分为有意识行为过程和无意识行为过程。鉴于此,本书将众包平台用户持续知识贡献行为形成过程划分为无意识的用户持续知识贡献行为过程(简称无意识行为过程)和有意识的用户持续知识贡献行为过程(简称有意识行为过程)如图4-1 所示。无意识行为是指众包用户通过先前参与众包任务的经验直接决定了持续知识贡献的意愿,是一种无意识的自动重复行为;有意识行为是指众包用户对感知的各种利益进行评估从而决定未来是否继续参与知识贡献。与 J. A. Quellette 不同的是,本书针对各种不同因素对有意识行为过程的影响细分为有意识的理性决策行为和有意识的情感决策行为。前者是指众包用户在初次参与众包活动后对众包的有用性、易用性,以及在众包知识贡献中获得了利益等因素综合评价,理性思考后采取的持续知识贡献行为;后者则是在参与众包的过程中产生主观感受、价值倾向、满意度等一系列情感性的反应,促使用户持续知识贡献行为的发生。有意识行为过程和无意识行为过程共存于用户持续知识贡献行为的形成过程中,并且两者之间具有互相衰减的作用[2]。

(1) 无意识行为过程

在无意识的持续性行为过程中,用户在不涉及理性逻辑推理的情况下有自动重复过去行为的倾向[3]。L. berk[4]认为在这个过程中只要内部或外部因素保持不变,用户良好的行为就会在稳定或恒定的情境中重复。I. Ajzen[5]也指出过去的行为对未来持续性行为产生的影响不依赖于信念、态度和主观规范。无意识的重复行为是用户对完成众包平台任务的一种习惯,经过长期使用后形成的情感依赖,与众包平台的系统功能是否齐全、性能是否稳定、操作是否易于理解无关,仅仅是因为在持续知识贡献过程中形成了一种习惯性的行为。众包用户在参与众包任务时,只要任务与自身知识储备相匹配,能够完成任务就会参与知识贡献,此时,用户积极的认知活动已经停止,其持续知识贡献行为是习惯性的而非思考性的。

---

[1] Ouellette J A, Wood W. Habit and Intention in Everyday Life: The Multiple Processes by Which Past Behavior Predicts Future Behavior[J]. Psychological Bulletin,1998,124(1):54-74.

[2] Zhao K, Stylianou A C, Zheng Y. Predicting users' continuance intention in virtual communities: The dual intention-formation processes[J]. Decision Support Systems,2013,55(4):903-910.

[3] Ouellette J A, Wood W. Habit and Intention in Everyday Life: The Multiple Processes by Which Past Behavior Predicts Future Behavior[J]. Psychological Bulletin,1998,124(1):54-74.

[4] Beck L, Ajzen I. Predicting dishonest actions using the theory of planned behavior[J]. Journal of Research in Personality,1991,25(3):285-301.

[5] Ajzen. I,The theory of planned behavior,Organizational Behavior and Human Decision Processes[J]. Journal of Leisure Research,1991, 50(2):179-211.

众包用户以往的知识贡献行为很可能是形成持续性的一个有利因素。换句话说,由于认知一致性,用户对于之前的知识贡献行为具有良好的意愿,他们可以根据以往的线索很容易地作出决定。例如,众包用户参与过众包平台中的任务,那么用户就会熟悉系统功能并且知道在哪能够找到所需要的信息,在未来,众包用户很可能仍然选择该众包平台参与知识贡献活动。已有研究将习惯作为变量加入模型中,验证习惯对用户持续行为意愿的影响。例如,最早提出习惯重要性的学者 W.James(1890)[1]将习惯作为一种自动行为,认为习惯减少了用户所需的认知性努力。D.Gefen(2005)[2]将习惯变量引入 TAM 模型中,并证明了习惯对用户的持续使用意愿有积极影响。Limayem 等(2007)[3]指出由于用户在过去行为中获得了足够多的经验并且随着经验的增多用户对行为过程也将更加熟悉,因此,用户未来的持续行为几乎不需要再付出认知努力,并指出习惯的影响作用越大,用户持续行为意愿对持续行为的预测能力就越弱。

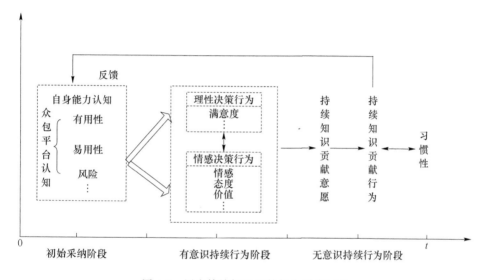

图 4-1 用户持续知识贡献行为形成过程

(2) 有意识行为过程

有意识过程的决策是发生在用户没有得到很好的学习或不稳定的情境中[4]。从社会心理学的角度看,当人们有意识地思考持续性行为意愿时,它们倾向于评估以往行为的结果(如有用性、易用性等)[5]。在 IS 领域,人们普遍认为 IS 的持续使用是有意识的或认为是理

---

[1] James W. The principles of Psychology[M]. New York: Henry Holt&Co, 1890.

[2] Gefen D, Straub D. A Practical Guide to Factorial Validity Using PLS-Graph: Tutorial and Annotated Example [J]. Communications of the Association for Information Systems, 2005, 16(1): 91-109.

[3] Moez Limayem, Christy M K. Cheung. How Habit Limits the Predictive Power of Intention: The Case of Information Systems Continuance[J]. MIS Quarterly, 2007, 31(4): 705-737.

[4] Zhao K, Stylianou A C, Zheng Y. Predicting users' continuance intention in virtual communities: The dual intention-formation processes[J]. Decision Support Systems, 2013, 55(4): 903-910.

[5] Ouellette J A, Wood W. Habit and Intention in Everyday Life: The Multiple Processes by Which Past Behavior Predicts Future Behavior[J]. Psychological Bulletin, 1998, 124(1): 54-74.

性决策过程(如期望、对过去经验的反思等)[1][2][3],其研究的主要焦点是认知导向的行为模式(如 TAM 模型和 IS 持续使用模型)[4]。Karahanna 等(2015)[5]利用 TRA 模型发现应用 IS 的行为信念或感知有用性能够决定用户持续行为意愿。在有意识的行为形成过程中,用户的认知并不完全是理性的,有时也会受到情感、信念、享受、兴趣等非理性因素的影响,如 ECM-IT 模型中,满意度是用户对 IS 持续使用意愿的重要衡量因素,当用户对 IS 有满意感就会促进其持续行为的发生,相反,用户很可能会放弃使用。用户的满意感是用户的心理感受,强调心理感受对持续行为的重要作用。不同领域的研究人员用满意度来解释用户的持续行为,实证研究也表明满意度对用户持续行为的积极影响[6]。鉴于此,将有意识的用户持续知识贡献行为过程分为两种,即有意识的理性决策行为过程和有意识的情感决策行为过程。理性决策行为过程是众包用户在参与过程中对众包平台功能、众包任务、性能等进行的客观评价,理性分析持续知识贡献的结果是否有利于其自身的综合考量,最终将根据分析的结果决定是否持续知识贡献。情感决策行为过程是由众包用户在参与众包任务过程中产生的一系列心理感受决定的,在情感、信念等非理性因素的影响下持续参与众包任务贡献知识,这些非理性因素对众包用户持续知识贡献行为具有支撑和推动作用。

无意识行为过程和有意识行为过程共存于用户持续知识贡献行为形成的过程中,无意识行为过程是用户自动重复的行为,是一种常规行为,具有长效性。而有意识行为过程是由用户持续知识贡献意愿引发的持续性行为,具有短暂性。Kim 等(2005)[7]认为理性评价作为行为意愿的决定因素,在 IS 重复使用的过程中其重要性作用将会降低,习惯变量影响越大,用户认知评价对用户无意识知识贡献行为的负向影响作用就更大。如果用户习惯于以往的参与模式,较少参与反思,用户的意识就可能会减弱,从而降低了用户有意识行为的产生。如 Hagger 等(2002)[8]对理性行为理论元分析的研究中发现过去行为减小了态度对意愿的影响,随着参与行为越来越多,用户的持续性行为不再是对参与后行为的理性评价,更

---

[1] Hagger M S, Chatzisarantis N L D, Biddle S J H. A meta-analytic review of the Theories of Reasoned Action and Planned Behavior in physical activity: predictive validity and the contribution of additional variables[J]. Cheminform, 2002, 43(8):23.

[2] Kim S S, Malhotra N K. A Longitudinal Model of Continued IS Use: An Integrative View of Four Mechanisms Underlying Postadoption Phenomena[J]. Management Science, 2005, 51(5):741-755.

[3] Guinea A O D, Markus M L. Why break the habit of a lifetime? Rethinking the roles of intention, habit, and emotion in continuing information technology use[J]. MIS Quarterly, 2009, 33(3):433-444.

[4] Kim S S, Malhotra N K, Narasimhan S. Research Note — Two Competing Perspectives on Automatic Use: A Theoretical and Empirical Comparison[J]. Information Systems Research, 2005, 16(4):418-432.

[5] Karahanna E, Chervany N L. Information Technology Adoption Across Time: A Cross-Sectional Comparison of Pre-Adoption and Post-Adoption Beliefs[J]. MIS Quarterly, 2015, 23(2):183-213.

[6] Casalo L V. The Influence of Satisfaction, Perceived Reputation and Trust on a Consumer's Commitment to a Website[J]. Journal of Marketing Communications, 2007, 13(1):1-17.

[7] Kim S S, Malhotra N K, Narasimhan S. Research Note — Two Competing Perspectives on Automatic Use: A Theoretical and Empirical Comparison[J]. Information Systems Research, 2005, 16(4):418-432.

[8] Hagger M S, Chatzisarantis N L D, Biddle S J H. A meta-analytic review of the Theories of Reasoned Action and Planned Behavior in physical activity: predictive validity and the contribution of additional variables[J]. Cheminform, 2002, 43(8):23.

多的是用户学习反应的体现[1]。Jasperson 等(2005)[2]也指出个人获得经验是一种新的行为,他们很少对行为进行反思性的考虑,而是依赖于先前的行为模式来指导未来的持续行为。同样地,当用户在不断参与知识贡献的过程中体验到各种可能存在的问题,如众包平台的设计、众包任务的分配、成本与收益等,这些负向的评价会慢慢影响用户的习惯从而阻碍无意识行为的产生。

4.2.2 用户持续知识贡献行为的核心要素

1. 用户知识贡献的流程

为了更加客观、科学地描述用户持续知识贡献行为的核心要素,本书根据众包用户执行众包任务时的具体流程和步骤来提取相关要素,如图 4-2 所示。

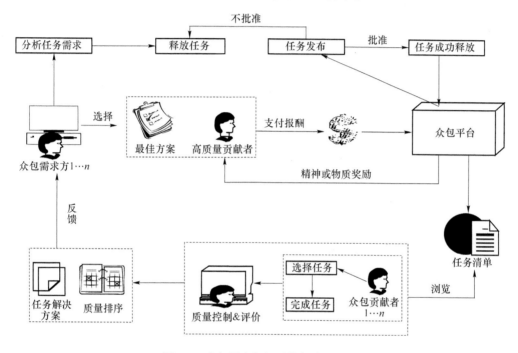

图 4-2 众包用户知识贡献行为流程图

从图 4-2 可以看出众包任务的完成主要分为以下四个步骤:

① 众包需求者(个人或组织)即知识需求者提出要完成的特殊任务或要解决的特殊问题;

② 众包需求者即知识需求者在线广播任务或问题,并要通过众包平台的审查;

③ 众包大众即知识贡献者完成任务或解决问题;

④ 依据任务的特性,众包需求者即知识需求者采取适当的选择方式:第一种是通过对众包大众提出的解决方案进行质量排序、筛选和选择,最终选出最佳解决方案(竞赛式众

---

[1] Bagozzi R P. Attitudes,intentions,and behavior:A test of some key hypotheses[J]. J Pers Soc Psychol,1981,41(4):607-627.

[2] Jasperson J,Carter P E,Zmud R W. A comprehensive conceptualization of post-adoptive behaviors associated with information technology enabled work systems[J]. MIS Quarterly, 2005,29(3):525-557.

包);另一种是以有意义的方式聚集或整合大众的意见(协作式众包)。

2. 用户持续知识贡献行为的核心要素

从图 4-2 可以看出知识贡献行为的流程中涉及知识贡献的提供者、中介、知识贡献的接受者,同时用户持续知识贡献行为需要内在和外在的刺激来激发用户持续性行为的发生。因此,本书认为用户持续知识贡献行为的核心要素包含主体要素(Who)、知识要素(What)、动机要素(Why)和结构要素,如图 4-3 所示。

主体要素是指完成/执行任务的主体即知识贡献者,知识贡献者是无明确指向的网络大众或者特殊群体。知识要素是用户拥有的知识(显性知识和隐性知识)能够帮助众包需求者完成任务,实现知识的外在化和组合化,强调主体知识转化的能力。动机要素是主体持续知识贡献的动机或原因。结构要素是指知识贡献的任务如何被执行/完成,通过何种途径和工作方式。

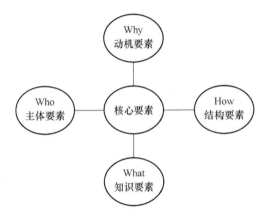

图 4-3 用户持续知识贡献行为核心要素

(1) 主体要素

众包包含三种类型的行为者,众包知识贡献者是为价值创造贡献能力的大众用户,是知识或信息的提供者;众包需求者是直接受益于大众智慧的公司或组织;众包的促成者是贡献者与需求者之间的中介平台。知识贡献者是知识贡献行为发生的主体,通过开放式的众包平台将自己的知识和经验以大众科学(Wiki、百度百科)、内容翻译(TxtEagle)、创意生产(InnoCentive、Threadless)、投票评价(American Idol)、地理信息分享(OpenStreetMap)、问题解决(Netflix Prize)等形式,以授权的方式将贡献的知识内容供众包需求者利用和修改。在用户持续知识贡献的过程中,主体的贡献行为会受到知识要素、动机要素和结构要素的影响,同样也会因为知识贡献质量的匮乏、内在需求和外在环境的刺激不足和众包平台工作方式的偏差等因素阻碍主体持续知识贡献的行为。

(2) 知识要素

自我效能可以激励知识贡献者与知识需求者之间的知识交流[①]。知识自我效能通常表现在人们相信他们的知识可以帮助其他人解决具体问题。当用户在某一领域某一范围内拥

---

① Kankanhalli A, Wei K K. Contributing Knowledge to Electronic Knowledge Repositories: An Empirical Investigation[J]. MIS Quarterly, 2005, 29(1):113-143.

有高水平的知识自我效能,那么用户将更有可能持续地贡献知识。换句话说,对于有能力提供有价值知识的知识贡献者来说,它将有更积极的态度和意向持续地知识贡献。因此,如果知识贡献者在以往的众包任务中贡献的知识帮助了众包需求者,那么用户对提供有价值的知识的能力将更有信心,从而促进用户持续知识贡献行为。

(3) 动机要素

在 IS 持续使用的文献中很少关注动机要素是如何影响用户持续行为的,但是对动机要素的理解是十分必要和重要的,因为用户仍然需要动机的引导来促进用户的持续性行为[1]。因此,动机对于驱动用户持续知识贡献有重要影响[2]。动机被认为是释放、控制和维持身体和精神活动的要素[3]。从广义来说,动机可分为内在动机和外在动机。内在动机是任务本身,用户持续知识贡献是出于习惯、愉悦感、兴趣等想完成任务而非得到其他的一些回报;而外在动机是能够带给贡献者回报不仅仅是任务本身,还包括外在的激励,如金钱回报、职业发展、奖品、赏识等。

(4) 结构要素

用户持续知识贡献的目的是为了帮助有需要的人并为他们提出的问题提供解答方案。用户获取任务的途径和方法是结构要素的主要内容。Hendicks[4]认为信息技术是获得知识贡献内容的有效路径。拥有信息技术支持的众包平台为用户持续知识贡献提供了媒介,描述众包任务的内容和需要满足的要求,根据任务的性质将众包任务自动分解成若干模块或人工分解,使知识贡献者可独立完成某一模块任务或者共同完成开放式任务。

4.3 心理学视角下众包用户持续知识贡献行为分析

众包的本质是大众智慧(Surowiecki,2004[5])和集体智慧(Leimeister,2010[6])的体现,众包平台可持续发展很大程度上取决于用户持续知识贡献,那么激励大众不断地贡献知识将是众包平台成功的驱动力。因此,挖掘用户持续知识贡献背后的动机将有利于众包平台的发展。现有对众包用户持续知识贡献行为动机分析的文献较少,多集中于对用户初始参与众包活动的动机分析,并将动机以静态维度划分为内在动机和外在动机。而用户持续知识贡献的动机一方面体现了用户对成功完成众包任务的期望以及对这一任务所赋予的价值,另一方面也要充分体现动机在持续行为过程中随用户认知、心理的变化而产生的变化,静态分析方式忽视了动机因素之间的动态特性,初始知识贡献的动机在持续阶段是否具有同样的作用,体现了用户的何种期望价值仍须进 步探讨。囚此,本书以动机心理学期望价值理论为基础,结合目标维度、时间维度和知识维度的动态视角分析并解释众包用户持续知识贡

---

[1] Eccles J S,Wigfield A. Motivational beliefs,values,and goals[J]. Psychology,2002,53(53):109-32.

[2] Ardichvili, Wentling, T. Motivation and barriers to participation in virtual knowledge sharing communities of practice[J]. Journal of knowledge management,2003,7(1):64-77.

[3] Pintrich. P,Schunk, D. The role of expectancy and self-efficacy beliefs,motivation in Education:Theory,Research & Applications[M]. Englewood Cliffs, NJ:Prentice-Hall,1996.

[4] Hendricks K. Fumonisins and neural tube defects in South Texas[J]. Epidemiology,1999, 10(2):198-200.

[5] Surowiecki J. The Wisdom of Crowds[M]. New York:Anchor Books,2005.

[6] Leimeister J M. Collective Intelligence[J]. Business & Information Systems Engineering,2010,2(4):245-248.

献行为动机的本质,探究用户初始参与众包活动的动机与持续行为动机的关联。首先,从目标维度对涉及的动机要素进行整理,并依据期望价值理论对动机进行重新划分,以体现用户持续行为背后的目标期待和动机价值;然后,考虑时间维度对动机动态特性的影响,为后续实证研究提供理论和方法的支持;其次,为了充分反映期望价值中价值认识对用户持续行为动机的影响,将众包任务知识特性融入动机分析中,体现知识强度对用户持续行为态度、认知的影响,从而进一步影响用户持续知识贡献的动机;最后,通过质性分析验证理论分析的适用性和可行性,为后续实证研究提供理论支持。

4.3.1 基于期望价值理论的用户持续知识贡献行为分析

动机是用户行为发生的内在驱动力,早期 Herzberg 等(1959)[1]将动机划分为激励因素和保健因素。激励因素包括信任、自由、职业发展、责任、满足感、贡献、成就、认同、同行或同事的挑战以及任务本身;保健因素包括薪酬、公司政策和管理、个人关系、地位、安全等。随着动机理论的发展,学者在早期研究的基础上将动机从来源上划分为内在动机和外在动机,Hossain M(2012)[2]对众包平台用户参与众包任务的动机研究中认为内在动机是基于任务或活动相关的满意度或者亲社会行为[3](Pro-social Motivation)而非外部压力[4],而外在动机是受外部激励驱动[5],如金钱、奖赏、名声等。已有研究证明不同的动机满足了用户马斯洛个人需求的不同层次[6],究其根本,外在动机体现了马斯洛需求的生理需求和安全需求,内在动机对应着马斯洛需求的归属需求、尊重需求和自我实现。

(1) 目标维度

内在动机与外在动机提供给用户的行为动力和导向来源是不同的,经文献调研,整理和分析用户参与众包的动机如表 4-2 所示。

表 4-2 大众参与众包的动机

外在动机	内在动机
利益、现金、不满足感、工作机会、个人需求、压力、税收、义务、同行认可、激励、特权成就、宣传、名声、技能发展、社会契约、社会互动、职业发展、自我营销、专业声望、人才招聘、责任、地位	慈善、权限、愿望、好奇、享受、乐趣、娱乐、自我满足、利他主义、自主权、归属感、社群驱动、确认、自我决定、想法产生、学习、消遣、自尊、自我实现

(来源:作者统计结果)

---

[1] Herzberg F, Mausner B, Snyderman B. The motivation to work[M]. New Jersey: John Wiley&Sons, 1959.

[2] Hossain M. Users' motivation to participate in online crowdsourcing platforms[C]//International Conference on Innovation Management and Technology Research. IEEE, 2012: 310-315.

[3] Schenk E, Guittard C. Towards a characterization of crowdsourcing practices[J]. Journal of Innovation Economics & Management, 2011, 7(1): 93-107.

[4] Guthrie J T. Children's Motivation for Reading: Domain Specificity and Instructional Influences[J]. Journal of Educational Research, 2004, 97(6): 299-310.

[5] Frey B S. How Does Pay Influence Motivation?[M]//Successful Management: Blancing Intrinsic and Extrinsic Incentives, by Motivation. 2002: 55-88.

[6] Brabham D C. Moving the crowd at iStockphoto: The composition of the crowd and motivations for participation in a crowdsourcing application[J]. First Monday, 2008, 13(6): 236-238.

现有的动机要素仅从动机的来源划分且停留在用户初始参与众包的动机,众包作为新型的生产模式,无论是内在驱动还是外在驱动,用户持续知识贡献的目的都是为了达到自己设定的目标期待,目标期待的实现是促进其持续行为的关键。鉴于此,依据动机心理学期望价值理论,从目标维度对用户持续知识贡献行为的动机进行重新划分和归类,目标期待的实现通过用户对完成众包任务的价值认识来体现,价值认识影响用户对持续知识贡献的吸引力以及获得目标期待的动机,从成就价值、内在价值、实用价值和代价四个方面反映影响用户持续知识贡献行为的动机,期望价值理论不仅从积极的方面考虑用户持续行为动机的价值认识,还将消极地阻碍用户持续行为的动机价值纳入考察之内,为更好地理解用户持续知识贡献行为过程中心理动机和认知的变化提供了全新的视角。众包情境下,成就价值是对用户成功完成众包任务表现的个体重要性和自我价值的体现,内在价值体现的是用户参与众包任务而从中得到的乐趣、享受等内在情感的抒发,两者之间存在一定的关联,当用户成功帮助发包方完成众包任务,自我价值得以实现,同时对自我能力也是一种肯定,体现了用户的成就价值,如当用户在 Wiki 中完成简单众包任务,虽无任何回报,但会因为帮助了他人而使用户感觉自我价值的重要。实用价值是若完成众包任务对当下或未来自身发展、目标期望的利好程度,代价则是阻碍用户持续行为的动机价值,主要是指用户完成任务所要付出的时间、精力、物力等。

(2) 时间维度

J. Reeve(2008)[①]强调动机的动态特性,并将动机随时间的变化对行为的影响进行描述,如图 4-4 所示。从图中可看出动机因素的强度会随时间的变化而变化,在不同的情境、不同的时间点,同样的动机因素不一定会产生相同的行为,并且不同的动机因素随着时间的变化可能出现共存的情况。某些行为可能只会在诱导这种行为动机十分强烈的情况下才会出现,这也就意味着如果动机因素变得微弱,持续行为很可能将不再发生。因此,将时间维度融入用户持续知识贡献的动机分析中是十分重要的。

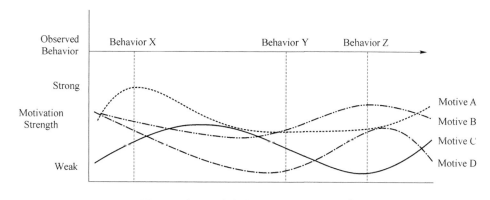

图 4-4 动机的动态特性(J. Reeve,2008)[①]

(3) 知识维度

目前,在众包聚合网站(crowdsourcing.org)中有超过 2000 家众包平台,其应用从开源的知识创造(如 Wikipedia,iStockphoto)到获取用户日常生活轨迹(如 Elance,

---

① Reeve J. Understanding Motivation and Emotion, 5th ed. [M]. New York: Wiley, 2008.

eVirtualServices),从市场营销人员与客户共同创造有价值的想法或产品(Threadless, Netflix's million dollar chanllenge)到邀请大众解决复杂问题或为新挑战提供创新性的方法(如 Brightide.com,Academy of Ideas,InnoCentive)。众包应用类型的不同,要求参与用户的知识技能、时间花费等也不尽相同,其特性通常与用户所获信息的程度和所需知识的强度相关联[①],结合众包的分类从知识维度对众包任务知识强度关系进行说明,如表 4-3 所示。从表中可以看出,创造性任务和问题解决型任务属于知识强度较高的任务,需要参与者的知识技能同时也需要大量的时间投资。这也体现了期望价值理论中代价对用户持续知识贡献的影响。因此,将众包任务特性作为探究用户持续知识贡献行为动机的重要方面是十分必要的。

表 4-3 众包任务知识强度关系图

众包类型	知识强度	
	低	高
协作式众包	意见(知识)聚集/创造 Wikipedia、TripAdvisor	任务绩效(将任务分成若干份) Outsourced call centers
竞赛式众包	设计 & 开发 Threadless、99Designs	创造性任务 & 问题解决 InnCentive

4.3.2 众包用户持续知识贡献行为动机的质性研究

(1) 质性研究设计

遵循探究科学的传统方法——质性研究,认为使用定性数据(如访谈和文件资料)是了解和解释社会现象的最佳方法[②]。通过与受访者的访谈,收集研究资料,分析用户持续知识贡献行为的动机。本次访谈的目的是为了考察用户持续知识贡献的行为动机,并探讨应用动机价值期望理论的划分方式对众包情境下用户持续知识贡献行为分析的适用性、全面性和客观性,并为后续章节持续知识贡献行为影响因素的分析提供理论和实践基础。

遵循质性研究的方法,选取众包平台用户为访谈对象,从平台中招募受访者,由于平台对用户信息隐私的保护,采用问卷有酬的方式与用户建立关系,经得同意后与用户再进行即时访谈,用户的选择须满足以下两个标准:①已是众包平台的注册用户;②至少参与过一次众包任务。最终有 18 位受访者参与用户持续知识贡献行为动机的访谈,考虑到受访者分散在全国各地,经受访者同意采用计算机即时消息媒介作为访谈工具(QQ、微信),由受访者自由选择时间、地点和沟通工具,尽管受访者使用众包平台的时间不尽相同,为体现用户持续贡献行为动机随时间的动态变化,于 2016 年 8 月 25 日~9 月 25 日对采访者进行两次访问。通过访问了解用户随时间推移持续知识贡献的动机变化,虽然主要访问主题在所有访问中保持一致,但一些确切问题的措辞和顺序在每次访谈中可能会存在细微差别,这取决于双方

---

① Ford R C, Richard B, Ciuchta M P. Crowdsourcing: A new way of employing non-employees[J]. Business Horizons, 2015, 58(4):377-388.

② R. Gephardt. What is qualitative research and why is it important? [J]. Academy of Management Journal, 2004, 47(4): 454-462.

交流沟通的流程。受访者人口统计学特征如表4-4所示。

表4-4 人口统计学特征

访谈对象	地理位置	性别	年龄	文化程度	职业	平台使用时间/月
I1	重庆	男	37	硕士	IT工程师	32
I2	南京	男	28	本科	美工	14
I3	天津	男	38	本科	室内设计师	22
I4	北京	男	25	硕士	IT大学生	9
I5	北京	男	42	博士	高校教师	11
I6	武汉	男	34	硕士	公务员	10
I7	沈阳	女	28	本科	私企文案	28
I8	西安	男	33	硕士	软件工程师	7
I9	北京	男	27	本科	设计师	16
I10	郑州	男	35	本科	摄影师	20
I11	北京	女	30	硕士	外企员工	12
I12	长沙	女	36	本科	编辑	14
I13	成都	男	29	本科	市场营销	27
I14	重庆	男	22	本科	IT大学生	12
I15	天津	女	33	硕士	设计师	6
I16	北京	男	31	本科	动漫设计	15
I17	沈阳	女	24	本科	美术学生	8
I18	郑州	男	34	硕士	IT程序员	13

(2) 访谈过程与数据处理

首先,将此次访谈的目的向受访者做简要说明,使其了解采访的背景;其次,受访者对自身情况进行简要介绍,主要是受访者的基本信息;最后,实施访谈,以问题形式请受访者谈论自己的真实感受。在访谈过程中,首先要询问用户初次使用平台参与众包的一些情况,如什么时候听说众包平台?通过何种途径知道的?对众包平台哪个方面的任务最感兴趣?随后,追问在应用一段时间后,您出于什么样的想法(原因)使您继续贡献知识完成众包任务?您能描述一下所有可能的原因吗?根据受访者回答的情况追问后续问题,详细的访谈大纲见附录1。

本书的数据经过开放编码处理,以便识别概念、想法和观念中的动机因素,并对相似的因素(如奖金、额外收入、容易获得的奖励)依照期望价值理论中的概念界定归入实用价值类别,并将微不足道的要素删除,然后根据动机目标维度的划分进行归纳总结,得到用户持续知识贡献行为的动机,如表4-5所示。在访谈的过程中,根据以往定性研究的案例[1]和相关准则[2],在第十二次访谈时数据达到了饱和,在第十次访谈后获得的信息就开始变少。

---

[1] Brabham D C. Moving the crowd at Threadless[J]. Information, Communication & Society, 2010, 13(8): 1122-1145.

[2] Guest G, Bunce A, Johnson L. How many interviews are enough? An experiment with data saturation and variability[J]. Field Methods, 2006, 18(1): 59-82.

表 4-5　用户持续知识贡献行为的动机结果统计表

目标期望	内容体现
成就价值	自我实现、自我形象、尊重、认可、完成高知识强度任务的成就感、竞赛任务中标、自我能力的体现
内在价值	愉悦、好奇、乐趣、享受、满足、娱乐消遣、利他主义
实用价值	自主学习、工作机会、技能发展、奖励、同行交流、额外收入、对现实生活际遇不公的补偿、就业能力提升、自我营销
代价	知识产权纠纷、任务内容存在欺骗、IT设备的损耗、对生活其他事情安排的影响、接包方承诺未兑现

（3）结果分析

第一阶段用户访谈的目的是为了获得众包用户知识贡献行为的静态动机价值因素，第二阶段访谈的目的是为了获得动态的动机因素，以便说明初始参与众包活动和持续知识贡献的动机之间的差异性。

从动机目标维度和时间维度看，尽管两阶段受访者的目标期望价值体现的内容基本相同，但从受访者对动机价值的倾向看，第一阶段受访者访谈结果对实用价值和内在价值驱动的行为动机更加关注，尤其是提到频次较多的奖励、额外收入、生活补偿、乐趣、愉悦等，说明实用价值和内在价值的动机驱动在用户初始参与众包知识贡献行为决策时起其主导作用。在第二阶段，尽管初始阶段的动机也存在于持续知识贡献阶段，但是从受访者的访问中发现持续知识贡献阶段用户行为动机受内在价值和成就价值共同驱动，更加注重隐性价值对用户持续行为的促进，如 I8 受访者表示"在众包平台上完成任务比现实生活中更能凸显自己的能力，认为自己还是有一定能力的，只是在现实生活中缺少机会展现自己"。两阶段的对比结果表明，用户持续知识贡献行为动机随时间变化会存在一定的差异，这与早期的 IS 用户持续行为的研究结论是一致的，认为 IS 初始使用与持续使用的动机因素是不同的，以及初始使用的动机因素可能无法解释 IS 持续使用行为[1][2]。因此，验证了时间维度的划分对于探析众包情境下用户持续行为心理动机变化对持续行为的影响是科学可行的。

从众包任务的知识特性看，众包的任务从简单到复杂，依据众包任务的知识特性，用户的动机也会明显不同[3]。对比两阶段的结果，对于知识密度较低的众包任务，受访者两阶段访问的结果基本一致，大多报以"参与、随便看看"的态度完成众包任务，体现了内在价值的主导作用。而对于知识密度高的任务，如开源软件开发、创意思想等，受访者在两阶段体现的动机价值存在差异，用户最初参与知识密度高的任务是为了获得丰厚的奖励、收入等，用户参与这种知识密度高的任务需要耗费自己很多的时间和精力，应当得到一定的补偿，而在第二阶段成就价值对用户持续行为动机驱动起主导作用，采访中仍然存在一部分受访者持有原来的态度，但大部分人都认为知识密度高的任务是一种挑战，如能成功完成甚至有幸中标，它们的自信心会大大提高，认为是一种荣耀，是自我价值的体现。

---

[1] Agrifoglio R, Black S, Metallo C, et al. Extrinsic versus intrinsic motivation in continued twitter usage[J]. The Journal of Computer Information Systems，2012，53(1)：33-41.

[2] Karahanna E, Straub D, Chervany N. Information technology adoption across time: A cross-sectionalcomparison of pre-adoption and post-adoption beliefs[J]. MIS Quarterly，1999，23(2)：183-213，1999.

[3] Hossain M, Kauranen I. Crowdsourcing: a comprehensive literature review[J]. Strategic Outsourcing，2015，8(1)：2-23.

综上所述,尽管受访者的数量不是特别多,但根据访谈案例和相关准则,当用户到达一定数量时出现新增内容的可能性较小,所以认为受访18名用户能够在一定程度上解释用户持续知识贡献行为心理动机的作用,为后续实证研究提供了基础。通过上述分析,认为用户持续知识贡献行为的动机主要受用户对完成众包任务的目标期望及其价值决定,在持续行为阶段更加强调成就价值和内在价值对用户行为动机的驱动作用,从众包任务的知识维度看,知识密度低的众包任务内在价值动机是用户持续知识贡献行为的驱动力,而知识密度高的众包任务则受成就价值动机驱动。

4.4 社会学视角下众包用户持续知识贡献行为分析

4.4.1 基于社会认知理论的用户持续知识贡献行为分析

社会认知理论是Bandura(1977)[①]对传统行为主义学习理论的延伸,是人类行为的一般理论,它摒弃了原有人的行为只受外部刺激影响的观点,认为人的行为是由认知和外部环境因素共同决定的,突出观察性认知是人类最基础、最有效的学习方式。在一定情境下,人们可以通过观察他人的行为,学习和吸收新的信息,尤其强调认知性因素对个体行为动态变化的重要作用。社会认知理论认为人的行为受认知、环境和行为三元交互作用影响,随着时间和环境的变化,三者之间的交互作用也会变化。自我效能是社会认知理论的核心概念,它是个体对自己完成某个特定任务或行为所具备能力的判断和评价。自我效能感影响个体的行为选择、付出程度、持续性、思维模式和情感反应[②]。

根据社会认知理论,众包用户持续知识贡献行为三元交互的具体阐释可以理解为:

① 用户的认知与持续知识贡献行为的交互反映了用户的行为是受到认知的影响(如信念、态度、知识、自我效能等)继而做出持续行为的过程,认知的变化将影响个体行为的决策。在协作式众包中,如Wikipedia知识创造任务或iStockphoto开源开放性任务,用户通过关注和跟踪进行动态的观察性认知学习,在动态认知学习的过程中,当已有知识内容与用户本身的认知存在冲突或差异时,用户会对相关内容进行不断地补充、修改,从而促使用户的持续知识贡献。在竞赛式众包中,创造性众包任务或问题解决型任务具有较高的知识强度,用户需要付出较大的努力,最终由众包需求者选择最佳方案。若用户获得最佳方案,其成功经验会提升用户的自我效能感,从而促进用户持续知识贡献,Bhattacherjee[③]已验证了自我效能对用户持续行为的积极影响。

② 环境因素与持续知识贡献行为的交互反映了用户行为可以决定环境中的社会关系和结构要素,同样,用户持续知识贡献行为也会受到环境因素的修正。环境因素包括资源、众包平台的组织形象和技术支持等物理条件、行为结果等。环境因素中的行为结果对用户

---

① Bandura A. Self efficacy: toward a unifying theory of behavioral change[J]. Psychological Review, 1977. 84: 191-215.

② Deliang Wang, Lingling Xu, et al. Understanding the continuance use of social network sites: a computer self-efficacy perspective[J]. Behaviour & Information Technology, 2015,34(2):1-13.

③ Bhattacherjee A, Perols J, Sanford C. Information Technology Continuance: A Theoretic Extension and Empirical Test[J]. Journal of Computer Information Systems,2008,49(1):17-26.

持续行为有重要影响,用户在以往知识贡献行为的经验中,用户期望的结果与实际相一致,那么将会促进用户持续知识贡献行为,反之会阻碍用户的持续行为。另外,众包平台作为连接贡献者和需求者的媒介,其自身技术、平台任务资源都会影响用户持续知识贡献行为,若用户根据以往知识贡献的经验感到众包平台自身技术很难掌握,那么用户的自我效能感将会降低,从而导致用户持续行为的中断。当然,众包平台在开发使用的过程中也会不断改进以适应用户的行为习惯,从而促进用户的持续知识贡献。

③ 用户认知与环境因素的交互反映了在动态的用户持续知识贡献行为中用户的认知并不是一成不变的,而是受到环境因素的修正。用户的认知过程是一个心理过程,用户对于众包利益相关方、众包任务本身的认知随着时间的变化而不断变化,自身的感受、信念、自我效能等因素会受到环境因素的影响。社会影响包含两方面内容,一方面是众包平台本身具有良好的组织形象,能够吸引用户持续的参与知识贡献;另一方面,用户自身在以往知识贡献中获得了良好的成绩,贡献的方案得到了需求者(同行)的认可,从而提升自己的在行业内的地位,用户的自我效能感也随之增强,进而影响用户持续知识贡献行为。

从社会认知的视角看用户持续知识贡献行为,其作用机理可以理解"认知-意愿-行为-再认知"的循环过程,是用户在先前经验的主观认知和综合评价基础上,通过与期望预期相比较,进而评估自身的知识水平、能力和贡献行为的过程。在这个过程中,用户的认知受到环境、行为的影响。

4.4.2 基于社会交换理论的用户持续知识贡献行为分析

最早提出社会交换理论的 Homans[1]将人看作为理性人,指出人的社会行为归因于社会交换,也就是说,人的一切行为是由受到奖励和报酬的交换驱动。但是,Homans 仅从个人层面解释人的行为,而忽视了人作为社会一员中社会组织、社会结构等的影响。Blau(1964)[2]从社会结构特性进一步完善社会交换理论,指出个体是在某种期望的基础上参与社会互动,并以认可、地位和尊重等社会报酬作为交换,强调双方在交互中不仅会发生经济交换关系,还存在社会交换关系。

从社会交换视角考虑用户持续知识贡献行为,可将用户的决策过程看成交换行为过程。在这个过程中满足平衡,达到期望、互利、公正条件时,知识贡献者与需求者的社会交换才得以持续。其持续性决策取决于知识贡献者对交换关系结果的绩效评价,绩效评价由贡献者和需求者之间关系的满意水平决定的[3]。关系的满意是知识贡献者最初期望与行为关系产出的比较,知识贡献者理性分析与计算以往行为结果,当贡献者的期望回报大于实际付出(成本),也就是说知识贡献者付出的成本越低,需求者提供的社会性收益越高,知识贡献者则越满意,社会交换才会发生,从而促进用户持续知识贡献行为。知识贡献者与需求者的交换体现在经济交换和社会交换两方面。经济交换指贡献者通过提供知识、经验帮助需求者解决问题,而需求者以金钱、奖金等奖励的方式作为交换,而知识贡献者与需求者持续的社会交换是基于互利互惠的基础上,双方对此没有明确的规定或协议约束,知识贡献者可能会

---

[1] Homans G C. Social Behavior as Exchange[J]. American Journal of Sociology,1958,63(6):597-606.
[2] Blau P M. Exchange and Power In Social Life[M]. New York:Wiley,1964.
[3] Thibaut J W,Kelley H H. The social psychology of groups[M]. New Brunswick:Transaction Books, 1960.

收获地位、名声、社会认可等、双方在交换的过程中也会产生信任、责任感。反之,若知识贡献者获得的远远低于它的付出,则会对关系产生不满意感,可能会导致持续行为的中断,用户对利益有意识的评价将影响他们的持续行为。

众包平台为知识贡献者和需求者提供了知识交换的场所,知识贡献者不仅是知识提供者同时也是组织或企业知识的创造者,社会交换理论从社会学视角解释了基于互惠互利的众包用户持续知识贡献行为,试图平衡成本和效益的潜在社会交换,认为最大化收益是引导用户持续性行为的根本。

4.4.3 基于社会资本理论的用户持续知识贡献行为分析

社会资本理论的关键是社会关系对资源生产的促进。Nahapiet & Ghoshal(1998)[1]将社会资本定义为实际和潜在资源的总和,并将其划分为三个维度,即结构维、关系维、认知维,并指出这些资源来自个人或组织所拥有的网络关系。结构维是用来描述彼此之间的连接形式,是社会资本的基础,没有连接用户就无法获取众包资源,无法建立起行为关系。关系维是指经过长久重复性互动所形成的并作为社会资本的一部分,因关系维可以满足用户名誉、认同感等社会动机,所以它很大程度上决定了用户的行为。认知维是指社会个体间有共同的愿景,网络社区为不同个体提供共同的规范、解释和内容含义的系统,有助于个体为共同的任务目标达成共识。

(1) 结构维对用户持续知识贡献行为的分析

从社会资本的视角来看,众包环境下个体在与组织或企业知识贡献的交流与互动中形成社会资源,社会资源体现于结构维(如归属感)、关系维(如信任、认同感、互惠等)、认知维(如规则、共同认知等)[2]。知识贡献者与需求者通过众包平台进行连接,贡献者能够获取众包任务的信息(来源、数量和形式),其结构维强调贡献者与平台、贡献者与需求者、需求者与平台之间的联系程度,这种联系是通过三者之间相互作用的程度和频率来表示的,强关系表征关系的紧密性和相互作用的频繁,这种强关系也鼓励用户持续保持交流和更加频繁的社会互动,归属感会更强,从而促进用户的持续知识贡献。反之,弱关系会阻碍用户持续知识贡献。

(2) 关系维对用户持续知识贡献行为的分析

关系维体现为支撑各利益相关方之间长久保持合作的社会资本。信任是一个多维度的概念[3],大多数相关的理论认为社会信任是社会行为决策最重要的影响因素,它可以看作是人们相互之间社会学习和期望确认的描述[4],个体期望知识贡献是建立在诚实、伙伴关系和联合规范的基础上[5],以往众包活动过程中所建立的信任程度越高,则更趋向持续知识贡献,

---

[1] Nahapiet J, Ghoshal S. Social Capital, Intellectual Capital, and the Organizational Advantage[J]. Academy of Management Review, 1998, 23(2): 242-266.

[2] 张玉红. 基于社会资本理论的虚拟社区感对用户忠诚度的影响研究[D]. 北京: 北京邮电大学, 2015.

[3] Gefen D, Karahanna E, Straub D W. Trust and TAM in online shopping: an integrated model[J]. MIS Quarterly, 2003, 27(1): 51-90.

[4] Kramer R M. Trust and distrust in organizations: Emerging Perspectives, Enduring Question[J]. Psychology, 1999, 50(50): 569-598.

[5] Ham J, Park J, Lee J N, et al. Understanding Continuous Use of Virtual Communities: A Comparison of Four Theoretical Perspectives[C]//Proceeding of the Annual Hawaii International Conference on Systems Sciences, 2012: 753-762.

从而增进利益相关方的互惠关系。

(3) 认知维对用户持续知识贡献行为分析

认知维中,行为规范代表社会系统中一定程度的共识,反映了知识贡献者之间的共性,无论是协作式众包还是竞赛式众包用户都是为了实现共同的目标,行为规范塑造了众包用户共同的价值观,形成利益相关方之间更强的沟通和交互,进而产生信任和依赖,促进用户的持续知识贡献。

无形的社会资本是社会系统中的重要资源,它有助于促进网络环境下用户的社会互动行为,能够促进用户持续知识贡献的意愿与行为,通过互动的历史,实现利益相关方之间的相互信任、规范,从而促进互惠互利。由此可见,社会资本理论从结构维、关系维、认知维能够很好地解释众包用户持续知识贡献行为。

综上所述,从社会学的视角对用户持续知识贡献行为的分析可知,用户持续知识贡献行为的发生需要各利益相关方有效地推动和引导,持续知识贡献行为的发生是建立在各利益相关方社会关系基础上的,利益相关方各取所需,实现互惠互利,从而成为持续知识贡献行为的推动力;行为过程中要建立良好关系,形成双方之间的信任和责任感,从而成为持续知识贡献行为的引导力;持续知识贡献行为本身就是动态复杂的行为过程,用户的认知会随时间的变化而变化,用户在不断认知、不断学习的过程中能够有效促进用户知识自我效能的提高,从而成为持续知识贡献行为的内驱力。据此,从社会学角度得出用户持续知识贡献行为的理论框架如图 4-5 所示。

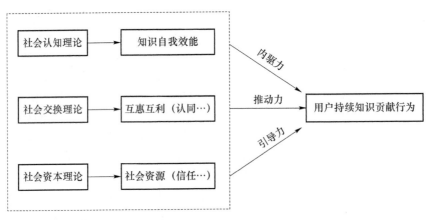

图 4-5 社会学视角用户持续知识贡献行为理论框架

4.5 经济学视角下众包用户持续知识贡献行为分析

从经济学市场交易的视角看,众包用户持续知识贡献行为是对用户初始参与众包行为的延续,是知识贡献者以"知识"换取"报酬"的互动过程。因此,用户持续知识贡献行为是个体与个体、个体与组织或企业知识交易的过程。知识交易是知识贡献的前提,通过交易,知识从贡献者一方转移到需求者一方。一方面,知识贡献者根据知识自我效能、以往贡献行为互惠互利的结果和社会资源等多种因素衡量持续知识贡献的成本与收益,确定持续知识贡献的决策行为;另一方面,知识需求者也就是众包发起者接收贡献者的知识,并将知识内化、知识创造,在权衡组织内/企业内与开放式众包完成任务在成本与价值的同时,确定知识贡献的激励策略。两者在寻求成本与收益的平衡点,当达到或保持平衡点时,在双方共同促进下保持知识贡献的持续性。

4.5.1 众包用户持续知识贡献的知识交易市场

1. 众包知识交易市场

知识是现代企业发展的核心竞争力也是企业的利润来源。知识管理领域最早提出知识市场概念的是Davenport[1],认为企业内部存在像商品市场一样的知识市场,其有效性体现在知识的规模、知识的交易速度、市场安全三个方面[2]。传统的知识交易市场由于受到交易场所、交易时间、交易速度的限制,致使企业无法即时获得有效的知识资源。随后,越来越多的企业为了满足知识需求以促进其持续发展,建立企业内部知识交易市场,通过合理的交换报酬完成知识交易,促进了知识流动和扩散。在如今的知识经济环境下,企业内部知识交易已无法满足企业知识创新的需求,企业不仅要依靠内部知识资源,更重要的是要获得外部知识资源,因此促进了新型知识交易市场众包的发展。众包平台作为知识中介将知识贡献者和需求者连接在一起,并将分散、闲置在社会网络中的智力资源聚集起来,为企业的资本市场提供服务。知识交易存在的基础是交易双方存在信息不对称与知识分散不均衡。由于知识的无形性导致需求者无法得知知识贡献者的知识价值,通过知识交易市场—众包平台,在不确定环境下完成知识贡献者的知识存量与需求者显著的知识需求匹配,从而发生知识交易,在这个过程中知识从不对称走向对称。

2. 知识交易市场的构成要素

(1) 知识交易市场的利益相关方

知识交易环境下众包平台用户持续知识贡献行为涉及贡献者(接包方)、需求者(发包方)、众包平台(知识中介)。贡献者在行为动机驱动下将知识供给给需求方,帮助其解决问题,从而获得利益,利益包括经济利益(金钱、商品等)和社会利益(名声、地位等)。需求者以悬赏或招标的形式获得所需要的知识,利用大众智慧解决问题,促进企业或组织的创新能力。众包平台作为交易双方的知识中介,促使贡献者与众包平台、需求者与众包平台建立契约关系,在契约关系的约束下提高众包任务的效率,同时为交易双方建立良好的信任关系提供保证。

(2) 知识交易模式的特征分析

根据上述章节对众包的划分-协作式众包和竞赛式众包,从知识交易目的、方式、过程、支付方式、保障条件、系统支撑、知识类型等方面对知识交易模式的特征进行分析,如表4-6所示。

协作式众包是大众用户协作完成,其特点是任务解决方案具有综合性、全面性、互补性。协作式众包的任务以需求方发布任务,大众用户根据自我效能以协作的方式完成任务,用户得到一定的奖励。竞赛式众包是由需求者在众多方案中采纳最优的解决方案,其特点是具

---

[1] Davenport T H, Prusak L, Prusak L. Working Knowledge: How Organizations Manage What They know[M]. Boston: Harvard Business School Press, 1998:396-397.
[2] 周波.知识能否交易:一个文献述评[J].经济学家,2011(5):89-96.

有竞争性,最终获胜者可以获得一定的经济利益。尽管协作式众包和竞赛式众包均实现了知识交易,但在方式、过程、定价、支付、保障条件等方面存在一定的差异。

表 4-6 众包平台知识交易模式的特征分析

特征	协作式众包	竞赛式众包
知识交易目的	完成知识密度低的一般性任务	完成知识密度高的创新性任务或者复杂性任务
知识类型	评价、知识聚合等问题	设计开发、测试等问题
知识交易方式	自由交易	自由交易
知识交易过程	大众协作完成任务,并将知识聚合的结果提供给需求者	由需求者发布任务,在众多完成任务的大众中选取最佳方案
知识交易定价方式	众包需求者定价	众包需求者定价或协商定价
知识交易支付方式	以虚拟经济利益为主(积分、等级)、知识互惠、声望等	经济利益(金钱、商品等)
知识交易保障条件	知识聚合任务由参与的大众互动评价保障其内容的有效性,开放式任务由需求者聚合整理	交易双方签订知识产权协议
知识交易系统支撑	众包平台(如 Wikipeda,百度百科,51Design)	众包平台(如 iStockphoto、猪八戒、Innocentive)

3. 知识交易持续的一般性条件

从经济学交易理论的视角来看,用户持续知识贡献行为是为了获得一定的社会利益或经济利益的知识交易行为,其持续的一般性条件体现在以下三个方面:

(1) 信任

一方面,由于交易双方的信息不对称,知识贡献者无法辨别众包需求者的真伪,潜在欺骗行为的存在使得双方很难建立起信任关系,其最大的阻碍因素就是感知风险,即使它偶然建立起了关系,也很容易崩塌。另一方面,众包社区中社会关系松散,管理不规范会造成知识产权问题和智力定价问题的偏差,这些都会导致知识贡献者对众包需求者的不信任,信任的缺失会影响用户的持续知识贡献行为,从而终止知识交易。

(2) 社会利益与经济利益共存

尽管"互惠""利他主义"是知识交易的必要条件[①],但从理性人的角度这些社会利益很难使知识交易持久地延续,因此,需要结合传统的货币支付,即经济利益(如金钱、商品)与社会利益共同促进用户持续知识贡献,从而实现持续性的知识交易。

(3) 契约关系

众包平台是贡献者知识贡献与需求者知识接受的知识中介,建立交易双方与众包平台的契约关系,能降低交易双方的风险与成本,提高交易双方的信任感,促进知识交易的持续进行。

---

① 陈搏. 基于知识价值理论的知识交易及管理研究[D]. 上海:上海交通大学,2007.

4.5.2 众包用户持续知识贡献的收益与成本分析

知识交易视角下,交易双方在知识交易的过程中都会对各自的投入与产出进行估算和衡量,其行为结果即所获得的报酬(内在性报酬和外在性报酬)都会对用户持续知识贡献产生一定影响。

1. 众包用户持续知识贡献的收益分析

(1) 经济收益

为了鼓励用户不断的贡献知识,众包需求者需要提供各种各样的经济奖励形式,研究表明不同的奖励形式适用于不同的用户①。因此,基于用户对知识贡献的意愿和动机选择适合的奖励政策,有形奖励包括金钱、分享收益、实质性的礼品等②。

(2) 社会收益

社会收益主要是指用户在持续知识贡献的过程中收获了地位或声望[2],得到了同行的认可。

(3) 交互收益

知识贡献者通过展示自己的利他主义和亲社会行为获得乐趣,享受知识贡献带来的愉悦感。

2. 众包用户持续知识贡献的成本分析

(1) 时间成本

用户完成众包任务所耗费的时间和精力,知识密度越高的任务,所需的时间成本越高。

(2) 机会成本

用户贡献知识的同时也失去了竞争优势,造成知识贡献者原本享有的机会由于失去竞争优势而被减少的成本。

(3) 知识成本

众包用户将所贡献知识的所有权,即知识产权以协商的形式转让给企业或组织,用户贡献的知识是经过长期的学习积累,即先期的知识成本。

(4) 风险成本

由于知识贡献者与众包需求者之间没有明确的法律规定,制约彼此的行为规范,容易造成欺骗行为的产生。因此,对知识贡献者来说存在一定的风险。

(5) 交易成本

众包用户通过一定的技术工具和载体完成知识贡献,载体的使用成本等技术因素是交易成本的体现。

经济学交易理论视角下,众包用户在知识交易市场环境下与众包需求者进行自由交易,在评估、衡量成本与收益的同时,在利益的驱动下追求物质或经济利益及效用的最大化,作

---

① Lin F, Huang H. Why people share knowledge in virtual communities? The use of Yahoo! Kimo knowledge+ as an example[J]. Internet Research, 2013, 23(2):133-159.

② Hall H. Social exchange for knowledge exchange[C]//International Conference on Managing Knowledge, 2001: 10-11.

为理性人选择能使其物质利益最大化的行动进程。

4.6 众包平台用户持续知识贡献行为机理集成框架

众包用户持续知识贡献行为是受心理认知、外部社会环境变化影响的动态行为过程,知识贡献主体,即众包用户在动机的驱动下利用众包平台完成知识贡献客体即众包需求者的任务要求。在众包知识贡献情境下,由于知识贡献主体与客体之间存在信息不对称,主体的持续行为也要建立在衡量和评估成本与收益的价值判断基础上,同时激励机制对于用户持续知识贡献具有推动作用,从知识交易视角看用户的持续知识贡献是为了获得利益,物质与精神激励将有助于知识贡献行为的持续性,在复杂的社会交互过程中,利益与风险是并存的。众包平台的社会契约相对松散,作为知识中介应建立完善的组织规范对知识贡献主体与客体的行为进行约束,以保证双方的共同利益,如果双方缺乏信任,则持续行为也不会发生。

综上所述,众包用户持续知识贡献行为是一个复杂的、动态的过程,众包用户在知识贡献情境中作为知识贡献的主体,在激励机制、组织规范、技术支持、组织形象等外力的作用下,受主体的心理认知、动机、以往经验等内因的驱动,做出用户持续知识贡献行为的决策,从而通过持续知识贡献实现知识创造、知识转移和知识留存,进而提高企业或组织的持续竞争力。据此,构建众包平台用户持续知识贡献行为的集成框架,如图4-6所示。

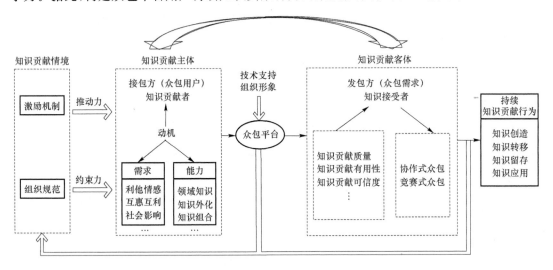

图4-6 众包平台用户持续知识贡献行为作用机理集成框架

4.7 本章小结

众包用户持续知识贡献行为既是理性权衡成本与收益的过程,更是一个用户再认知的复杂动态心理过程。本章首先对众包的分类、行为过程和行为要素进行了分析。其次,根据用户以往行为结果的经验构建了"有意识"和"无意识"两种持续贡献行为过程及两种过程之间的相互关系。再次,从心理学视角目标维度、时间维度和知识维度挖掘用户持续知识贡献行为的动机期望价值,从社会学视角"认知-环境-行为"的理念和经济学知识交易视角收益与成本的思想对用户持续知识贡献行为机理进行系统分析。最后,综合多种理论的行为分析,构建了包括知识贡献主体、客体、激励机制、组织规范和技术支持五大要素的用户持续知识贡献行为机理集成框架。

第5章 众包平台用户持续知识贡献行为影响因素分析

众包用户持续知识贡献行为模型构建是为了解释和预测众包用户的持续性行为，是对影响因素及其相互关系的概念化描述。因此，确定影响因素是模型构建的关键。用户持续知识贡献行为影响因素受用户认知、社会环境、激励条件等多方面的影响，是动态复杂的行为过程，为了保证确定的影响因素更具有科学性、客观性、全面性、可行性。本章以前述理论基础为核心，从两个层面选取与提炼相关影响因素，即理论层面和质性层面。理论层面以内容分析法从持续行为经典理论及其扩展理论模型为基础的相关文献研究中提炼适用于众包情境的影响因素。众包是共享经济环境下一种新型的商业模式，其影响因素的建立要符合众包的应用情境、组织情境，以保证影响因素的科学性和全面性。质性层面是指采用Delphi法对专家进行调查，构建用户持续知识贡献行为影响因素主要维度的测量表，以保证影响因素的客观性和可行性。然后，经过多轮专家对影响因素及指标提出的看法进行反复归纳和修改，形成基本统一的看法。最后，将理论分析与质性分析的结果进行整合，确定最终的影响因素。

5.1 众包用户持续知识贡献行为影响因素的理论分析

众包用户持续知识贡献行为反映的是用户复杂的动态的心理过程，为保证理论模型构建的科学性，其影响因素的理论分析是以理论基础为核心，依据文献综述中所涉及的持续行为意愿影响因素的相关研究进行抽取和提炼，选择适合众包应用情境的影响因素，并在后续研究中用Delphi法验证影响因素是否重要。为保证用户持续知识贡献行为影响因素的全面性，须确定影响持续性行为的维度。已有研究从不同视角对影响因素进行分类，Soliman & Tuunnainen(2015)[1]、王彦杰(2010)[2]将其分为内部动机因素和外部动机因素。Hashim等[3]将其分为技术因素和社会因素。樊婷[4]将影响因素分为系统因素和社会因素。综上，不同研究者因为研究视角不同，对影响因素的维度划分也不相同，现有文献的维度划分大多基于单一理论或单一视角，多集中于内外部动机并借助相关IS持续使用模型进行分析，强调

---

[1] Soliman W, Tuunainen V K. Understanding continued use of crowdsourcing systems: an interpretive study[J]. Journal of Theoretical & Applied Electronic Commerce Research,2015,10(10):1-18.
[2] 王彦杰.众包社区用户持续参与行为实证研究[D].大连:大连理工大学,2010.
[3] Hashim K F, Tan F B, Andrade A D. Continuous Knowledge Contribution Behavior in Business Online Communities[C]//Proceedings of CONF-IRM,2011. http://aose.aisnet.orgl Confirm2011129.
[4] 张嵩,吴剑云,姜雪.问答类社区用户持续知识贡献模型构建[J].计算机集成制造系统,2015,21(10):2777-2786.

理性行为因素的重要性,未能探究用户心理因素对持续知识贡献行为的影响,也无法准确了解用户的认知态度以及用户的行为规律。用户持续知识贡献行为已不仅仅是理性决策行为,同时也体现了用户心理的动态变化过程。鉴于此,本书结合上述章节对用户持续知识贡献行为过程和行为机理的分析,将影响因素划分为三个维度,即动机期望价值维度、社会认知维度和社会资本维度,以体现用户持续知识贡献行为的动机期望—认知态度—情感联系—决策行为的动态过程,此种维度划分兼顾了用户的内部动机和外部动机,将社会学、心理学、经济学、IS科学的多视角理念融合在一起。

5.1.1 动机期望价值维度

动机期望价值维度的划分是依据期望价值理论(Expectancy-Value of Achievement Theory,EVT),也称为成就动机理论,是为达到社会目的而促使人们产生行为的动机,它是用来解释人们对成就价值任务的选择、持续和绩效表现,并认为成就动机是激励人们完成有价值任务的内在驱动力,如文献 Eccles,Wigfield,Schiefele(1998)[1],Pintrich Schunk(1996)[2]。在后续的研究中,学者们利用动机理论提出了各种模型,解释动机是如何影响用户的选择、持续行为及其绩效表现(如 Eccles et al.,1983[3],Wigfield 和 Eccles,1992[4])。其中,期望价值是成就动机理论最为长久和重要的研究视角。Eccles 等(1983)[5]从期望价值的视角定义了成就动机的不同组成部分,即成就价值(Attainment Value)、内在价值(Intrinsic Value)、实用价值(Utility Value)和代价(Cost),并指出成就价值体现了个人的重要性;内在价值是指执行任务过程中获得的一种享受,当个体执行内在价值的任务时,对于个体会产生重要的心理影响,其中大部分是积极的[6];实用价值是指完成任务与个人当前或未来目标的适应程度;代价是指完成任务个体需要付出的努力如情感代价、时间代价、学习代价等。因此,依据 Eccles 等的研究结果,结合众包用户持续知识贡献行为的应用情景,已有研究中相关影响因素的应用如下。

1. 成就价值

成就价值是影响个人行为重要决定的因素之一,是自我实现的外在性表现,体现了自我形象和个人核心价值观的重要性[7]。成就价值最早应用于教育领域,它指出一般情况下,当学生觉得完成任务能够体现自身价值时,他们就会更加愿意参与其中并付出更多的努力,做

---

[1] Eccles J S,Wigfield A, Schiefele U. Motivation to succeed[J]. Handbook of ChildPsychology,1998,(3):1017-1095.

[2] Pintrich P R,Schunk D H. Motivation in education:Theory, research, and applications[M]. Englewood Cliffs, NJ: Merrill-Prentice Hall. 1996.

[3] Eccles J S,Adler T F, Futterman R, et al. Expectancies, values, and academic behaviors[J]. Achievementand achievement motivation,1983, 75-146.

[4] Wigfield A, Eccles J. The development of achievement task values: A theoretical analysis[J]. Developmental Review,1992,12, 265-310.

[5] Eccles J S, Wigfield A, Schiefele U. Motivation to succeed[J]. Handbook of Child Psychology,1998,(3):1017-1095.

[6] Deci E L, Ryan R M. Intrinsic motivation and self-determination in human behavior[M]. New York: Plenum, 1985.

[7] Chiu C M, Wang E T G. Understanding Web-based learning continuance intention: The role of subjective task value[J]. Information & Management,2008,45(3):194-201.

得更好①。在众包的情境中,用户将持续知识贡献行为作为成就任务,为了获得一定的社会目的而确认用户自身的能力。Lai 和 Yang(2014)②的研究将成就价值作为主观任务价值的前置因素,对主观任务价值有积极的影响,主观任务价值通过满意度影响用户持续意愿。在 Chiu 和 Wang(2008)③的研究中,将成就价值作为持续行为意愿的自变量,通过对 286 名用户的实证调查发现,成就价值对持续行为意愿有积极的正向影响。已有文献说明成就价值对于预测用户持续性行为的重要性,Chiu 和 Wang 的研究中从自我形象和个人重要性两方面体现成就价值。

2. 内在价值

内在价值是通过用户行为而获得一种心理上的享受,是用户内在动机的体现。众包用户持续知识贡献反映的是用户内在情感驱动的行为,其对用户持续知识贡献行为意愿有积极影响。从已有的相关研究中发现内在价值的影响因素主要来源于技术接受模型、计划行为模型和 IS 期望确认模型,通常以用户的感知愉悦性及其类似的概念如享乐、乐趣等为主要表现形式。感知愉悦性是用户在帮助他人解决问题完成任务后的心理感受,其对用户持续行为意愿或实际行为的影响已在多个研究领域被证实,如数字化学习④⑤、社会网络⑥等。Ajjan 等(2014)⑦研究表明感知愉悦对用户个人的态度有积极的影响,从而促进用户的持续意愿。Shiau 和 Luo(2013)⑧在研究博客用户持续意愿时发现用户感知愉悦通过满意度变量对持续意愿产生直接影响。Triandis(1979)⑨认为情感(快乐、喜悦、高兴的感受)对用户行为有重要影响。Sun 等(2014)⑩在社会网络研究中发现感知愉悦对满意度和持续意愿均有直接影响。相似领域的研究证明感知愉悦性是驱动用户持续行为的内在动机,也是用户内在价值的体现。在众包的应用情境下,协作式众包(如 Wikipedia 百科)通过编辑知识、贡献自身的知识和经验,在没有任何回报的情况下,帮助他人从而获得利他的愉悦感。高金燕

---

① Wigfield A. The role of children's achievement values in the self-regulation oftheir learning outcomes[M]//In: D. H. Schunk, B. J. Zimmerman (Eds.), Self-regulationof Learning and Performance: Issues and Educational Applications, Hillsdale, NJ: Lawrence Erlbaum Associates 1994:101-124.

② Lai C Y, Yang H L. The reasons why people continue editing Wikipedia content-task value confirmation perspective[J]. Behaviour & Information Technology, 2014,33(12):1371-1382.

③ Chiu C M, Wang E T G. Understanding Web-based learning continuance intention: The role of subjective task value[J]. Information & Management,2008,45(3):194-201.

④ Roca J C, Gagne, Marylene. Understanding e-learning continuance intention in the workplace: A self-determination theory perspective[J]. Computers in Human Behavior, 2008, 24(24):1585-1604.

⑤ Ming-Chi Lee. Explaining and predicting users' continuance intention toward e-learning: An extension of the expectation—confirmation model[J]. Computers & Education, 2010, 54:506-516.

⑥ Lin H, Fan W, Chau P Y K. Determinants of users' continuance of social networking sites: A self-regulation perspective[J]. Information & Management, 2014,51(5):595-603.

⑦ Ajjan H, Hartshorne R, Cao Y, et al. Continuance use intention of enterprise instant messaging: a knowledge management perspective[J]. Behaviour & Information Technology, 2014, 33(7):678-692.

⑧ Shiau W, Luo M M. Continuance intention of blog users: the impact of perceived enjoyment, habit, user involvement and blogging time[J]. Behaviour & Information Technology, 2013, 32(6):1-14.

⑨ Triandis H C. Values, attitudes, and interpersonal behavior.[J]. Nebraska Symposium on Motivation Nebraska Symposium on Motivation,1979,27:195-259.

⑩ Sun Y, Liu L, Peng X, et al. Understanding Chinese users' continuance intention toward online social networks: an integrative theoretical model[J]. Electronic Markets,2014, 24(1):57-66.

(2013)[①]的研究表明用户的情感价值(愉悦性、满足感)对持续知识贡献意愿有积极影响。Lai 和 Yang(2014)[②]对 Wikipedia 用户持续编辑维基内容行为的研究发现,内在价值最为主观,作为任务价值的前置因素对满意度有积极影响,从而正向影响持续意愿。Hashim(2011)等[③]指出内在价值(愉悦性)对用户持续知识贡献行为有积极正向影响,同时对在线平台满意度也有显著影响。仲秋雁等[④]的研究表明享受乐趣作为内在动机因素,通过沉浸对用户持续行为意向有积极影响。

3. 实用价值

实用价值是用来衡量用户行为对当前和未来职业目标的实用程度(如奖励、名誉等),类似于对执行行为后的有用性或结果的期望,它可以与外在动机联系在一起[⑤]。当用户的知识贡献行为对其未来的发展十分重要时,用户会竭尽全力完成任务,因为它不仅可以使知识贡献者和知识接受者得到广义上的互惠[⑥],而且在某种程度上也可以促进用户的职业发展。通过对已有相关研究实用价值影响因素的梳理,学者们对用户持续行为实用价值的影响因素基本上已达成共识,实用价值体现在两个方面,即符号性的实用价值和物质性的实用价值。符号性的实用价值主要是指名誉和社会认可,能够给用户带来精神上的鼓舞,为其职业目标提供辅助支持。实质性的实用价值主要是指奖励(奖金、奖品等)。社会交换理论认为用户持续知识贡献行为是为了实现价值,持续行为的发生能够给其自身带来名誉、社会认可等符号性的价值时,用户愿意执行该行为,从而获得价值[⑦]。在协作式众包中,如百度百科、Wikipedia 等内容创造的众包,在大众协作共同完成任务的同时也形成了一定的社交圈,用户在社交圈内持续贡献知识的行为会潜在促进其在社区环境中的专家地位,不断地提升自身形象,得到社会大众认可,并获得大众的尊重[⑧]。有学者认为物质性的奖励是有形的外在回报[⑨]。Litman 等(2015)[⑩]在对美国和印度用户参与 Mechanical Turk 的众包活动进行比较分析时发现,货币补偿对用户来说是其参与众包的主要影响因素之一,尤其是印度用户,这与国家的经济水平、工作机会等密切相关。由此可见,这种实质性的奖励对用户来说具有重要的影响。

[①] 高金燕. 评价型非交易虚拟社区持续知识贡献意愿研究[D]. 济南:山东大学,2013.
[②] Lai C Y, Yang H L. The reasons why people continue editing Wikipedia content-task value confirmation perspective[J]. Behaviour & Information Technology, 2014, 33(12):1371-1382.
[③] Hashim K F, Tan F B, Andrade A D. Continuous Knowledge Contribution Behavior in Business Online Communities[J]. 한국경영정보학회학술대회,2011.
[④] 仲秋雁,王彦杰,裘江南. 众包社区用户持续参与行为实证研究[J]. 大连理工大学学报社会科学版,2011,32(1):1-6.
[⑤] Chiu C M, Wang E T G. Understanding Web-based learning continuance intention: The role of subjective task value[C]//Proceedings of CONF-IRM 2011. http://aose.aisnet.org/Confirm2011/29.
[⑥] Wasko M L, Faraj S. Why should I share? Examining social capital and knowledge contribution in electronic networks of practice[J]. MIS Quarterly,2005,29(1):35-57.
[⑦] 高金燕. 评价型非交易虚拟社区持续知识贡献意愿研究[D]. 济南:山东大学,2013.
[⑧] Lai C Y, Yang H L. The reasons why people continue editing Wikipedia content-task value confirmation perspective[J]. Behaviour & Information Technology, 2014, 33(12):1371-1382.
[⑨] 赵文军. 虚拟社区知识共享可持续行为研究[D]. 南京:华中师范大学,2012.
[⑩] Litman L, Robinson J, Rosenzweig C. The relationship between motivation, monetary compensation, and data quality among US-and India-based workers on Mechanical Turk[J]. Behavior Research Methods,2015,47(2): 519-528.

4. 代价

代价是用户为完成任务而付出的努力。Lai 和 Yang（2014）[①]在对用户持续编辑 Wikipedia 内容行为的分析中，将代价分为时间代价和学习代价，研究发现用户在确认自身能力、获得愉悦感受的同时也会评估知识贡献所需要付出的时间成本和学习成本，并认为时间成本和学习成本通过主观任务价值影响满意度，从而影响用户持续贡献意愿。知识密度较强的任务（产品研发、软件开发等）需要用户付出更多的时间和精力完成，当遇到具有挑战性的任务，用户还须花费时间和精力对任务中涉及的知识进行再学习，当用户对代价与回报进行认知评估时，若代价大于回报，用户则倾向于放弃知识贡献。反之，用户则会继续知识贡献。也有学者将时间成本和学习成本定义为相似的概念，如文献[2]将其定义为执行成本和认知成本，认为用户进行持续知识贡献行为时，需要花费大量时间处理字数限制、上传内容等，同时在进行评价或分享经验时需要对涉及的内容进行评估并整理详细的评价，耗费精力，从而给用户带来认知成本。上述分析明确了时间成本和学习成本对用户持续贡献行为的影响。另外，众包用户在付出时间代价和学习代价的同时，也存在一定的风险代价，众包主要是智力成果的线上交易，在初次交易前，智力成果的知识产权归创造者所有，但是智力成果重复消费的特点使得在初次交易后其他用户交易该智力成果的知识产权需要重新界定[②]。而且，众包双方之间存在信息不对称问题，存在欺骗行为。如众包用户在提交任务之后，发包方根据获取的相关内容以其他身份登录，伪造一份新答案，最后将自己提交的答案选为最佳答案，造成了知识侵权行为，使得知识贡献者的付出没有得到相应的回报，这种知识侵权行为降低了用户参与众包活动持续知识贡献行为的意愿。李龙一和王琼（2014）[③]的研究证明了知识产权作为成本变量通过感知风险中间变量对用户参与意愿有显著影响。

5.1.2 认知维度

借鉴 Wasko 和 Faraj（2005）[④]对用户知识贡献行为影响因素的研究，认为认知能够预测和影响用户的知识贡献意愿。将认知维度作为用户持续知识贡献行为影响因素模型构建的一个测量指标。众包平台用户持续知识贡献行为的认知体现在两方面，一方面是指用户对自身知识能力的认知，用以评估和判断自身知识能力是否能够完成众包任务，通常以知识自我效能的形式来表现。知识自我效能是自我效能概念的扩展，Bandura（1986）[⑤]认为自我效能是行为主体对自身完成特定任务具有相关能力的自信程度，是自我评价的一种形式，并指出自我效能与用户的态度（满意度）有显著关系，对用户的决策行为有重要影响。自我效能的程度将影响人们对行为的选择，同时也会对他们选择行为的可持续性产生影响。一般情

[①] Lai C Y, Yang H L. The reasons why people continue editing Wikipedia content-task value confirmation perspective[J]. Behaviour & Information Technology, 2014, 33(12):1371-1382.

[②] 刘威. 威客（Witkey）的商业模式分析[EB/OL]. http://blog.sina.com.cn/s/blog_591a83bf010003lf.html. 2016-06-04.

[③] 李龙一,王琼. 众包模式用户参与影响因素分析——基于社会交换理论的实证研究[J]. 现代情报,2014,34(5):17-23.

[④] Wasko M L, Faraj S. why should i share? examining social capital and knowledge contribution in electronic networks of practice[J]. MIS Quarterly, 2005, 29(1):35-57.

[⑤] Bandura A. Social Foundations of Thought & Action: A Social Cognitive Theory[M]. Englewood Cliffs, N. J.: Prentice-Hall,1986.

况下,自我效能对个体的动机和行为会产生重要影响[1]。Ajjan 等(2014)[2]、Hsu 和 Chiu (2004)[3]的研究已经证实了自我效能高的用户比自我效能低的用户更愿意执行相关的行为,从而促进用户的持续性行为。Kankanhalli 等(2005)[4]在 Bandura 研究基础上提出了知识自我效能,指出组织中的知识自我效能对知识贡献有积极影响,并将其应用于电子知识库成员持续知识贡献行为的实证研究中,研究结果表明具有较高知识自我效能的用户更愿意参与电子知识库的知识贡献,从而促进用户持续知识贡献意愿。王琼(2015)[5]的研究结果也证明了知识自我效能对知识持续贡献意向有重要作用,同时也指出知识自我效能与满意度之间的显著关系。姜雪(2014)[6]将自我效能感作为对自身认知的一种表现,通过满意度影响持续知识贡献意向。另一方面是用户对以往知识贡献行为经验的认知,用户通过不断尝试,获得的经验会影响用户持续执行任务的感知能力[7]。一般来说,成功的经验能够建立强大的自我效能信念,而失败的经验则会削弱用户的自我效能,从而阻碍用户的持续性行为[8]。Eccles 等(1983)[9]认为个体成功的经验和感知任务价值会影响个体采纳或持续相关的行为。依据社会认知理论,个体对于自身知识能力的信心会根据先前成功完成任务的经验而动态改变[10]。也就是说,用户在以往行为的过程中获得比预期更加积极的经验时,将大大增强用户的自我效能,从而促进持续性行为。Lai 和 Yang(2014)[11]对协作式众包 Wikepedia 用户持续编辑内容的行为研究发现,过去行为结果与期望的确认程度会影响感知的满意程度,从而影响持续行为。鉴于此,将知识自我效能和以往经验作为认知维度的影响因素纳入测量表中。

5.1.3 社会资本维度

在众包情境下,用户的持续性行为是建立在已有社会联系的基础上,并能够对众包任务的目标形成共同的认知而做出的行为决策。因此,在持续知识贡献阶段,社会资本的结构维并没有发生变化。关系维是指众包用户(接包方)、众包平台、知识接受者(发包方)在互动的

---

[1] Gist M E, Mitchell T R. Self-efficacy: a theoretical analysis of its determinants and malleability[J]. Academy of Management Review, 1992, 17(2):183-211.

[2] Ajjan H, Hartshorne R, Cao Y, et al. Continuance use intention of enterprise instant messaging: a knowledge management perspective[J]. Behaviour & Information Technology, 2014, 33(7):678-692.

[3] MengHsiang Hsu, ChaoMin Chiu. Predicting electronic service continuance with a decomposed theory of planned behaviour[J]. Behaviour & Information Technology, 2004, 23(5):359-373.

[4] Kankanhalli A, Wei K K. Contributing Knowledge to Electronic Knowledge Repositories: An Empirical Investigation[J]. MIS Quarterly, 2005, 29(1):113-143.

[5] 王琼. 社交问答平台用户承诺、自我效能与知识持续贡献意愿的关系研究[D]. 广州:华南理工大学, 2015.

[6] 姜雪. 问答类社区用户持续知识贡献行为实证研究[D]. 山东:青岛大学, 2014.

[7] Bandura. Self-efficacy: The exercise of control[J]. Journal of Cognitive Psychotherapy, 1999, 604(2):158-166.

[8] Compeau D, Gravill J, Haggerty N, et al. Computer Self-Efficacy: A Review[M]//In Human-computer Interaction and Management Information Systems: Foundations, edited by P. Zhang and D. Galletta, Armonk, NY: M. E. Sharpe, 225-261.

[9] Eccles J. Expectancies, Values, and Academic Behaviors[J]. Advances in Motivation & Achievement, 1983.

[10] Bandura A. Social Foundations of Thought & Action: A Social Cognitive Theory[J]. Pearson Schweiz Ag, 1986.

[11] Lai C Y, Yang H L. The reasons why people continue editing Wikipedia content-task value confirmation perspective[J]. Behaviour & Information Technology, 2014, 33(12):1371-1382.

过程中形成的关系,参照 Nahapiet 和 Ghoshal(1998)[①]对关系维的解释,认为社会关系包括互惠、信任。互惠是众包用户(接包方)与知识接受者(发包方)在交互的过程中,众包用户对行为的收益预期。Davenport 和 Prusak(1998)[②]的研究发现互惠是知识共享行为参与者的期望,它使得用户在互惠期望下更愿意付出时间和努力,用户也会更加相信付出会得到回报,持续的互惠行为会大大提高用户对社区的信任,从而促进持续性行为。信任是多维度变量,很多学者以不同的方式对其定义,如 Gefen 等,2003[③].,Mayer 等.1995[④])。在众包情境下,信任是维持众包用户(接包方)、发包方、众包平台三者之间关键因素,本书所探讨的信任主要是三个利益相关方之间的信任。樊婷(2012)[⑤]在对众包社区用户忠诚度的研究中发现信任通过归属感影响用户对众包社区的忠诚度,用户对众包社区的忠诚促进用户的持续知识贡献。信任能够减缓用户的感知风险(隐私、知识产权等),Zhou.T 和 Li.HX 从社会影响和隐私角度认为信任对持续行为有显著作用。社会规范作为用户行为意愿最重要的影响前件用来预测和解释用户行为[⑥],众包用户与发包方之间在互动过程中应遵守一定的行为准则,以确保双方的利益。综上所述,以互惠、信任和社会规范来表征社会资本维度能够解释和预测用户持续知识贡献行为,因此将其纳入测量表中。

5.2 众包用户持续知识贡献行为影响因素的质性分析

质性分析是德尔菲法(Delphi 法)对理论分析确立的影响因素进行修改和确定的过程,是理论模型构建的现实依据。

5.2.1 指标构建的方法

(1) 德尔菲法的概述

本书利用德尔菲法构建众包用户持续知识贡献行为的测量指标体系,为理论模型构建和实证研究调查问卷的生成奠定基础。

德尔菲法是 RAND 公司 1964 年在"长远预测研究报告"中首次提出[⑦]。德尔菲法又称为专家调查法,是一种定性的研究方法,它克服了一般专家调查法存在的从众、屈从和盲目服从的缺陷,按照德尔菲法的步骤和程序,实行匿名制,以防专家之间的相互联系、交流和讨论,如遇描述不清的问题只能与调查人员沟通,经过多轮次对专家意见的征询、反馈、修改和

---

① Nahapiet J, Ghoshal S. Social capital, intellectual capital, and the organizational advantage[J]. Academy of management review,1998,23(2):242-266.

② Davenport T H, Prusak L. Working knowledge: how organizations manage what they know[M]. Boston: Harvard Business School Press, 1998:396-397.

③ Gefen D, Karahanna E, Straub D W. Trust and TAM in online shopping: an integrated model[J]. MIS Quarterly,2003,27(1):51-90.

④ Mayer R C, Davis J H, Schoorman F D. An Integrative Model of Organizational Trust[J]. Academy of Management Review,1995,20(20):709-734.

⑤ 樊婷. 基于众包视角的社区用户忠诚度影响因素研究[D]. 河北:河北工业大学,2012.

⑥ Ajzen I. The theory of planned behavior[J]. Organizational Behavior and Human Decision Processes,1991,50(2):179-211.

⑦ 卜卫,周海宏,刘晓红. 社会科学成果价值评估[M]. 北京:社会科学文献出版社,1999:248-295.

归纳,形成具有统一看法的最终结果①。通过"意见形成-意见反馈-意见修正"的反复循环过程获得具有一定信度和效度的预测结果,促使专家意见趋向同一,保证研究结果的科学性和可信性。

针对本书的主要内容,以问卷的形式向专家征询,问卷包含两部分内容:

第一部分:以封闭性问题的形式

根据理论分析,利用文献综述确立的众包用户持续知识贡献行为相关要素,邀请相关专家对指标的重要性进行评分,评分方法采用 Likert scale,用 1～5 分来表示重要性依次增强,从"非常不重要"到"非常重要"。

第二部分:以开放性问题的形式征询专家对指标的修改意见

问卷的设计是对指标相对重要性的评价,衡量评价对象相对重要性的指标就是判断专家意见的集中程度和协调程度,集中程度通过计算各指标得分的算数平均值 M_j,因本书采用的是 Likert scale 五点测量方法,那么算数平均值在 0～5 之间,M_j 值越大,表明指标相对重要性越大②。协调程度通过计算各指标得分的变异系数 V_j,变异系数是在标准差 δ_j 的基础上进一步计算得到的,V_j 的值越小,表明专家意见协调程度越高。一般来说,经过 2～3 轮咨询协调后,协调系数一般在 0.5 的范围波动,误差控制较好③。

专家意见集中程度和协调程度的计算公式如下:

$$M_j = \frac{1}{m_j}\sum_{i=1}^{m_j} C_{ij} \qquad 公式(5.1)$$

$$\delta_j = \sqrt{\frac{1}{m_j}\sum_{i=1}^{m_j}(C_{IJ} - M_j)^2} \qquad 公式(5.2)$$

$$V_j = =\frac{\delta_j}{M_j} \qquad 公式(5.3)$$

M_j 表示算数平均值即集中程度,C_{ij} 表示专家 i 对指标 j 的评价值,m_j 表示对指标 j 进行评价的专家数,δ_j 表示全部专家对指标 j 评分值的标准差,V_j 表示协调程度。

(2) 德尔菲法的过程

专家小组的确立是德尔菲法成功的关键,所选择的专家既要具有代表性,又要满足全面性;既要具有理论知识,又要具有实战经验;既要具有对现象综合描述,又要具有趋势预测的能力。每一位专家不可能具备全部的能力,因此,在确立专家小组时要充分考虑各自的特长。一般情况下,专家小组的人数控制在 8～20 人为最佳④,人数太少,缺乏代表性;人数太多,则难以达到专家意见的集中和协调。

本书德尔菲法的过程:

① 专家小组确立:因本书涉及社会学、心理学相关领域的知识,专家小组的成员要具有知识交叉性,要熟悉研究内容所需要的知识范围。

② 第 1 轮专家问卷调查

---

① 陈敬全. 科研评价方法与实证研究[D].武汉:武汉大学,2004.
② 王伟军,蔡国沛.信息分析方法与应用[M].北京:北京交通大学出版社,2010.9
③ 王春枝.德尔菲法中的数据统计处理方法及其应用研究[J].内蒙古财经学院学报(综合版)2011,9(4):92-97.
④ 徐国祥.统计预测和决策[M].上海:上海财经大学出版社,2005:11.

发放问卷,并在问卷中向专家简单介绍调查的背景和目的,请专家对指标评分,对不恰当或不适合的指标提出修改建议。

③ 意见汇总

汇总、整理分析专家对指标的评价意见,并将修改结果反馈给专家。

④ 第 2~n 轮意见汇总

在第 1 轮反馈结果基础上,请专家重新评分,不断重复③的过程,经过多轮汇总与反馈,最终形成趋于一致的研究结果。

专家的选择是研究结果具有科学性和可信性的关键,秉承专家选择的权威性、完备性和互斥性原则[①],本书的专家小组成员由三部分人员组成:①具有多年理论或实践经验的学者或专家,对众包有深入地研究,对用户行为有独到的见解,能够为指标评价提供可靠、权威的意见;②著名众包平台的实践管理者,目前的众包研究多集中于众包商业模式的探究,很少有从用户行为角度研究,作为管理者在实践管理过程中对众包平台用户黏性、知识贡献度等行为相关情况都较为了解,因此,邀请猪八戒网的管理者作为专家组成员;③信息系统管理或相近专业并具有参与众包活动经验的博硕士研究生,他们受过系统专业的理论知识训练同时拥有实践经验,选择他们更加具有针对性。

5.2.2 初步指标构建

在理论分析阶段通过文献梳理整理文献中对众包用户持续知识贡献行为相关的影响因素,并结合众包特点确定了动机期望价值、社会资本和社会认知三大维度,每一维度一级指标和二级指标的确定和构建主要有两种方法:①对于已有研究中明确提到的指标,如感知愉悦性、名誉、奖励等参考已有文献的表述内容,并结合众包情境进行相应的修改和调整;②对于未有明确表述的指标,在查阅文献的基础上,结合情境提出具体的内容表述。通过文献结合众包的特征,多维度、全方面地提炼用户持续知识贡献行为测量指标,在一定程度上保证了众包用户持续知识贡献行为影响因素所包含内容的全面性和测量指标的内容效度。综上所述,初步构建了用户持续知识贡献行为影响因素的测量指标,如附录 2 所示。

5.2.3 评价指标筛选

本书采用界值法对评价指标进行筛选,根据公式(5.1)、公式(5.2)和公式(5.3)计算重要性得分,即算数平均数和变异系数,两者的计算方法如下:

算数平均数界值公式:界值=均数 M_i －标准差 δ_i,均数＞界值,纳入;

变异系数界值公式:界值=均数 M_i ＋标准差 δ_i,系数＜界值,纳入。

若指标的算数平均数和变异系数均不符合纳入标准将被剔除,若只有一个不符合要求的指标,依据完整性、全面性、可行性的原则并结合专家开放性问题中的意见和建议,经讨论协商决定是否将该指标纳入。

1. 第 1 轮专家问卷

(1) 专家小组确立

第 1 轮专家问卷调查的目的通过专家专业的评判来衡量维度、内容和题项是否具有针

---

① 王伟军,蔡国沛.信息分析方法与应用[M].北京:北京交通大学出版社,2010.9:47.

对性和科学性,并对不适合的指标提出修改意见,避免由于概念表达不清导致出现分歧,影响专家集中程度。

本轮发出专家问卷 24 份,回收 21 份,回收率 87.5%。专家信息表详见表 5-1 所示。

表 5-1 专家信息表

序号	来源	文化程度	职务	工作单位
1	科研机构	博士	信息管理系副教授	北京大学
2	科研机构	博士	政治与社会学院副教授	重庆师范大学
3	科研机构	硕士	管理与经济学部教授	大连理工大学
4	科研机构	博士	经济与管理学院讲师	湖北工业大学
5	科研机构	博士	教育学院教授	天津师范大学
6	科研机构	博士	经济学院教授	天津师范大学
7	科研机构	博士	新闻与传播学院副教授	南昌大学
8	科研机构	博士	信息管理学院教授	南京大学
9	科研机构	博士	商学院讲师	南开大学
10	科研机构	博士	经济与管理学院讲师	武汉大学
11	科研机构	博士	信息资源管理学院副教授	中国人民大学
12	科研机构	博士	资讯管理学院副教授	中山大学
13	服务机构	硕士	金融事业群高层	猪八戒网络有限公司
14	服务机构	硕士	销售拓展事业部高层	猪八戒网络有限公司
15	服务机构	硕士	营销业务事业部负责人	猪八戒网络有限公司
16	服务机构	硕士	营销业务事业部	猪八戒网络有限公司
17	服务机构	本科	营销业务事业部	猪八戒网络有限公司
18	服务机构	本科	创新类目事业部	猪八戒网络有限公司
19	服务机构	硕士	创新类目事业部	猪八戒网络有限公司
20	科研机构	博士生	无	中国人民大学
21	科研机构	博士生	无	中科院文献情报中心

(2) 第 1 轮评价指标筛选

根据公式(5.1)、公式(5.2)和(5.3)计算算数平均值(集中度)和变异系数(协调度)的详细结果如表 5-2 所示。

表 5-2 第 1 轮专家调查结果统计

指标	均数 M_j	标准差 δ_j	变异系数 V_j	指标	均数 M_j	标准差 δ_j	变异系数 V_j
A1	3.403	0.9003	0.3814	H1	4.167	0.8348	0.1918
A2	4.500	0.6742	0.1434	H2	3.750	0.8660	0.2211
A3	3.917	0.9962	0.2435	H3	3.083	1.4434	0.4482
A4	3.833	0.9374	0.2341	H4	3.583	1.6765	0.4479
B1	4.750	0.4522	0.0912	I1	3.250	1.5448	0.4551

续 表

指标	均数 M_j	标准差 δ_j	变异系数 V_j	指标	均数 M_j	标准差 δ_j	变异系数 V_j
B2	4.417	1.1645	0.2524	I2	3.583	0.9962	0.2662
B3	3.583	1.0836	0.2895	I3	2.917	1.3113	0.4305
B4	4.083	0.6686	0.1568	I4	3.000	1.1282	0.3600
C1	4.417	0.6686	0.1449	J1	4.250	0.7538	0.1698
C2	4.333	0.6513	0.1439	J2	4.500	0.5222	0.1111
C3	3.250	1.7646	0.5198	J3	4.500	0.6742	0.1434
C4	3.250	1.8647	0.5493	J4	3.167	1.3371	0.4043
C5	4.417	0.7930	0.1719	J5	3.417	0.9962	0.2792
D1	3.750	1.0553	0.2694	K1	4.333	0.9847	0.2176
D2	3.500	1.0871	0.2974	K2	4.500	0.9045	0.1925
D3	3.583	0.9003	0.2406	K3	4.500	0.7977	0.1697
D4	4.083	0.7930	0.1859	K4	3.167	1.5859	0.4795
E1	4.083	0.6686	0.1568	K5	4.583	1.1645	0.2433
E2	3.500	1.3817	0.3770	L1	3.417	1.3780	0.3864
E3	3.750	1.0552	0.2694	L2	2.833	1.5275	0.5162
E4	4.083	0.7930	0.1859	L3	3.250	1.7646	0.5198
F1	3.917	1.3113	0.3206	L4	4.167	0.9374	0.2154
F2	4.167	0.5774	0.1327	L5	4.250	0.6216	0.1400
F3	4.750	0.4523	0.0912	M1	3.917	0.6686	0.1634
F4	3.500	1.0068	0.2736	M2	3.667	0.8876	0.2318
F5	3.583	1.1645	0.3111	M3	2.833	1.5275	0.5162
F6	3.583	1.1645	0.3111	M4	4.833	0.3892	0.0771
G1	3.583	1.5643	0.4170	M5	4.000	0.7385	0.1768
G2	3.000	1.2060	0.3849	N1	4.583	0.7920	0.1656
G3	2.917	1.6214	0.5322	N2	4.500	0.6742	0.1434
G4	4.750	0.4523	0.0912	N3	4.667	0.6513	0.1336
G5	4.167	0.9374	0.2154	N4	4.917	0.2887	0.0562

根据界值法计算公式得出算数平均数的界值为3.342,变异系数的界值为0.3947。第1轮专家咨询结果表明专家对C3、C4、G2、G3、H3、I1、I3、J4、K4、L2、L3、M3共12个指标的重要性和一致性存在较大分歧,指标的算数平均数小于界值,且变异系数大于界值,因此将这12个指标剔除,如表5-2中灰色部分所示。其余指标的算数平均数均大于界值,表明专家认为这些指标的重要程度均在一般以上。M_j>3.342且V_j>0.3947的指标有一个H4,根据筛选原则结合第1轮专家问卷开放性问题中对一级、二级指标整体设计的建议,对初步指标作出以下调整:

(1)一级指标调整

在第一轮专家问卷开放性问题的回答中,专家对自我形象、个人重要性、感知愉悦性、名誉、社会认可、奖励、时间成本、学习成本、知识产权这些一级指标的划分提出意见,专家认为如自我形象、个人重要性是归属于动机期望维度中的成就价值,若将这些指标因素单独作为一级指标容易产生歧义,与专家问卷社会资本维度和社会认知维度的指标级数不相匹配。因此,综合专家意见将自我形象、个人重要性合并,归入一级指标成就价值,感知愉悦性归入内在价值,名誉、社会认可、奖励归入实用价值,时间成本、学习成本和知识产权归入代价中,经调整后一级指标由 14 个降为 9 个。

(2)二级指标调整

因原一级指标的归并,需要对其下的二级指标进行整合和删减,原二级指标 A1~A4、B1~B4 归入成就价值一级指标中,为避免语义重复、双重含义的出现,将自我形象 A1~A4 整合为"通过持续知识贡献完成众包任务获得赞同、尊重,可以建立正面的自我形象"。为了体现成就价值的核心含义个人重要性,原有二级指标基本保留,将 B3、B4 合并"总的来说,用户持续知识贡献能够体现个人在某领域的重要性"。内在价值的二级指标因 C3、C4 在指标筛选中剔除,保留其他指标不做调整。实用价值的二级指标除了剔除的指标外,将 D1~D4 合并为"用户持续知识贡献有助于我获得名誉、声望",E1~E4 合并为"成功完成任务有助于社区对我的认可",合并 F1、F2"完成众包任务有助于我获得更多的积分或用户级别",为避免语义重复剔除 F5,修改原有指标 F6 为"总的来说,用户持续知识贡献有助于我实现未来目标"。代价的二级指标在综合原有时间成本、学习成本和知识产权的基础上,对剔除后的指标进行归并和整理,避免重复删除原有总结概括式指标 G5、H4,将原有 I4 指标修改为"总的来说,付出的代价(时间、精力)会阻碍持续知识贡献"。社会规范的二级指标专家指出有些表述欠妥,不属于社会规范的范围,保留原有指标 L4,剔除总结概括式指标 L5,将 L1~L3 指标表述依次修改为"对我有重要影响人认为使用众包知识贡献是有意义的事""众包平台有合作和协作的规范""大众媒体对众包平台的宣传提倡用户知识贡献和分享经验,我会考虑继续参与众包"。

(3)其他内容的调整

对整个问卷的称呼和表述方式进行修改,将第一轮专家问卷中涉及的"用户"统一改为第一人称"我",方便专家理解其含义。

2. 第 2 轮专家问卷

第 2 轮专家问卷是向参与第 1 轮咨询的专家继续发放,此轮共发放问卷 21 份,回收 21 份,回收率为 100%。依据第 1 轮专家问卷统计数据分析的过程,计算各指标均数、标准差和变异系数,如表 5-3 所示。

表 5-3 第 2 轮专家调查结果统计

指标	均数 M_j	标准差 δ_j	变异系数 V_j	指标	均数 M_j	标准差 δ_j	变异系数 V_j
A1	4.333	0.563	0.130	E1	4.143	0.639	0.154
A2	4.524	0.663	0.147	E2	4.476	0.663	0.148
A3	4.524	0.732	0.162	E3	4.476	0.499	0.111
A4	4.105	0.610	0.149	F1	4.338	0.818	0.189
B1	4.333	0.642	0.148	F2	4.238	0.811	0.191
B2	4.238	0.683	0.161	F3	4.238	0.750	0.177

续表

指标	均数 M_j	标准差 δ_j	变异系数 V_j	指标	均数 M_j	标准差 δ_j	变异系数 V_j
B3	4.381	0.575	0.131	F4	4.190	0.663	0.158
C1	4.095	0.750	0.183	G1	4.286	0.700	0.163
C2	4.000	0.756	0.189	G2	4.476	0.794	0.177
C3	4.333	0.642	0.148	G3	3.841	0.898	0.234
C4	4.286	0.547	0.128	G4	3.788	0.888	0.234
C5	4.524	0.732	0.162	H1	4.333	0.713	0.165
C6	4.163	0.663	0.159	H2	4.143	0.801	0.193
D1	4.295	0.835	0.194	H3	4.333	0.642	0.148
D2	4.429	0.728	0.164	H4	4.286	0.765	0.178
D3	4.143	0.803	0.194	I1	4.524	0.732	0.162
D4	4.524	0.663	0.147	I2	4.333	0.642	0.148
D5	4.286	0.825	0.192	I3	4.095	0.768	0.188
D6	4.333	0.796	0.184	I4	4.095	0.683	0.167

按照第 1 轮对专家意见评价筛选的方法,计算得出算数均数的界值为 4.095,变异系数的界值为 0.194。社会规范的二级指标 G3、G4 的 M_j 和 V_j 均不符合界值标准,且两指标均属同一一级指标,说明专家对社会规范影响用户持续知识贡献的意见存在一定的分歧,这可能是因为部分专家考虑到社会规范对用户参与众包持续贡献知识的影响相比用户最初通过众包平台参与任务的影响更为突出,用户对众包平台在持续行为阶段已经有了一定的认识,周围重要的人对众包的宣传或推广对其持续行为的影响可能不大,社会规范对用户持续知识贡献行为是否有影响,留待用户调查时再评判,保留 G3、G4 题项。其余所有指标均满足算术平均数界值和变异系数界值的要求,表明专家意见协调程度较高和集中程度较高,指标及量表均可用于后续实证研究。

5.2.4 显著性检验

通过对评分结果的卡方检验和协调系数的显著性检验验证专家对各维度一级指标、二级指标评价的一致性,协调系数的计算公式如下:

$$W = \frac{12}{m^2(n^3-n) - m\sum_{i=1}^{m} T_i} \sum_{j=1}^{n} d_j^2 \qquad 公式(5.4)$$

$$\sum_{j=1}^{n} d_j^2 = \sum_{j=1}^{n} (S_j - M_{sj})^2 \qquad 公式(5.5)$$

S_j 表示第 j 个指标的等级和;M_{sj} 为 S_j 的算术平均数。

因本书的专家数为 21,两轮测量指标分别为 64 和 38(如表 5-4 所示),均超过《协调系数(W)显著性临界值表》可查范围,因此采用 χ^2 检验,公式如下:

$$\chi_R^2 = \frac{1}{mn(n+1) - \frac{1}{n-1}\sum_{i=1}^{m} T_i} \sum_{j}^{n} = 1 d_j^2 \sim \chi^2(n-1) \qquad 公式(5.6)$$

当 $\chi_R^2 > \chi_\alpha^2$ 则认为检验结果具有显著性,说明专家评估意见具有显著的一致性,评价结果可以采纳。反之,认为评价结果不可信,不予采纳。

表 5-4 两轮专家咨询显著性检验结果

	专家咨询(第1轮)	专家咨询(第2轮)
n(专家数)	21	21
指标个数	64	38
W 系数	0.23	0.55
Chi. square	173.88	224.40
Asymp. Sig	0.00	0.00

从表 5-4 可以看出,两轮卡方值分别为 173.88 和 224.40,协调系数分别为 0.23 和 0.55,协调系数在 0~1 之间,一般情况下,认为协调系数在 0.5 范围波动,误差控制较好[1]。数值越大表示专家的协调程度越高,由此可以看出经过第 1 轮的修改,在第 2 轮专家咨询时协调程度明显提高,说明专家对指标的认识具有显著一致性。两轮 W 系数的 χ^2 检验的 P 值均小于 0.01,可信度高,结论可以采纳。

5.2.5 专家权威性检验

专家的权威程度与预测精度具有正相关,高权威程度则说明预测结果的精度较高,更加具有可信性。本书对专家权威性检验借鉴王春枝等人(2011)[1]的研究,认为专家权威程度主要体现在两个方面,一方面是专家对量表内容做出判断的依据,通过判断影响程度系数 C_a 表达,并将判断依据划分为"实践经验""理论分析""对国内外同行的了解""直觉",并将判断依据量化,赋予不同的权重比值,$C_a \leqslant 1$,详细判断依据表如表 5-5 所示。

表 5-5 专家权威性检验之判断依据表

判断依据	量化值
实践经验	0.8
理论分析	0.6
对国内外同行的了解	0.4
直觉	0.2

另一方面是对问题的熟悉程度 C_s,从不熟悉到非常熟悉,同样对不同熟悉程度的划分赋予不同的权重,如表 5-6 所示。

表 5-6 专家权威程度测试之熟悉程度测试表

熟悉程度	量化表
非常熟悉	1
很熟悉	0.8

---

[1] 王春枝,斯琴. 德尔菲法中的数据统计处理方法及其应用研究[J]. 内蒙古财经大学学报,2011,09(4):97-101.

续表

熟悉程度	量化表
熟悉	0.6
一般	0.4
不太熟悉	0.2
不熟悉	0

根据专家权威对判断依据和熟悉程度的自我评价,计算两者的平均数记为C_r,本书对两轮专家调查权威性进行估算统计表如表 5-7 所示。

表 5-7 专家权威程度统计表

指标	第一轮咨询			第二轮咨询		
	C_a	C_s	C_r	C_a	C_s	C_r
动机期望	0.645	0.663	0.654	0.771	0.714	0.742
社会资本	0.754	0.776	0.765	0.754	0.776	0.765
社会认知	0.781	0.752	0.767	0.783	0.750	0.767
平均值	0.727	0.763	0.729	0.769	0.747	0.758

从表 5-7 可以看出,两轮咨询专家权威程度判断指标的判断依据系数和熟悉程度的均值均超过了 0.7,说明专家对咨询的问题较为熟悉并且依据对专家的影响程度较高;专家权威程度的均值也较高,分别为 0.729 和 0.758,说明指标的精度较高。从以上数据可以看出,指标和量表的设计具有一定的可信度和有效性,可以采纳进行实证研究。

5.3 本章小结

本章通过理论分析与质性分析确定了影响众包用户持续知识贡献行为的因素。首先,在相关文献中选择、提炼可能影响用户持续知识贡献行为的因素,并将其从动机期望维度、社会资本维度、社会认知维度三个维度进行划分。其次,根据文献中提炼的一级指标和二级指标采用专家调查法对提出的各项指标进行验证和补充,通过设置封闭性问题和开放性问题对专家的意见进行分析和汇总。最后,针对专家评判结果进行显著性检验和专家权威性检验,经过两轮专家咨询后最终确定成就价值、内在价值、实用价值、代价、互惠、信任、社会规范、知识自我效能和累积经验为主要影响因素,为实证研究提供了坚实的理论基础。

第6章 众包平台用户持续知识贡献行为模型构建

本章是对前述章节已确定的用户持续知识贡献行为影响因素的概念化表示,构建能够解释和预测用户持续知识贡献行为的理论模型,并为实证研究提供理论基础。根据以往相关研究推理众包情境下各影响因素之间的逻辑关系及研究假设,并对涉及的研究变量的内涵进行解释说明。因此,本章拟解决以下两个问题:①众包用户持续知识贡献行为影响因素及其相互关系的确定;②模型中研究变量的释义以及测量量表的构建,确保众包用户持续知识贡献行为模型构建的系统性和科学性。

6.1 模型构建

模型的构建是为研究对象创造简化的逻辑关系,也是社会实验的主要替代方法,从而使研究者能够清晰明了地了解模型的含义。众包用户持续知识贡献行为影响因素模型的构建同样遵循一般模型构建的原则和方法,首先,构建的模型要具有解释力并可被验证,能够有效地解释用户持续知识贡献行为受哪些因素的影响,它们之间的相互关系如何;其次,模型构建要以简单为原则,控制变量的数量,使其具有一定的普适性,对于主要因素的测量足以解释用户持续知识贡献行为的特征和规律,对于影响意义低或变数较大的变量因素可以忽略,以免造成变量数量过大,模型过于烦琐,无法简洁明了地解释问题。因此,本书根据众包用户持续知识贡献的特征,科学合理地设置因素和它们之间的相互关系,提高模型的解释能力。

6.2 研究思路

为了保证模型构建的科学性,并且在一定的范围内具有较强的解释能力,本书根据研究对象的特征,以扩展的信息系统持续使用模型(EECM-ISC)为基础,从理论分析角度对已有文献中关键的影响因素进行选取和提炼,从质性分析角度利用德尔菲法对确定的因素进行重要性评价,最终科学合理地设置自变量及其相互关系,构建了用户持续知识贡献行为得理论模型。其具体过程如下:

① 依据 EECM-ISC 模型的理念,当用户的期望被确认,那么用户就会感到满意,也会积极地影响用户行为意愿、认知和情感信念,并且愿意产生持续性行为[1][2]。大部分采用

---

[1] Bhattacherjee A. Understanding information systems continuance: an expectation-confirmation model[J]. MIS Quarterly, 2001, 25(3): 351-370.

[2] Bhattacherjee A, Perols J, Sanford C. Information Technology Continuance: A Theoretic Extension and Empirical Test[J]. Journal of Computer Information Systems, 2008, 49(1): 17-26.

EECM-ISC模型的研究者通常都用感知有用性来表示用户使用后的认知期望,即再次确认或再次期望。在众包情境下,用户的认知期望不仅来自感知有用性,仍然存在诸多要素影响用户的再次期望,而且用户对不同信息系统对象的再次期望也不尽相同,存在一定的差异。已有研究表明,扩充用户使用后,认知期望所包含的内容能够更好地解释和预测用户持续性行为,从而提高模型的解释力[1]。因此,本研究在已有研究文献的基础上,结合第3章从动机理论、社会学和经济学理论对众包用户持续知识贡献行为的分析,融合众包实际应用情境,构建用户持续知识贡献行为影响因素的概念模型。如图6-1所示。

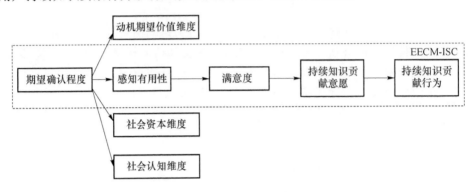

图 6-1 众包用户持续知识贡献行为影响因素概念模型

② 依据期望价值理论的成就价值、内在价值、实用价值和代价四方面内容,结合上述章节中对用户持续知识贡献行为动机的质性研究和分析,认为成就价值包括自我形象和个人重要性,内在价值是指感知愉悦性,实用价值包括名誉、社会认可、奖励,代价包括时间成本、学习成本和知识产权。依据社会资本理论,并结合已有研究文献的相关内容,在众包环境中互惠、信任、社会规范很好地体现了社会资本的关系维、认知维和结构维。依据社会认知理论"认知-环境-行为"的理念,人类会通过结果预期执行行为功能[2],人们形成对自己能够完成任务的信念,预测未来行为的可能结果,并为自己完成有价值的未来设定目标。因此,将知识自我效能作为重要的研究变量。另外,用户持续知识贡献也会受到用户对以往知识贡献行为的认知(即累积经验)的影响,累积经验会使用户更倾向产生持续性行为。

③ 众包用户持续知识贡献是具有主观性、层次性和动态性的行为过程,从上述章节中对用户持续行为过程的分析可知,其行为可以分为有意识过程和无意识过程。有意识行为过程可以在三个维度的共同作用下解释和预测用户持续行为究竟受到哪些因素影响,而无意识行为过程是在内外部因素不变的理想情况下,个体存在自动重复过去行为的倾向,形成情感依赖最终成为一种习惯。习惯是一种常规行为,往往发生在潜意识中,是自动行为倾向的一种反映。一旦个人产生习惯,那么则有可能反复体验享受和满足,其作用不仅是针对具体情况的自动化习惯,而且也是持续行为的前因,以增加现有行为持续的可能性。因此,将习惯作为变量引入模型中,以判断习惯是否是影响众包用户持续知识贡献行为的关键因素。

---

[1] Thong J Y L, Hong S J, Tam K Y. The effects of post-adoption beliefs on the expectation-confirmation model for information technology continuance[J]. International Journal of Human-Computer Studies 2006 64(9):799-810.

[2] Bandura A. Social Foundations of Thought and Action: A Social Cognitive Theory[M]. Englewood Cliffs, N. J.:Prentice-Hall,1986.

④ 因变量定义为持续知识贡献行为。持续行为是持续意愿的未来表现。大多数学者的研究以行为意愿代替实际行为,尽管两者之间存在密切关系,但是用行为意愿代替实际行为会导致最终的研究结果存在偏差,Davis 对两者的相关关系进行了实证研究,相关系数仅为 0.35,结果表明用行为意愿代替实际行为并不科学。因此,本书将持续知识贡献行为作为因变量。

⑤ 根据众包情境的特征,从知识管理的角度依据知识资产流的相关概念认为用户知识贡献行为的结果主要有知识创造、知识转移和知识留存。众包本身就是以"用户创造知识内容"为核心,为企业或组织的知识创造提供知识来源,也促使企业或组织对业务产生新的知识和见解[①][②]。在众包的过程中,知识流在用户与发包方之间流动,用户将知识与经验转移给发包方,同时,转移的知识在一定程度上也能够促进新知识的创造。对于未中标的方案或者用户以往参与众包活动贡献的知识都会在众包平台中留存。所以,用户贡献的知识以创造、转移、留存三种不同的形式作用于众包的整个过程中。

综上所述,本书确定的众包用户持续知识贡献行为影响因素模型如图 6-2 所示,模型图中的 18 个变量均为潜变量,需要设计量表。根据变量的类型分,其中有 9 个外部变量,7 个中介变量,1 个调节变量和 1 个结果变量。此外,本书还将考虑不同人口统计学特征用户持续知识贡献行为之间的差异。

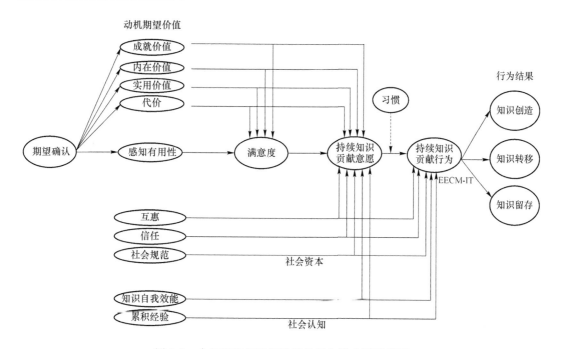

图 6-2 众包用户持续知识贡献行为影响因素模型

---

① Nonaka I. A Dynamic Theory of Organizational Knowledge Creation[J]. Organization Science,1994,5(1):14-37.
② Argote L, Reagans R. Managing Knowledge in Organizations: An Integrative Framework and Review of Emerging Themes[J]. Management Science,2003,49(4):571-582.

6.3 研究假设

根据上节提出的理论模型并结合已有实证研究的相关结论,本书提出的理论假设如下:

(1) 期望确认程度与各维度因素的研究假设

根据 Bhattacherjee(2001)提出的信息系统持续行为模型,将用户主观感受的构念(感知有用性)引入模型中。在上一小节模型构建过程的论述中提出感知有用性仅是用户主观感受的一个反映,结合众包情境中,从动机期望价值维度增加了用户感知的相关因素。Hashim(2011)[1]通过实证证明了用户期望确认程度与动机期望价值维度中的成就价值、内在价值、实用价值和代价有正向相关关系,将感知愉悦性作为内在价值的体现,实证研究的结果表明,期望确认对感知愉悦性有直接影响。从动机期望价值维度的成就价值和内在价值角度,Yeh 和 Teng(2012)[2]研究证明期望确认对用户感知需求有显著影响,其中感知需求包括自我形象,进而推断期望确认对自我形象有显著影响。高金燕[3]从感知价值的角度对协作式众包(评价型非交易的社区)的研究中发现,期望确认对用户的情感价值(快乐、愉悦)、社会价值(自我形象、社会认同)、经济价值(奖励、金钱)均有积极影响。Shiau 和 Luo(2013)[4]也证明了在用户持续性行为过程中期望确认对感知愉悦性的显著影响。Soliman 和 Tuunainen(2015)[5]对 Scoopshot 众包式图片摄影平台进行实证研究发现,用户的期望确认对感知愉悦性(内在价值)和金钱奖励(实用价值)有直接关系。众包情境下,知识产权是用户认知信念的重要体现,用户贡献知识的同时必然会降低自己的竞争力,这是用户付出的主要代价之一,李龙一(2014)[6]的研究证明了知识产权对持续意愿有显著影响。综上所述,提出以下假设:

假设 1(a):期望确认程度对成就价值有积极影响。

假设 1(b):期望确认程度对内在价值有积极影响。

假设 1(c):期望确认程度对实用价值有积极影响。

假设 1(d):期望确认程度对代价有负向影响。

(2) 各维度因素与满意度、持续知识贡献意愿的研究假设

动机期望价值本就是结合动机理论提出的"动机-期望-价值"构想,因此一些关于用户持续知识贡献动机的文献中也提及了各因素与满意度和持续知识贡献意愿的相关关系。如

---

[1] Hashim K F, Tan F B, Andrade A D. Continuous Knowledge Contribution Behavior in Business Online Communities[C]//Proceedings of CONF-IRM 2001. http://aose.aisnet.org/confirm2011/29.

[2] Yeh R K J, Teng J C. Extended conceptualisation of perceived usefulness: empirical test in the context of information system use continuance[J]. Behaviour & Information Technology, 2012, 31(5):525-540.

[3] 高金燕. 评价型非交易虚拟社区持续知识贡献意愿研究[D]. 山东:山东大学, 2013.

[4] Shiau W, Luo M M. Continuance intention of blog users: the impact of perceived enjoyment, habit, user involvement and blogging time[J]. Behaviour & Information Technology, 2013, 32(6):1-14.

[5] Soliman W, Tuunainen V K. Understanding continued use of crowdsourcing systems: an interpretive study[J]. Journal of Theoretical & Applied Electronic Commerce Research, 2015, 10(10):1-18.

[6] 李龙一,王琼. 众包模式用户参与影响因素分析——基于社会交换理论的实证研究[J]. 现代情报,2014,34(5):17-23.

Hashim(2011)[①]的研究指出成就价值、实用价值、内在价值对用户满意度有正向影响，并且对用户持续知识贡献意愿也具有显著影响，这其中包括内在价值的感知愉悦性，成就价值的自我形象和个人重要性。如果用户认为知识贡献是令人愉快的任务，体现了个人重要性，则会感到满意，从而影响用户持续知识贡献，尽管并未将它们作为单独的因变量考察与满意度、持续知识贡献意愿的关系，但作为成就价值、实用价值、内在价值重要的衡量标准，可以推断出它们对满意度和持续知识贡献意愿的显著影响，同时也证明了代价对用户满意度的负向影响，这也是阻碍用户持续知识贡献意愿的主要因素。仲秋雁等[②]将感知愉悦性、自我肯定作为内在动机通过沉浸中间变量证明了它们对持续行为意愿的正向影响。因此，提出以下假设：

假设 2(a)成就价值对满意度有积极影响。

假设 2(b)成就价值对持续知识贡献意愿有积极影响。

假设 3(a)内在价值性对满意度有积极影响。

假设 3(b)内在价值对持续知识贡献意愿有积极影响。

假设 4(a)实用价值对满意度有积极影响。

假设 4(b)实用价值对持续知识贡献意愿有积极影响。

假设 5(a)代价对满意度有消极影响。

假设 5(b)代价对持续知识贡献意愿有消极影响。

Brabham(2010)[③]从动机的角度对众包平台 Thdreadless 用户参与任务进行实证研究，发现赚钱（即获得奖金奖励）是它们持续参与的主要动力。但是也有学者认为用户持续行为不一定是由外在动机决定的，如 Kaufmann 等（2011）[④]对 431 位众包平台 Mechanical Turk 的用户进行研究发现，尽管报酬奖励对用户愿意花费长时间在平台上执行任务有强烈影响，但是内在动机更重要，如感知愉悦性。Chiu 和 Wang(2008)[⑤]引入主观任务价值，认为成就价值、实用价值和感知娱乐对持续意愿有积极影响。Soliman 和 Tuunainen(2015)[⑥]对众包式摄影平台用户的研究表明感知愉悦性、奖励对用户持续参与有积极影响。Sun 等（2014）[⑦]对中国在线社会网络持续使用的研究中发现感知愉悦性、信任对满意度有积极的影响，并通

---

① Hashim K F, Tan F B, Andrade A D. Continuous Knowledge Contribution Behavior in Business Online Communities[C]//Proceedings of CONF-IRM 2011. http://aose.aisnet.org/Confirm2011/29.

② 仲秋雁，王彦杰，裘江南. 众包社区用户持续参与行为实证研究[J]. 大连理工大学学报（社会科学版），2011，32(1):1-6.

③ Daren C. Brabham A. Moving the crowd at threadless[J]. Information Communication & Society, 2010,12(8): 1122-1145.

④ Kaufmann N, Schulze T, Veit D. More than fun and money. Worker Motivation in Crowdsourcing—A Study on Mechanical Turk[C]//Americas Conference on Information Systems. 2011.

⑤ Chiu C M, Wang E T G. Understanding Web-based learning continuance intention: The role of subjective task value[J]. Information & Management, 2008, 45(3):194-201.

⑥ Soliman W, Tuunainen V K. Understanding continued use of crowdsourcing systems: an interpretive study[J]. Journal of Theoretical & Applied Electronic Commerce Research, 2015, 10(10):1-18.

⑦ Sun Y, Liu L, Peng X, et al. Understanding Chinese users' continuance intention toward online social networks: an integrative theoretical model[J]. Electronic Markets, 2014, 24(1):57-66.

过中间变量满意度影响用户持续意愿。Lai 和 Yang(2014)[①]对 Wikepedia 用户持续编辑的研究中指出时间成本和学习成本对主观任务价值有负向影响,从而降低用户的满意度。Cho 等(2010)[②]对协作式众包 Wikipedia 百科的知识共享行为研究中发现,互惠、名誉会对用户知识贡献的态度(即满意度)产生正面影响,从而影响用户持续知识共享。姜雪(2014)[③]将认知分成两部分,即社区认知和自身认知,认为社区认知的互惠、奖赏、乐趣和自身认知的自我效能感对满意度均有积极显著的影响。张嵩等(2015)[④]的研究也得到了和姜雪研究的类似结果,从"认知-情感-意向"证明了互惠、奖赏等因素对满意度的直接影响。Kankanhalli 等(2005)[⑤]在首次提出知识自我效能的研究中指出其对于知识贡献行为有显著影响。之后,有很多文献验证了知识自我效能与满意度、持续行为意愿的正向相关关系[⑥][⑦]。综上所述,提出以下假设:

  H6a 互惠对持续知识贡献意愿有积极影响

  H6b 互惠对持续知识贡献行为有积极影响

  H7a 信任对持续知识贡献意愿有积极影响

  H7b 信任对持续知识贡献行为有积极影响

  H8a 社会规范对持续知识贡献意愿有积极影响

  H8b 社会规范对持续知识贡献行为有积极影响

  H9a 知识自我效能对持续知识贡献意愿有积极影响

  H9b 知识自我效能对持续知识贡献行为有积极影响

  H10a 累积经验对持续知识贡献意愿有积极影响

  H10b 累积经验对持续知识贡献行为有积极影响

(3) EECM-ISC

Bhattcherjee(2001a,2001b)[⑧][⑨]基于个体持续使用决策和消费者重复购买决定的一致性提出了 ECM 和 IT 持续使用模型,认为个体持续使用意愿主要取决于三个变量:用户满意度、期望确认程度和后采纳的期望即感知有用性,通过实证研究发现用户对 IT 的满意程度对持续使用意愿有积极的影响,反过来,期望确认程度和感知有用性也促进了用户的满意

---

① Lai C Y, Yang H L. The reasons why people continue editing Wikipedia content-task value confirmation perspective[J]. Behaviour & Information Technology,2014,33(12):1371-1382.

② Cho H, Chen M, Chung S. Testing an Integrative Theoretical Model of Knowledge-sharing Behavior in the Context of Wikipedia[J]. Journal of the American Society for Information Science and Technology,2010,61(6):1198-1212.

③ 姜雪.问答类社区用户持续知识贡献行为实证研究[D].青岛:青岛大学,2014.

④ 张嵩,吴剑云,姜雪.问答类社区用户持续知识贡献模型构建[J].计算机集成制造系统,2015,21(10):2777-2786.

⑤ Kankanhalli A, Tan B C, Wei K. Contributing knowledge to electronic knowledge repositories: an empirical investigation[J]. MIS quarterly, 2005:113-143.

⑥ Constant D, Sproull L, Kiesler S. The kindness of strangers:The usefulness of electronic weak ties for technical advice[J]. Organization science,1996,7(2):119-135.

⑦ Lee M K, Cheung C M, Lim K H, et al. Understanding customer knowledge sharing in web-based discussion boards: an exploratory study[J]. Internet Research,2006,16(3):289-303.

⑧ Bhattacherjee A. An empirical analysis of the antecedents of electronic commerce service continuance[J]. Decision Support Systems,2001,32(2)(01):201-214.

⑨ Bhattacherjee A. Understanding information systems continuance: an expectation—confirmation model[J]. MIS Quarterly,2001, 25(3):351-370.

度。众包情境下对于用户来说,他们必须产生"众包是一个有用平台"的信念,在知识贡献参与众包任务的过程中能够帮助用户实现期望利益(名誉、奖励、社会认可等),当用户感知众包是有用的平台,可以释放用户的创造力,则会对众包平台产生积极的态度,从而促进用户持续贡献意愿,最终实现持续贡献行为。目前,对众包社区持续知识贡献的研究文献较少,尽管没有实证研究证明众包平台用户的感知有用性与期望确认、满意度之间的相互关系,但已有很多研究在不同领域证明了期望确认程度对感知有用性的积极影响,感知有用性作为中介变量影响满意度,从而促进持续意愿。如社会化网络持续使用 Hu(2008)[1],Rosen(2008)[2],Hsu 等(2014)[3],Liao 等(2007)[4],Lee(2010)[5]。据此,根据 EECM-ISC 理念提出以下假设:

H11 期望确认程度对感知有用性有积极影响

H12 感知有用性对满意度有积极影响

H13 满意度对持续知识贡献意愿有积极影响

(4) 持续知识贡献意愿与持续知识贡献行为

如上述章节所述,现有对持续行为的研究大多数以持续意愿为因变量,将意愿等同于行为,但实证研究发现两者的相关系数仅为 0.35,在平均数以下,因此,认为意愿代表最后的行为缺乏科学性。据此,本书提出以下假设:

H14 持续知识贡献意愿对持续知识贡献行为有积极影响

(5) 调节变量——习惯

根据第 3 章的分析,众包持续知识贡献行为形成过程可以分为有意识行为过程和无意识行为过程,用户的无意识行为过程不以理性分析为主,是用户对某一行为产生了情感依赖,进而形成的一种习惯,变成用户的常规行为。习惯的产生会削弱行为意向对实际行为的预测作用。当用户的习惯性越强,受外在因素的影响就越少,执行行为所付出的认知努力也会越少。习惯作为调节变量考察用户持续知识贡献意愿与持续知识贡献行为之间的关系,两者会因为习惯变量的调节而减弱原有的积极影响关系。已有研究证明持续行为受习惯变

---

[1] Hu T, Kettinger W J, Hu T, et al. Why People Continue to Use Social Networking Services: Developing a Comprehensive Model[C]//International Conference on Information Systems, Icis 2008.

[2] Rosen P A, Kluemper D H. The Impact of the Big Five Personality Traits on the Acceptance of Social Networking Website[J]. Proceedings of Amcis, 2008:2.

[3] Hsu C L, Yu C C, Wu C C. Exploring the continuance intention of social networking websites: an empirical research[J]. Information Systems and e-Business Management, 2014, 12(2):139-163.

[4] Liao C, Chen J L, Yen D C. Theory of planning behavior (TPB) and customer satisfaction in the continued use of e-service: An integrated model[J]. Computers in Human Behavior, 2007, 23(6):2804-2822.

[5] Lee M C. Explaining and predicting users' continuance intention toward e-learning: An extension of the expectation-confirmation model[J]. Computers & Education, 2010, 54(2):506-516.

量的控制，如 Gefen（2003）[①]，Kim 等（2005）[②]，Limaye 和 Hirt（2003）[③] 等。Limaye 等（2007）[④] 探讨了习惯在 IS 持续使用行为中的作用，分三种情况讨论了习惯的作用：无习惯变量时，持续意愿对持续行为有显著影响，相关系数为 0.432；当习惯作为直接变量时，持续意愿对持续行为有正向影响，相关系数为 0.609；当习惯作为调节变量时，降低了持续意愿与持续行为之间的正相关关系，相关系数为 -0.262。Cheung 和 Limayem[⑤] 也验证了个人的习惯会随着时间的推移减弱持续使用意图，以往的使用行为对持续使用有显著影响。姜雪[⑥] 对问答类社区用户持续知识贡献行为的实证研究表明回答问题的习惯会降低对持续知识贡献意向与行为之间的正相关关系。在众包情境下，研究习惯对用户持续意愿以及持续行为的相关关系的文献几乎没有，鉴于此，本书将习惯作为调节变量考察意愿与行为之间的相互关系，提出以下研究假设：

H15 习惯对用户持续知识贡献意愿与持续知识贡献行为的关系有负向影响

（6）持续知识贡献行为结果变量

从知识管理的视角看用户持续知识贡献行为的结果主要包含知识创造、知识转移、知识留存。在众包情境下，任务的知识密度不同，需要用户付出的认知努力也不同，产生的结果自然不同。知识创造较多发生于竞赛式众包中，因其任务知识密度较高（如创意竞赛、设计竞赛等），需要用户贡献的知识具有创新性，满足众包发包方的任务需求，当用户有持续贡献的意愿时，则会促进用户持续贡献的行为从而产生新的知识，实现知识创造。对于协作式众包来说，多表现为用户的知识转移，用户协作共同完成众包任务，持续贡献行为是使知识流从自身转移给发包方，与知识创造相比，用户的认知努力相对降低，如百度百科、Wikepedia、Istockphoto 众包式图片库。两种形式的众包都存在知识留存的情况，如未中标的任务则会留存于众包平台或发包方。Ajjan 等（2014）[⑦] 从知识管理的视角对企业即时消息持续使用的研究表明，用户持续使用的决策对知识创造、知识转移和知识留存有显著影响，尽管未有研究从知识管理的角度对众包社区用户持续行为进行研究，但根据上述的分析认为考察持续行为与知识创造、转移、留存之间的影响关系具有一定的合理性。因此，提出以下假设：

H16a 持续知识贡献行为对知识创造有积极影响

H16b 持续知识贡献行为对知识转移有积极影响

H16c 持续知识贡献行为对知识留存有积极影响

[①] Gefen D. TAM or Just Plain Habit: A Look at Experienced Online Shoppers[J]. Journal of Organizational & End User Computing, 2003, 15(July):1-13.

[②] Kim S S, Malhotra N K. A Longitudinal Model of Continued IS Use: An Integrative View of Four Mechanisms Underlying Postadoption Phenomena[J]. Management Science, 2005, 51(5):741-755.

[③] Limayem M, Hirt S G. Force of Habit and Information Systems Usage: Theory and Initial Validation[J]. Journal of the Association for Information Systems, 2003.

[④] Limayem M, Hirt S G, Cheung C M K. How Habit Limits the Predictive Power of Intention: The Case of Information Systems Continuance[J]. MIS Quarterly, 2007, 31(4):705-737.

[⑤] Cheung C M K, Limayem M. The Role of Habit in Information Systems Continuance: Examining the Evolving Relationship Between Intention and Usage[C]//International Conference on Information Systems, Icis, Las Vegas, Nv, Usa. 2005.

[⑥] 姜雪. 问答类社区用户持续知识贡献行为实证研究[D]. 青岛：青岛大学，2014.

[⑦] Ajjan H, Hartshorne R, Cao Y, et al. Continuance use intention of enterprise instant messaging: a knowledge management perspective[J]. Behaviour & Information Technology, 2014, 33(7):678-692.

6.4 研究变量的释义

结合已有研究文献以及专家调查法过程中专家提出的意见,对模型中的主要变量进行含义阐释。

(1) 期望确认

Oliver(1980[1],1993[2])将期望确认程度用于预测和解释消费者满意度和后购买行为,指出消费者会将购前对产品或服务的期望与实际使用后的认知绩效进行对比,用来确定期望被实现的程度,当后者大于前者时,消费者会表现出满意的态度。在此基础上,Bhattacherjee[3]构建 IS 期望确认模型,指出 IS 期望确认程度是用户对 IS 的预期与实际绩效之间的感知一致性比较。众包情境中期望确认程度的定义借鉴前人的研究,认为众包用户在进行知识贡献行为完成任务之前与行为产生后获得感知利益的预期对比,用户对获得利益的确认程度。结合具体的应用情境,测量题项如表 6-1 所示。

表 6-1 期望确认测量题项

变量	编码	测量题项	文献来源
期望确认	CON	CON1 知识贡献的经历比我期望的要好	Bhattacherjee (2001a); Oliver (1993)
		CON2 通过知识贡献给我带来的好处超过了我的预期	
		CON3 总之,知识贡献的大多数期望都被确认	

(2) 成就价值

Eccles[4]在 Battle(1966)[5]研究基础上根据个人的重要性来定义成就价值,个人的重要性体现在个体能够出色地完成其参与的或给定的任务,并指出"当个体把参与的任务视为体现自己身份(个体身份和社会身份)的一部分时,它们就会更加重视任务",因为这样的任务能够提供个体表达或实现自身重要性的机会。根据 Connell 和 Wellborn(1991)[6]的研究认为个人的重要性主要通过两个需求体现:①个体对社会群体来说至关重要;②被社会群体尊重和重视。众包情境下,成就价值是用户持续知识贡献过程中实现自身价值,并获得社会群

---

[1] Oliver R L. A cognitive model of the antecedents and consequences of satisfaction decisions[J]. Journal of Marketing Research,1980,17(4):460-469.

[2] Oliver R L. Cognitive, Affective, and Attribute Bases of the Satisfaction Response[J]. Journal of Consumer Research,1993,20(3):418-430.

[3] Bhattacherjee A. Understanding information systems continuance: an expectation-confirmation model[J]. MIS Quarterly,2001,25(3):351-370.

[4] Eccles J S. Subjective task value and the eccles et al. model of achievement-related choices[J]. Handbook of Competence & Motivation, 2005:105-121.

[5] Battle E S. Motivational determinants of academic competence[J]. Journal of Personality & Social Psychology,1966,4(4):634-642.

[6] Connell J P, Wellborn J G. Competence, autonomy, and relatedness: A motivational analysis of self-system processes[J]. Journal of Personality & Social Psychology,1991 65:43-77.

体的认可和尊重。参照 Hashim(2001)[①],Chiu 和 Wang(2008)[②]的研究中对成就价值题项的设置,结合专家调查法时专家的意见,设计成就价值测量题项如表 6-2 所示。

表 6-2 成就价值测量题项

变量	编码	测量题项	文献来源
成就价值	AV	AV1 通过持续知识贡献完成众包任务获得尊重,可以建立正面的自我形象	Eccles 等,Battle 和 wigfield,Hashim(2011),Chiu 和 Wang(2008)
		AV2 认为众包提供了为自己实现价值的平台	
		AV3 认为贡献知识成功完成众包任务能够证实自己的能力	
		AV4 总的来说,用户持续知识贡献能够增加个人在某领域的重要性	

(3) 内在价值

Eccles[③]认为内在价值是个体享受执行某一任务时的感受或者个体期望享受执行某一任务的经历。与 Csikszentmihalyi(1990)[④]提出的"心流"概念相类似,都是个体沉浸在执行某一任务中,当个体沉浸在其中时会感到快乐和满足。但两者也存在不同之处,"心流"是受内在动机驱动,而内在价值受内在动机和外在动机共同影响,外在奖励会破坏个体从事个体认为有趣任务的内在动机。Triandis[⑤]的研究证明了内在价值快乐、愉悦的感受会影响用户的行为。本书结合已有定义认为众包情境下内在价值是指用户将贡献知识完成众包任务作为一种享受,帮助他人解决问题的同时用户也会感受到乐趣。具体的测量题项如表 6-3 所示。

表 6-3 内在价值测量题项

变量	编码	测量题项	文献来源
内在价值	IV	IV1 认为通过知识贡献完成众包活动是一件有趣的事情	Eccles 等,Battle 和 wigfield,Chiu 和 Wang(2008)
		IV2 认为通过知识贡献帮助发包方解决问题让我感觉很好	
		IV3 总的来说,用户持续知识贡献能够使人感觉愉悦	

(4) 实用价值

实用价值是指个体执行的某一任务符合个体未来的计划或目标,如工作机会、晋升、奖励、名誉、社会认可等。Eccles 认为在某种程度上实用价值与外在动机相类似,主要是因为用户出于实用价值为目的完成任务时,任务是达到目的的手段而不是目的本身。Deci 和

---

① Hashim K F, Tan F B, Andrade A D. Continuous Knowledge Contribution Behavior in Business Online Communities[C]//Proceedings of CONF-IRM 2011. http://aose.aisnet.org/Confirm2011/29.

② Chiu C M, Wang E T G. Understanding Web-based learning continuance intention:The role of subjective task value[J]. Information & Management,2008,45(3):194-201.

③ Eccles J S. Subjective task value and the eccles et al. model of achievement-related choices[J]. Handbook of Competence & Motivation,2005:105-121.

④ CsikszentmihalyiM. Flow:The Psychology of Optimal Experience [M]. New York:Harper&Row, 1990:4.

⑤ Triandis H C. Values, attitudes, and interpersonal behavior.[J]. Nebraska Symposium on Motivation Nebraska Symposium on Motivation,1979,27:195-259.

Ryan(1985)[①]指出实用价值是对个体发展长期有用性的体现。尽管没有文献对众包情境下实用价值的概念进行描述,但结合相关文献的定义,本书认为实用价值是促使用户持续知识贡献的外在动力,并且符合用户未来的规划目标(物质目标或精神目标)。实用价值具体的测量题项如表 6-4 所示。

表 6-4 实用价值测量题项

变量	编码	测量题项	文献来源
实用价值	UV	UV1 用户持续知识贡献有助于我获得名誉	Eccles 等,Battle 和 wigfield,Chiu 和 Wang(2008)
		UV2 成功完成任务有助于社区对我的认可	
		UV3 完成众包任务有助于我获得更多的积分或用户级别	
		UV4 任务中标可以得到额外的收入	
		UV5 完成众包任务有助于我获得更多的工作机会	
		UV6 总的来说,用户持续知识贡献有助于我实现未来目标	

(5) 代价

代价被定义为参与活动所要付出的时间、金钱、认知努力或其他[②]。Orlikowski[③] 研究证明耗费大量时间和精力的知识贡献过程会使用户贡献其知识成果的意愿削弱。对众包情境下代价可以描述为用户为完成众包任务而付出的时间、精力、认知努力以及知识贡献后知识产权的潜在风险。具体的测量变量如表 6-5 所示。

表 6-5 代价测量题项

变量	编码	测量题项	文献来源
代价	PC	PC1 参与众包知识贡献将降低自己可支配的时间	自行设计,Eccles 等
		PC2 用文字、图形等形式描述知识、输入、上传耗费时间	
		PC3 学习众包任务执行中的相关规定并不容易	
		PC4 将众包任务涉及的知识进行归纳、整合并不容易	
		PC5 众包环境下知识贡献者与知识接受者之间信息不对称,可能遭受欺骗(窃取版权)	
		PC6 总的来说,付出的代价(时间、精力等)会阻碍用户持续知识贡献	

(6) 互惠

Shumaker 和 Brownell(1984)[④]认为互惠的基本规范是相互受到恩惠,个体通常会回报

---

① Deci E L, Ryan R M. Intrinsic Motivation and Self-Determination in Human Behavior[J]. Contemporary Sociology,1985,3(2):5886-5895.

② Eccles-Parsons J, Adler T F, Futterman R, et al. Expectancies, values, and academic behaviors[J]. Chapter In Achievement and Achievement Motives,edited by J. Spence,1983:75-146.

③ Orlikowski W J. Learning from notes: organisational issues in groupware implementation[C]//Proceedings of the 1992 ACM conference on Computer-supported cooperateive work. ACM:362-369.

④ Shumaker S A, Brownell A. Toward a Theory of Social Support: Closing Conceptual Gaps[J]. Journal of Social Issues,1984,40(4):11-36.

那些给予其好处的人以确保持续的交流。Wellman 和 Gulia(1999)[1]认为即使是在电子网络环境下的弱关系的陌生人之间,互惠也是促进双方持续交流的重要因素。以往的研究表明,强烈的互惠感促进了知识贡献在电子网络中的实践,并认为互惠是相互给予和接受并伴随着强烈的公平感[2]。当在集体中存在强烈的互惠感时,个体会相信它们知识贡献的努力会得到回报,因此,奖励个体以确保持续的知识贡献。结合已有研究对互惠的定义,本书认为众包情境下的互惠是知识贡献者(接包方)与知识需求者(发包方)在知识贡献过程中被大家认可的准则,即接包方为发包方提供知识资源,发包方给予接包方给予物质或精神的奖励作为回报。综上所述,互惠的具体测量题项如表 6-6 所示。

表 6-6 互惠测量题项

变量	编码	测量题项	文献来源
互惠	RE	RE1 在众包平台帮助他人解决问题,希望当我遇到问题时也会被别人帮助	Shumaker 和 Brownell,Wasko 等[3],姜雪
		RE2 帮助他人解决问题贡献自己的知识可以得到物质回报(金钱或奖品)	
		RE3 帮助他人解决问题贡献自己的知识可以得到精神回报(积分或等级提高)	
		RE4 总的来说,用户持续知识贡献能够互惠互利	

(7) 信任

信任在已有的研究中从理论和实践上都给出了多种形式的定义。其概念化定义主要有以下几种观点:①认为信任是一系列的信念,包括对另一方诚信、仁慈和能力的处理(Doney 和 Cannon(1997)[4],Gefen 和 Sliver(1997)[5]);②把信任看成一般信念,简单来说就是另一方可以被信任,有的学者也称为信任意图(McKnight 等(2002)[6]),一方当事人容易受到另一方行为影响的意愿(Mayer 等(2005)[7]);③信任是另一方对当事人的情感影响,主要体现在自信心和当事人关心的安全问题(Rempel 等(1985)[8])。借鉴上述的定义,本书将信任看成

---

[1] Wellman B, Gulia M. Net Surfers Don't Ride Alone,"in Communities in Cyberspace, P. Smith and P. Kollock (Eds)[M]. New York:Routledge,1999,167-194.

[2] Wasko M L, Teigland R, Faraj S. The provision of online public goods:Examining social structure in an electronic network of practice[J]. Decision Support Systems,2012,47(3):254-265.

[3] Wasko M L, Faraj S. Why Should I Share? Examining social capital and knowledge contribution in electronic networks of practice[J]. MIS Quarterly,2005,29(1):35-57.

[4] Doney P M, Cannon J P. An Examination of the Nature of Trust in Buyer-Seller Relationships[J]. Journal of Marketing,1997,61(2):35-51.

[5] Gefen D. Building users' trust in freeware providers and the effects of this trust on users' perceptions of usefulness, ease of use[D]. Atlanta:Georgia State University,1997.

[6] Mcknight D H, Kacmar C. Developing and Validating Trust Measures for e-Commerce:An Integrative Typology [J]. Information Systems Research,2002,13(3):334-359.

[7] Mayer R C,Schoorman F D. An Integrative Model of Organizational Trust[J]. Academy of Management Review,1995,20(20):709-734.

[8] Rempel J K, Holmes J G, Zanna M P. Trust in close relationships. [J]. Journal of Personality & Social Psychology,1985,49(1):95-112.

为一般信念,指的是利益相关方之间可信赖的程度,包括良好的意图、可靠且诚实的信念以及对承诺的遵守。综合上述内容,本书信任的测量题项如表6-7所示。

表6-7 信任的测量题项

变量	编码	测量题项	文献来源
信任	TR	TR1 我认为众包平台提供了安全的信息环境值得信任	Gefen 等（2003）[1],樊婷（2012）[2]
		TR2 我认为众包平台遵守了对用户的承诺	
		TR3 我认为众包平台提供的任务信息是可靠的	
		TR4 总的来说,信任对用户持续知识贡献很重要	

(8) 社会规范

Ajezen 和 Fishbein(1980)[3]认为社会规范是用户对周围重要的人愿意或不愿意执行某一行为态度的感知。信息系统领域的研究已经证明在 IS 持续使用的环境中,社会规范对用户决策行为的显著作用。许多研究者也指出社会规范受到人际和外部来源的共同影响。人际影响主要是指周围朋友、家庭或社会网络中相关人员对行为的态度或建议;外部来源影响主要是指大众媒介对行为的态度或建议,如电视、报纸或网络等。Bhattacherjee(2000)[4]证明了人际和外部来源的影响是社会规范的两个主要方面,是预测用户使用电子经纪服务的重要因素。Mathieson(1991)[5]对比分析了 TAM 和 TPB 模型的变量,认为社会规范是用户持续性行为的重要构面,并给出了主要的测量方法,本书参考 Kim(2010)[6]移动数据服务持续使用、Hsu 和 Chiu(2004)[7]电子服务持续使用、Zhou 和 Li(2014)[8]对移动 SNS 在中国的持续应用时对社会规范题项的设置,结合众包用户持续知识贡献行为的情境进行修改,具体测量题项如表6-8所示。

---

[1] Gefen D, Karahanna E, Straub D W. Trust and TAM in online shopping: an integrated model[J]. MIS Quarterly,2003,27(1):51-90.

[2] 樊婷.基于众包视角的社区用户忠诚度影响因素研究[D].天津:河北工业大学,2012.

[3] Ajzen I, Fishbein M. Understanding attitudes and predicting social behavior[M]. Englewood Cliffs, N. J.: Prentice-Hall,1980.

[4] Bhattacherjee A. Acceptance of e-commerce services: the case of electronic brokerages[J]. IEEE Transactions on Systems Man and Cybernetics -Part A Systems and Humans,2000, 30(4):411-420.

[5] Mathieson K. Predicting User Intentions: Comparing the Technology Acceptance Model with the Theory of Planned Behavior[J]. Information Systems Research, 1991, 2(3):173-191.

[6] Kim B. An empirical investigation of mobile data service continuance: Incorporating the theory of planned behavior into the expectation-confirmation model[J]. Expert Systems with Applications,2010, 37(10):7033-7039.

[7] MengHsiang Hsu, ChaoMin Chiu. Predicting electronic service continuance with a decomposed theory of planned behaviour[J]. Behaviour & Information Technology,2004,23(5):359-373.

[8] Zhou T, Li H. Understanding mobile SNS continuance usage in China from the perspectives of social influence and privacy concern[J]. Computers in Human Behavior,2014,37(C):283-289.

表 6-8　社会规范测量题项

变量	编码	测量题项	文献来源
社会规范	SN	SN1 对我有重要影响人认为使用众包知识贡献是有意义的事	Kim(2010)，Hsu 和 Chiu (2004)，Zhou 和 Li (2014)
		SN2 社会公众对众包平台的高评价会影响我的知识贡献行为	
		SN3 众包平台有合作和协作的规范	
		SN4 大众媒体对众包平台的宣传提倡用户知识贡献和分享经验，我会考虑继续参与众包	

（9）知识自我效能

知识自我效能是在社会认知理论核心概念自我效能基础上由 Kankanhalli 等（2005）[1]提出来的，认为知识自我效能是人们相信自身拥有的知识能够帮助解决相关问题[2]，提高工作效率[3]或者对组织产生一定影响[4]。相反，当个体感知缺乏对组织有用的知识，就会减弱个体知识贡献的意愿，因为它们觉得贡献的知识对组织不会产生积极的影响。据此，本书认为众包情境下知识自我效能是用户具备完成众包任务所需要的知识能力。参照 Tha (2010)[5]研究电子知识库持续知识贡献影响因素，姜雪[6]研究问答类社区用户持续贡献行为时对知识自我效能测量题项的设置，结合众包情境进行了适当的修改，具体测量题项如表 6-9 所示。

表 6-9　知识自我效能测量题项

变量	编码	测量题项	文献来源
知识自我效能	KS	KS1 我有信心为发包方（知识接受者）提供有价值的知识	Kankanhalli 等，Tha，姜雪
		KS2 对完成发包方（知识接受者）任务的能力有信心	
		KS3 我的表达能力能够清楚地回答发包方（知识接受者）的问题	
		KS4 总的来说，知识自我效能能够帮助用户完成众包任务	

（10）累积经验

经验较早对商业领域客户持续消费或再次购买的研究中应用，是客户面对公司提供的服务或产品直接或间接的主观反应[7]。

---

[1]　Kankanhalli A，Wei K K. Contributing Knowledge to Electronic Knowledge Repositories：An Empirical Investigation[J]. MIS Quarterly，2005，29(1)：113-143.

[2]　Constant D，Sproull L，Kiesler S. The Kindness of Strangers：The Usefulness of Electronic Weak Ties for Technical Advice[J]. Organization Science，1996，7(2)：119-135.

[3]　Ba S，Stallaert J，Whinston A B. Research Commentary：Introducing a Third Dimension in Information Systems Design -The Case for Incentive Alignment[J]. Information Systems Research，2001，12(3)：225-239.

[4]　Wasko M L，Faraj S. Why should I share? Examining social capital and knowledge contribution in electronic networks of practice[J]. MIS Quarterly，2005，29(1)：35-57.

[5]　Tha K K O. Examining the Factors Influencing Continued Knowledge Contribution in Electronic Knowledge Repository[C]//Sustainable It Collaboration Around the Globe. Americas Conference on Information Systems，Amcis 2010.

[6]　姜雪. 问答类社区用户持续知识贡献行为实证研究[D]. 山东：青岛大学，2014.

[7]　Frow P，Payne A. Towards the "perfect" customer experience[J]. Journal of Brand Management，2007，15(2)：89-101. Boakye K G.

Payne(2008)[①],Storbacka 和 Frow(2014)[②]将用户经验看成是一场旅行,始于在接触服务之前的评估,包括接触服务或产品时以及接触之后持续使用的经验,它的评价取决于客户的期望与服务产品之间交互的对比。Gentile(2007)[③]等认为用户经验来源于用户与产品、公司或者其组织的一部分相互作用而引起的反应,指出用户经验完全属于个人,它决定了未来用户的参与程度。在众包情境下,用户累积经验是指用户在以往知识贡献过程中与平台、发包方一系列交互后的主观感受。参考 Boakye(2015)[④]对移动数据服务持续意愿的研究、Taylor 和 Todd(1995)[⑤]对 IT 使用研究中经验的题项设置,并结合众包自身特征,具体的测量题项如表 6-10 所示。

表 6-10　累积经验测量题项

变量	编码	测量题项	文献来源
累积经验	AE	AE1 我过去的经验和成就增加我的自信心,能够完成众包任务	自行设计
		AE2 先前的成功经验能够帮助我快速找到适合自身的众包任务	
		AE3 我对先前知识贡献的体验和过程感到满意	Boakye, Taylor 和 Todd
		AE4 总的来说,累积经验越多越有助于用户持续知识贡献	

(11) 感知有用性

Davis(1989)[⑥]提出了技术接受模型,指出感知有用性和感知易用性是驱动用户接受新技术的重要构面,并将感知有用性定义为用户使用一个特定的系统可以在多大程度上提高它的工作表现。在众包情境下,用户通过释放知识创造力并能够获得利益来体现其有用性。根据仲秋雁等[⑦]对众包社区用户持续参与研究中题量的设置,并结合实际情境进行修改,具体的测量题项如表 6-11 所示。

表 6-11　感知有用性测量题项

变量	编码	测量题项	文献来源
感知有用性	PU	PU1 参与众包任务能够让我认识很多朋友	仲秋雁等
		PU2 参与众包给我提供了一个知识贡献的平台	
		PU3 参与众包能够使我更能了解自己的知识储备	

---

① Payne A F, Storbacka K, Frow P. Managing the co-creation of value[J]. Journal of the Academy of Marketing Science,2008,36(1):83-96.

② Srivastava M, Kaul D. Social interaction, convenience and customer satisfaction: The mediating effect of customer experience[J]. Journal of Retailing & Consumer Services,2014, 21(6):1028-1037.

③ Gentile C,Spiller N, Noci G. How to Sustain the Customer Experience:An Overview of Experience Components that Co-create Value With the Customer[J]. European Management Journal, 2007,25(5):395-410.

④ Boakye K G. Factors influencing mobile data service (MDS) continuance intention: An empirical study[J]. Computers in Human Behavior 2015,50:125-131.

⑤ Taylor S, Todd P. Assessing IT Usage:The Role of Prior Experience[J]. MIS Quarterly, 1995, 19(4):561-570.

⑥ Davis F D. Perceived Usefulness,Perceived Ease of Use,and User Acceptance of Information Technology[J]. MIS Quarterly,1989,13(3):319-340.

⑦ 仲秋雁,王彦杰,裘江南. 众包社区用户持续参与行为实证研究[J]. 大连理工大学学报(社会科学版),2011, 32(1):1-6.

（12）习惯

习惯被认为是自动响应的动作序列，能够在无意识的情况下引导用户执行常规行为或者出于满意而不断重复行为(Barnes(2011)[①],Limayem 等(2007)[②],Verplanken(2006)[③]。Bhattacherjee(2011)[④],Ray 和 Seo(2013)[⑤]都认为应将这种常规行为考虑到 IS 的后采纳或持续行为研究中，而且已有研究证明了用户持续性行为受习惯控制(Moody 和 Siponen(2013)[⑥];Ortiz de Guinea 和 Markus(2009)[⑦]）。众包情境下认为习惯是用户无意识的重复以往的知识贡献行为。参考 Lee(2014)[⑧]对 IS 使用的研究和张嵩等(2014)[⑨]对问答类社区知识持续贡献行为研究中的习惯的题项设置，结合众包情境对其修改，具体的测量题项如表6-12 所示。

表 6-12 习惯测量题项

变量	编码	测量题项	文献来源
习惯	HA	HA1 参与众包任务对我来说是很自然的事	张嵩等,Lee
		HA2 参与众包任务属于我的日常行为	
		HA3 我不需要思考就会参与众包	

（13）满意度

Oliver(1980)[⑩]在其提出的期望确认模型中指出商品或服务的满意度是确立消费者持续购买的先决条件，并认为消费者的满意度是当周遭不确定的期望与消费者以往消费经历的感受相结合时的一种心理状态。Bhattacherjee(2001a)[⑪]认为满意度是一种情感，能够捕获个体积极的、漠不关心的或消极的感受。结合以往学者给出的描述，众包情境下，满意度

---

① Barnes S J. Understanding use continuance in virtual worlds: Empirical test of a research model[J]. Information & Management,2011,48(8):313-319.

② Limayem M,Hirt SG,Cheung C M K. How Habit Limits the Predictive Power of Intention: The Case of Information Systems Continuance[J]. MIS Quarterly, 2007, 31(4):705-737.

③ Verplanken B. Beyond frequency: habit as mental construct[J]. British Journal of Social Psychology, 2006, 45(3):639-656.

④ Bhattacherjee A. Understanding information systems continuance: an expectation-confirmation model[J]. MIS Quarterly,2001,25(3):351-370.

⑤ Ray S,Seo D. The interplay of conscious and automatic mechanisms in the context of routine use: An integrative and comparative study of contrasting mechanisms[J]. Information & Management,2013,50(7):523-539.

⑥ Moody G D,Siponen M. Using the theory of interpersonal behavior to explain non-work-related personal use of the Internet at work[J]. Information & Management,2013,50(6):322-335.

⑦ Guinea A O D, Markus M L. Applying Evolutionary Psychology to the Study of Post-adoption Information Technology Use: Reinforcement, Extension, or Revolution? [J]. Evolutionary Psychology & Information Systems Research, 2009, 24:61-83.

⑧ Lee W K. The temporal relationships among habit,intention and IS uses[J]. Computers in Human Behavior, 2014,32(32):54-60.

⑨ 张嵩,吴剑云,姜雪.问答类社区用户持续知识贡献模型构建[J].计算机集成制造系统,2015,21(10):2777-2786.

⑩ Oliver R L. A cognitive model for the antecedents and consequences of satisfaction[J]. Journal of marketing research,1980,17(4):460-469.

⑪ Bhattacherjee A. Understanding information systems continuance: an expectation-confirmation model[J]. MIS Quarterly, 2001, 25(3):351-370.

是用户参与众包任务贡献知识后,对整个行为过程的积极的正面的心理感受。本书考察王彦杰(2010)[①]众包社区、Chiu 和 Wang(2007)[②]虚拟社区、Limayem 和 Cheung(2008)[③]数字学习、Lai 和 Yang(2014)[④]Wikipedia 持续编辑的研究对满意度测量题项的具体解释,并结合实际情况加以修改,得出本书满意度的测量题项,如表 6-13 所示。

表 6-13 满意度测量题项

变量	编码	测量题项	文献来源
满意度	SA	SA1 通过知识贡献参与众包任务能够满足我的各种需要(成就、社会需要)	王彦杰, Chiu 和 Wang, Limayen 和 Cheung, Lai 和 Yang
		SA2 我对众包平台的管理机制感到满意	
		SA3 我对参与众包任务的经历感到满意	

(14)持续知识贡献意愿

Bhattacherjee(2001a),Davis(1989)认为 IS 持续意愿描述的是用户对特定 IS 持续使用的可能性。众包情境下,认为用户持续知识贡献意愿是指用户在初次完成众包任务后愿意继续贡献知识参与众包的主观倾向。在参考 Lai 和 Yang(2014)、张嵩(2015)对持续意愿题项设置的基础上,结合众包情境适当修改,具体的测量题项如表 6-14 所示。

表 6-14 持续知识贡献意愿测量题项

变量	编码	测量题项	文献来源
持续知识贡献意愿	CI	CI1 我打算继续关注和参与众包活动	Bhattacheerjee (2001a), Lai 和 Yang, 张嵩
		CI2 我愿意继续贡献知识参与众包活动	
		CI3 如果可能的话,我将尽可能多的参与众包活动(增加时间和提高频次)	

(15)持续知识贡献行为

IS 持续行为反映的是用户对特定信息系统使用的一种行为类型,是后采纳行为的一种形式。众包情境下的持续知识贡献行为是用户自初次参与众包任务到被调查为止,一直在众包平台中贡献自己的知识、经验并参与完成众包任务。参考 Hsu 等(2006)、赵文军(2012)[⑤],Lee 和 Kim(2011)[⑥]研究中对持续行为的量表设计,并结合实际情境加以修改,其具体的测量题项如表 6-15 所示。

---

① 王彦杰. 众包社区用户持续参与行为实证研究[D]. 大连:大连理工大学,2010.

② Chiu C M, Hsu M H, Wang E T G. Understanding knowledge sharing in virtual communities: An integration of social capital and social cognitive theories[J]. Decision Support Systems,2006,42(3):1872-1888.

③ Limayem M, Cheung C M K. Understanding information systems continuance: The case of Internet-based learning technologies[J]. Information & Management,2008,45(4):227-232.

④ Lai C Y, Yang H L. The reasons why people continue editing Wikipedia content-task value confirmation perspective[J]. Behaviour & Information Technology,2014,33(12):1371-1382.

⑤ 赵文军. 虚拟社区知识共享可持续行为研究[D]. 武汉:华中师范大学,2012.

⑥ Lee D, Kim B C. Motivations for Open Source Project Participation and Decisions of Software Developers[J]. Computational Economics,2013,41(1):31-57.

表 6-15　持续知识贡献行为测量题项

变量	编码	测量题项	文献来源
持续知识贡献行为	CB	CB1 我经常利用业余时间完成众包任务（提供知识、经验和见解）	赵文军，Lee 和 Kim(2011)
		CB2 在过去的一段时间里，只要有适合我的众包任务我都尽力完成	
		CB3 我会继续参与众包任务	

（16）知识创造

Alavi 和 Leidner(2001)①将知识创造定义为新知识的产生或者代替个体原有的隐性和显性知识。Chou 等②认为知识创造涵盖了一系列的知识活动，是知识贡献的重要体现。结合上述学者的观点，众包情境下知识创造是用户通过知识贡献实现为发包方提供解决问题的创新性思路或方法，并能够为发包方提供建设性的、有价值的知识内容。目前，只有少数文章对知识贡献后行为变量的测量进行了区分，参考 Chou 等，Ajjan(2014)③研究中知识创造的量表，并结合众包情境进行修改，本书知识创造具体的测量题项如表 6-16 所示。

表 6-16　知识创造测量题项

变量	编码	测量题项	文献来源
知识创造	KC	KC1 我将已有的知识整合转化为新知识完成众包任务	McAee(2006)，Ajjan(2014)
		KC2 为发包方提供的知识使得其在竞争中更加具有优势	
		KC3 为发包方提供的知识能够提高工作效率	

（17）知识转移

Argote 和 Ingram(2000)④指出知识转移是知识贡献者共享知识和经验的能力。Baera 等(2003)⑤的研究中发现知识转移能够促进知识创造，对员工的创造力有显著的影响。众包情境下，知识转移是知识贡献行为产生结果之一，其主要体现在与发包方或社区内其他人分享知识经验，并将有用的知识传递给发包方的过程。参考 Ajjan 等(2014)研究对知识转移量表设计，并结合众包情境适当修改，本书知识转移具体的测量题项如表 6-17 所示。

---

① Alavi M，Leidner D E. Review：Knowledge Management and Knowledge Management Systems：Conceptual Foundations and Research Issues[J]. MIS Quarterly，2001，25(1)：107-136.

② ShihWei Chou，HuiTzu Min，YuChieh Chang et al. Understanding continuance intention of knowledge creation using extended expectation-confirmation theory：an empirical study of taiwan and china online communities[J]. Behaviour & Information Technology，2010，29(6)，557-570.

③ Ajjan H，Hartshorne R，Cao Y，et al. Continuance use intention of enterprise instant messaging：a knowledge management perspective[J]. Behaviour & Information Technology，2014，33(7)：678-692.

④ Argote L，Mcevily B，Reagans R. Managing Knowledge in Organizations：An Integrative Framework and Review of Emerging Themes. [J]. Management Science，2003，49(4)：571-582.

⑤ Baera M，Oldhama G R，Cummings A. Rewarding creativity：When does it really matter[J]. The Leadership Quarterly，2003，14：569-586.

表 6-17 知识转移测量题项

变量	编码	测量题项	文献来源
知识转移	KT	KT1 与发包方分享我的知识、经验和见解	Ajjan(2014)
		KT2 与社区内其他人交换想法	
		KT3 提供有价值的知识供他人重用	

(18) 知识留存

Ajjan 等(2014)[①]在对用户持续使用企业即时通信(EIM)研究时指出"知识留存指的是对过往用户交互产生的知识和经验以不同的形式保留和存储,它能够帮助用户从以往的失败中汲取经验,避免重复劳动"。众包情境下,知识留存是众包平台对用户以往参与众包任务相关信息的存储。例如,对于用户参与的竞赛式众包任务,其贡献的知识内容未必会得到发包方的认可和使用,只有最优方案才会被发包方采纳,那么用户的知识贡献则会以留存的形式保存在平台上。参考 Ajjan 等(2014)对知识留存量表的设计,本书知识留存的具体测量题项如表 6-18 所示。

表 6-18 知识留存测量题项

变量	编码	测量题项	文献来源
知识留存	KR	KR1 未中标的方案内容以平台可存储的形式保留	Ajjan 等(2014)
		KR2 保存了我以往参与众包任务的时间、频次等	
		KR3 对我过去参与众包的事件或经历的存储	

6.5 本章小结

依据以扩展信息系统持续使用模型 EECM-IS 为基础,结合期望价值理论、社会认知理论和社会资本理论与前述章节中质性分析得出的主要影响因素,构建众包平台用户持续知识贡献行为影响因素模型,包括 17 个自变量和 1 个因变量,其中感知有用性、满意度、用户持续知识贡献意愿为中介变量,习惯为调节变量,并根据以往研究的结论推理众包情境下用户持续知识贡献行为影响因素之间的相互关系,共提出 29 个研究假设,并对模型中涉及的 18 个研究变量以及测量题项进行解释说明,为实证研究提供坚实理论基础。

---

① Ajjan H,Hartshorne R,Cao Y,et al. Continuance use intention of enterprise instant messaging:a knowledge management perspective[J]. Behaviour & Information Technology,2014,33(7):678-692.

第7章 众包平台用户持续知识贡献行为实证研究

本章是通过实证研究验证用户持续知识贡献行为模型中提出的理论假设,依照科学的实证研究过程,利用问卷调查得到的有效数据,通过描述和推断统计分析、多变量统计分析和结构方程分析,探讨变量之间的相互关系,估算变量之间的效应值,确定影响用户持续知识贡献行为的关键因素。

7.1 实证研究设计

7.1.1 研究对象范围

在前述章节对众包类型的论述中可知众包分为协作式众包和竞赛式众包,两者的根本区别在于是否具有商业性的特征。协作式众包通常以科研为导向,多以学术社区/公益众包为主,用户的知识贡献多以精神奖励为主;竞赛式众包通常以市场为导向,为众包用户提供更多的商业利益,多以物质奖励为主,但竞赛式众包平台也兼具协作式众包的特征,大众为了共同目标协作完成众包任务,只不过参与竞赛式众包的用户会获得微小的奖励,考虑到竞赛式众包平台兼具协作式众包的特点。鉴于此,本书以竞赛式众包用户为主要调查对象(如猪八戒网、微差事、任务中国等)分析用户持续知识贡献的行为影响因素以及行为规律。

7.1.2 研究方法

为了验证众包用户持续知识贡献行为影响因素模型提出的理论假设并体现用户持续知识贡献行为的历时性和动态性,实证研究采用时间序列数据调查方法对众包用户持续知识贡献行为进行分析,从时间维度上反映用户持续知识贡献过程以及过程中行为受动机、心理、情境和习惯等因素影响的变化,在不同时间点上对某一事物或现象收集数据,能够反映某一事物或现象等按照时间先后顺序的变化状态或程度,表现出某种随机性,也体现了彼此之间统计上的依赖关系[①],获取的数据称为面板数据(Panel Data)也可以称为纵向数据(Longitudinal or Micropanel Data),它能够充分反映数据的历时性变化,体现用户持续知识贡献行为随着时间的变化受社会资本、社会认知、动机和心理等因素的影响,也是对以往用户持续行为研究集中于静态分析的修正,保证研究结果更加具有客观性和科学性。

为了估计和检验模型中观测变量、潜在变量以及它们之间的效应关系,为了更好地描述和解释变量之间的效应关系,采用验证性方法 AMOS-SEM(也称为因果模型分析方法)对影

---

① 王振龙.时间序列分析[M].2版.北京:中国统计出版社,2000:2-4.

响因素模型进行分析,AMOS-SEM 方法是以理论与经验法则为依据,在整合因素分析与路径分析两种统计分析方法的基础上对模型的测量、估计和预测[①]。这与本书理论模型建构的过程是一致的,由已有文献中提取和选拔适合的影响因素并通过专家调查方法确定最终的测量问卷,体现了理论与经验的结合,AMOS-SEM 相比偏最小二乘法 PLS-SEM 更能够获得精确、丰富的分析结果。

7.1.3 研究过程设计

本章节实证研究的过程就是处理和分析样本数据的过程,主要内容包括以下两个部分:

(1) 预试调查

根据上一章节确定的问卷测量内容展开预试调查,主要包括问卷编码、创建可操作的文件、数据的处理转换、量表项目分析、信度和效度检验,最终形成正式问卷。其中,量表项目分析包括对问卷极端值、错误值的检查,反向题项的数据转换,量表题项分值的计算等,对未通过内部一致性检验、不具备区别效度、收敛度的测量题项进行删除,修订问卷。

(2) 正式问卷调查

正式发放问卷,为体现用户持续知识贡献行为的动态性,根据时间序列数据搜集方法对用户进行历时调查,对两次调查获取的问卷选取交集作为样本进行数据统计分析,包括描述性统计分析、重复测量方差分析和路径分析。

7.2 预试调查

为确保问卷内容、测量题项的可行性和有效性,在正式问卷调查之前要进行预试调查,预试调查是对问卷的前测,要完成预测试问卷的项目分析、信效度检验,调整和修订问卷的内容,删除不合适的内容,为正式问卷的编制提供依据。

7.2.1 量表项目分析

在预试调查阶段(2016 年 9 月 18—21 日),以线上和线下的方式向众包用户发放问卷共计 100 份,回收有效问卷 89 份,问卷的回收率为 89%,借助 SPSS 22 进行相关统计分析。量表项目分析的目的是为了判定测量题项的可靠程度以及检验题项之间是否存在概念叠加或交叉的情况。它与信度分析的差异在于前者是对个别题项可靠程度的检验,而后者是对整个量表或量表的不同层面/构面的可靠程度的检验。分析的主要过程如图 7-1 所示。

图 7-1 量表项目分析过程图

---

① 吴明隆.结构方程模型——AMOS 的操作与应用[M].2 版.重庆:重庆大学出版社,2010:2.

首先，对量表题项中的反向题重新编码，如代价变量的测量题项 PC1～PC6；然后，分别计算问卷中各层面的量表总分，并对预调查用户的总分进行排序，采用 25％～30％分组法的理念[①]计算临界分值，因预试调查样本量较小，采用 25％分组法来鉴别题项；最后，通过独立样本 t 检验判断高低两组用户在各题项平均数的差异显著性，删除未达到显著性的题项，量表项目分析如表 7-1 所示。

表 7-1 量表项目分析表

题项	极端组比较 临界比 t 值	题项与总分相关 题项与总分相关	题项与总分相关 校正题项与总分相关	同质性检验 题项删除后的 α 值	同质性检验 共同性	同质性检验 因素负荷量	未达标准指标数	备注
CON1	7.262	0.838	0.774	0.803	0.745	0.863	0	保留
CON2	10.179	0.851	0.720	0.857	0.787	0.829	0	保留
CON3	8.412	0.850	0.746	0.815	0.722	0.850	0	保留
AV1	7.365	0.782	0.586	0.769	0.593	0.770	0	保留
AV2	6.319	0.726	0.508	0.804	0.489	0.699	0	保留
AV3	12.120	0.873	0.746	0.685	0.784	0.885	0	保留
AV4	8.260	0.794	0.643	0.744	0.670	0.818	0	保留
IV1	8.352	0.801	0.574	0.827	0.629	0.793	0	保留
IV2	10.506	0.890	0.750	0.654	0.813	0.902	0	保留
IV3	8.141	0.869	0.672	0.733	0.746	0.864	0	保留
UV1	5.288	0.776	0.659	0.779	0.623	0.789	0	保留
UV2	5.748	0.643	0.782	0.815	0.395	0.628	0	保留
UV3	5.705	0.715	0.583	0.795	0.527	0.726	0	保留
UV4	6.220	0.748	0.604	0.790	0.556	0.746	0	保留
UV5	6.469	0.702	0.558	0.800	0.490	0.700	0	保留
UV6	8.510	0.778	0.645	0.781	0.596	0.772	0	保留
PC1	5.453	0.681	0.537	0.828	0.465	0.682	0	保留
PC2	9.146	0.791	0.682	0.800	0.636	0.798	0	保留
PC3	8.242	0.838	0.733	0.788	0.694	0.833	0	保留
PC4	8.461	0.799	0.673	0.802	0.626	0.791	0	保留
PC5	6.997	0.678	0.558	0.825	0.479	0.692	0	保留
PC6	5.271	0.673	0.526	0.830	0.443	0.666	0	保留
RE1	5.466	0.707	0.516	0.842	0.488	0.699	0	保留
RE2	7.571	0.825	0.679	0.774	0.695	0.834	0	保留
RE3	8.289	0.840	0.672	0.781	0.681	0.825	0	保留
RE4	9.736	0.881	0.778	0.730	0.801	0.895	0	保留

---

① 吴明隆.问卷统计分析实务——SPSS 操作与应用[M].重庆：重庆大学出版社，2010：160.

续 表

题项	极端组比较	题项与总分相关		同质性检验			未达标准指标数	备注
	临界比 t 值	题项与总分相关	校正题项与总分相关	题项删除后的 α 值	共同性	因素负荷量		
TR1	5.442	0.785	0.586	0.764	0.606	0.778	0	保留
TR2	6.841	0.851	0.729	0.696	0.755	0.869	0	保留
TR3	7.105	0.771	0.584	0.763	0.583	0.764	0	保留
TR4	5.877	0.762	0.564	0.773	0.576	0.769	0	保留
SN1	7.309	0.807	0.614	0.712	0.639	0.799	0	保留
SN2	6.203	0.747	0.524	0.760	0.525	0.725	0	保留
SN3	5.533	0.773	0.592	0.724	0.616	0.785	0	保留
SN4	5.386	0.785	0.622	0.711	0.647	0.804	0	保留
KS1	6.644	0.746	0.525	0.773	0.540	0.735	0	保留
KS2	7.839	0.833	0.700	0.689	0.726	0.852	0	保留
KS3	6.642	0.752	0.548	0.760	0.561	0.749	0	保留
KS4	8.683	0.807	0.627	0.720	0.642	0.801	0	保留
AE1	6.851	0.761	0.557	0.755	0.564	0.751	0	保留
AE2	6.175	0.767	0.567	0.750	0.569	0.754	0	保留
AE3	8.271	0.796	0.634	0.717	0.661	0.813	0	保留
AE4	7.133	0.804	0.626	0.719	0.656	0.810	0	保留
PU1	8.634	0.775	0.483	0.759	0.550	0.742	0	保留
PU2	10.618	0.852	0.635	0.576	0.742	0.862	0	保留
PU3	8.051	0.813	0.598	0.630	0.701	0.837	0	保留
HA1	7.154	0.766	0.507	0.708	0.590	0.768	0	保留
HA2	10.653	0.858	0.634	0.554	0.737	0.858	0	保留
HA3	6.695	0.799	0.534	0.667	0.635	0.797	0	保留
SA1	8.154	0.814	0.560	0.763	0.628	0.792	0	保留
SA2	8.977	0.839	0.649	0.667	0.737	0.856	0	保留
SA3	7.585	0.848	0.641	0.670	0.727	0.853	0	保留
CI1	9.670	0.871	0.697	0.699	0.766	0.875	0	保留
CI2	9.653	0.838	0.656	0.746	0.723	0.850	0	保留
CI3	8.766	0.848	0.631	0.773	0.692	0.832	0	保留
CB1	5.562	0.633	0.517	0.300	0.718	0.847	0	保留
CB2	6.918	0.773	0.452	0.614	0.794	0.891	0	保留
CB3	7.071	0.688	0.617	0.712	0.782	0.887	0	保留
KC1	6.403	0.791	0.563	0.722	0.640	0.800	0	保留
KC2	6.060	0.829	0.646	0.645	0.727	0.852	0	保留
KC3	10.574	0.865	0.616	0.685	0.700	0.837	0	保留

续表

题项	极端组比较	题项与总分相关		同质性检验			未达标准指标数	备注
	临界比 t 值	题项与总分相关	校正题项与总分相关	题项删除后的 α 值	共同性	因素负荷量		
KT1	9.878	0.831	0.590	0.628	0.686	0.829	0	保留
KT2	6.074	0.807	0.557	0.668	0.684	0.805	0	保留
KT3	7.340	0.798	0.554	0.672	0.644	0.802	0	保留
KR1	4.979	0.890	0.690	0.618	0.781	0.884	0	保留
KR2	3.082	0.764	0.510	0.806	0.561	0.749	0	保留
KR3	3.643	0.846	0.674	0.648	0.753	0.868	0	保留

题项判别的一般标准指标如表7-2所示，对比题项量表项目的数值，所有测量题项均符合标准，全部保留。

表7-2 题项的一般判别标准

题项	极端组比较	题项与总分相关		同质性检验		
	临界比 t 值	题项与总分相关	校正题项与总分相关	题项删除后的 α 值	共同性	因素负荷量
判标准则	≥3.000	≥0.4000	≥0.4000	≤.量表信度值	≥0.2000	≥0.450

7.2.2 信度分析

信度分析用来检验量表的一致性或稳定性，对量表的各个层面和整个量表的信度检验，主要通过校正后与总分相关系数 CITC 和 L.J.Cronbach 所创的 α 系数来判别量表的信度，其主要公式为：

$$\alpha = \frac{K}{K+1}\left(1 - \frac{\sum S_i^2}{S^2}\right) \qquad 公式(7.1)$$

公式中 K 为量表的总题数，$\sum S_i^2$ 为量表题项的方差总和。α 系数的值界于 0~1 之间，Nunnally 认为 α 系数值为 0.7 是可以接受的临界值，DeVellis 认为 α 系数值在 0.8~0.9 之间代表信度非常好，0.7~0.8 之间代表信度良好，0.65~0.7 之间是可接受量表，α 系数值低于 0.65 最好不要采纳。CITC 值在实际考察中，一般情况下认为 CITC 值应大于 0.5，并且删除后 Cronbach's Alpha 的值增加，此题项应该删除。

(1) 整体信度分析

采用内部一致性系数(Cronbach's Alpha)检验整体量表的信度，如表 7-3 所示，α 系数为 0.966，信度甚佳，说明量表具有较高的可信度。

表7-3 量表整体信度分析

Cronbach's Alpha	项目个数
0.966	66

(2) 各变量信度分析

本书参考变量内部一致性检验 CITC>0.5，Cronbach's α 系数大于 0.8 的标准对影响用户持续知识贡献的各个维度进行信度分析，如表 7-4 所示，从表中数据可以看出，期望确认、动机期望、社会资本、社会认知、感知有用性、满意度、习惯、持续意愿和持续行为的内部一致性系数均大于 0.8，CITC 值均大于 0.5，并且各维度的测量题项删除后的 α 值均不会提升，证明这些题项具有较高的信度，表中知识创造、知识转移和知识留存三个题项的 α 值大于 0.7，如果 α 值接近 0.8，则认为此种现象是由于预测调查的样本量较小造成的，正式问卷调查大样本时会有较高的信度。

表 7-4 预试问卷信度检验结果

维度	测量题项	CITC	题项删除后的 α 值	整体 α 值
期望确认	CON1	0.774	0.853	0.870
	CON2	0.820	0.798	
	CON3	0.746	0.815	
成就价值	AV1	0.774	0.901	0.910
	AV2	0.713	0.903	
	AV3	0.755	0.908	
	AV4	0.757	0.882	
内在价值	IV1	0.698	0.826	0.891
	IV2	0.649	0.821	
	IV3	0.636	0.810	
实用价值	UV1	0.659	0.779	0.822
	UV2	0.782	0.815	
	UV3	0.680	0.795	
	UV4	0.639	0.790	
	UV5	0.558	0.800	
	UV6	0.645	0.781	
代价	PC1	0.671	0.828	0.840
	PC2	0.682	0.800	
	PC3	0.790	0.788	
	PC4	0.673	0.802	
	PC5	0.709	0.825	
	PC6	0.708	0.830	
互惠	RE1	0.562	0.918	0.920
	RE2	0.665	0.914	
	RE3	0.651	0.915	
	RE4	0.800	0.908	

续表

维度	测量题项	CITC	题项删除后的α值	整体α值
信任	TR1	0.725	0.911	0.932
	TR2	0.753	0.910	
	TR3	0.610	0.916	
	TR4	0.698	0.912	
社会规范	SN1	0.770	0.913	0.921
	SN2	0.602	0.916	
	SN3	0.752	0.914	
	SN4	0.670	0.914	
知识自我效能	KS1	0.656	0.872	0.886
	KS2	0.564	0.881	
	KS3	0.683	0.869	
	KS4	0.723	0.865	
累积经验	AE1	0.581	0.879	0.890
	AE2	0.699	0.868	
	AE3	0.654	0.872	
	AE4	0.702	0.867	
感知有用性	PU1	0.683	0.830	0.843
	PU2	0.735	0.800	
	PU3	0.698	0.759	
满意度	SA1	0.650	0.763	0.877
	SA2	0.749	0.857	
	SA3	0.834	0.800	
习惯	HA1	0.850	0.908	0.932
	HA2	0.863	0.925	
	HA3	0.854	0.910	
持续意愿	CI1	0.697	0.799	0.890
	CI2	0.756	0.846	
	CI3	0.731	0.873	
持续行为	CB1	0.848	0.912	0.940
	CB2	0.863	0.920	
	CB3	0.859	0.903	
知识创造	KC1	0.656	0.722	0.795
	KC2	0.664	0.695	
	KC3	0.616	0.751	

续表

维度	测量题项	CITC	题项删除后的 α 值	整体 α 值
知识转移	KT$_1$	0.590	0.724	0.787
	KT$_2$	0.627	0.772	
	KT$_3$	0.654	0.680	
知识留存	KR1	0.690	0.618	0.778
	KR2	0.510	0.806	
	KR3	0.674	0.648	

7.2.3 建构效度分析

建构效度(Construct Validity)是测量出理论的概念或特质的程度,简言之,就是对某一特质能够解释多少,对量表建构效度的检验是通过因素分析——探索性的因素分析(Exploratory Factor Analysis)。其检验过程首先要通过取样适切性量数(Kaiser-Meyer-Olkin measure of sampling adequacy,KMO)与Bartlett's的球形检验来判断数据是否适合做因素分析。依据Kaiser(1974)[①]的观点,KMO是介于0~1的数值,当KMO<0.5时,表示题项间不适合做因素分析;KMO≥0.9表示极适合因子分析;KMO≥0.8表示适合,KMO≥0.7表示题项变量间尚可进行因素分析,同时Bartlett's的球形检验结果具有显著性,证明适合进行因素分析。然后,通过主成分分析和转轴法抽取共享因素,以方差最大正交旋转法对初始因子进行旋转。最后,利用因子负荷系数判断是否符合要求。因子负荷系数的选择标准以Lederer和Sethi(1991)[②]提出的观点为基础,认为若因子负荷系数<0.5或存在两个构面下因子负荷系数均大于0.5的情况时,均应删除。借助SPSS 22对预试问卷进行因素分析,如表7-5所示,KMO值为0.789,Bartlett's的球形检验具有显著性,适合进行因素分析。KMO值不高主要是预试问卷调研的样本量规模较小,正式问卷时获取大样本后指标数值会有所提高。

表7-5 KMO与Bartlett检验

Kaiser-Meyer-Olkin 取样适切性量数		0.789
Bartlett 球形检验	近似卡方分布	3665.176
	自由度	2080
	显著性	0.000

经过方差最大正交旋转后,得到结果如表7-6所示,66个测量题项经过19次迭代收敛共提取出18个共同因素,可解释77.912%的变异量。各因素构念与初始编制问卷的构念吻合,说明各维度具有较好的区分度。各变量的因子负荷系数均大于0.5,尽管有部分变量的因子负荷系数刚刚超过0.5如PC1、AE3,但本书考虑预试调查样本量较小造成系数值不高。

---

① Kaiser H F. An index of factorial simolicity[J]. Psychometrika,1974,39(1):31-36.
② Lederer A I,Sethi V. Critical dimensions of strategic information systems planning[J]. Decision Sciences,1991,22(1):104-119.

表 7-6 预测问卷旋转后因子负荷

指标	成分																	
	1	2	3	4	5	6	7	8	9	10	11	12	13	14	15	16	17	18
SA3	0.854	0.023	0.042	0.031	-0.063	0.005	0.087	0.021	0.186	-0.032	-0.052	0.003	-0.056	0.017	-0.069	0.042	0.071	0.020
SA2	0.816	0.015	0.008	-0.101	0.084	0.184	0.018	-0.045	-0.020	0.082	0.070	0.067	0.064	-0.009	0.105	0.082	0.011	0.007
SA1	0.762	-0.065	0.090	0.255	0.090	-0.041	0.002	-0.002	0.034	0.170	0.149	0.182	0.000	-0.027	0.013	0.164	-0.084	-0.055
PC5	0.020	0.786	0.023	0.198	-0.018	0.054	0.070	-0.070	-0.103	-0.118	0.047	0.099	0.141	-0.127	-0.124	-0.022	-0.114	-0.073
PC4	-0.053	0.784	-0.021	0.094	-0.089	-0.040	0.054	0.041	0.054	-0.075	0.000	0.086	-0.090	-0.053	0.175	-0.041	-0.009	0.154
PC3	-0.040	0.774	-0.002	0.081	-0.030	-0.180	-0.082	0.058	-0.060	0.200	-0.004	-0.011	-0.034	0.205	-0.145	0.003	0.032	0.052
PC2	0.063	0.714	-0.040	-0.135	0.125	0.036	-0.131	0.182	-0.023	0.061	-0.107	-0.044	0.031	-0.103	-0.004	0.045	0.106	-0.052
PC6	-0.004	0.635	-0.074	-0.108	-0.020	-0.050	0.155	0.001	0.043	-0.124	0.084	-0.184	-0.051	-0.107	0.448	0.071	0.040	-0.016
PC1	0.041	0.503	0.051	-0.245	0.051	-0.077	0.154	0.188	0.129	-0.153	0.435	-0.114	0.271	0.001	0.049	0.001	0.005	-0.364
PU3	0.399	-0.007	0.614	0.304	0.101	-0.115	0.096	0.048	0.082	-0.025	-0.002	0.059	-0.058	-0.037	0.101	0.092	0.147	-0.032
PU1	0.408	0.004	0.559	0.118	-0.020	0.106	-0.073	-0.224	0.300	0.003	0.015	0.077	0.218	0.120	-0.067	0.036	0.064	-0.217
PU2	0.365	0.078	0.521	0.081	0.013	0.064	0.235	-0.147	-0.039	0.146	0.182	0.173	0.057	-0.214	0.078	0.143	0.236	-0.245
KT3	0.026	0.015	0.036	0.690	0.101	-0.065	0.103	0.158	0.094	0.065	0.122	0.081	0.121	0.070	-0.078	0.206	0.145	0.065
KT2	-0.005	0.129	-0.049	0.585	-0.116	0.166	-0.113	-0.071	0.091	0.196	-0.005	0.240	-0.082	0.483	0.073	-0.141	0.014	0.064
KT1	0.163	-0.086	-0.062	0.573	-0.298	0.139	-0.372	-0.019	-0.154	0.356	-0.107	0.330	0.246	0.229	-0.034	0.040	-0.038	-0.289
AE4	-0.107	-0.231	0.003	0.119	0.711	0.042	0.162	0.118	-0.139	0.108	0.141	-0.069	0.055	0.061	0.112	0.016	-0.109	0.264
AE2	-0.115	0.016	0.137	0.357	0.682	0.241	0.100	0.233	0.247	0.136	0.198	0.133	0.159	0.032	0.084	0.299	-0.025	0.110
AE1	0.022	0.206	0.007	0.195	0.634	0.185	0.378	0.026	0.299	0.282	0.032	0.039	-0.014	0.057	0.107	0.041	0.318	0.060
AE3	0.027	0.021	0.317	0.103	0.501	0.191	-0.008	0.022	0.120	0.064	0.360	0.157	0.166	-0.041	0.210	-0.028	0.153	-0.034
CI1	0.106	-0.009	-0.015	0.142	0.146	0.658	0.183	0.162	0.015	0.008	0.151	-0.207	0.035	0.183	0.009	-0.082	0.067	0.138
CI2	0.128	-0.030	0.152	0.127	0.212	0.659	0.138	-0.031	-0.035	0.334	-0.090	0.089	0.143	0.134	-0.073	-0.101	0.015	-0.008
CI3	0.148	0.148	0.049	0.262	0.154	0.574	0.064	0.170	-0.208	0.098	-0.065	0.073	0.077	0.208	0.107	0.383	0.087	0.167
RE4	0.110	0.066	0.067	0.084	0.152	0.002	0.775	0.238	-0.055	0.135	-0.057	0.057	0.019	-0.057	0.154	0.172	-0.101	0.163

续表

指标	成分																	
	1	2	3	4	5	6	7	8	9	10	11	12	13	14	15	16	17	18
RE1	0.139	0.102	0.174	−0.120	0.043	−0.008	0.765	0.077	0.033	0.025	0.138	0.192	−0.136	0.059	−0.086	0.079	0.138	0.090
RE3	0.031	0.074	0.103	0.131	0.018	0.114	0.709	−0.038	0.000	0.008	0.138	0.145	0.127	0.104	0.130	0.195	0.234	0.062
RE2	0.081	0.157	0.027	0.089	0.018	−0.055	0.605	0.058	−0.023	0.129	0.114	0.098	0.308	0.068	0.242	0.079	0.251	0.179
IV3	−0.017	0.011	0.034	0.156	0.101	0.159	0.151	0.718	−0.147	0.108	0.086	0.270	0.182	0.069	0.166	−0.081	0.036	0.067
IV1	0.091	0.082	0.107	0.445	0.125	−0.038	−0.039	0.571	0.054	0.066	−0.052	0.035	0.192	−0.063	0.067	0.121	−0.028	0.077
IV2	0.173	−0.096	0.071	0.149	0.228	0.127	0.132	0.548	0.076	0.106	0.114	0.370	−0.179	0.300	−0.016	−0.047	−0.046	0.100
AV2	0.120	0.008	0.140	0.141	0.093	−0.007	−0.026	0.083	0.767	0.210	−0.036	0.019	0.113	0.140	−0.058	−0.067	−0.021	0.073
AV4	−0.013	−0.049	0.013	0.152	0.258	0.126	0.003	0.171	0.705	0.061	0.057	−0.025	0.081	0.179	−0.213	0.236	0.020	0.037
AV1	0.141	−0.146	0.262	−0.016	0.091	0.166	−0.007	0.271	0.686	0.233	0.314	0.049	0.171	0.071	−0.280	0.077	−0.146	0.139
AV3	0.054	0.065	0.035	0.252	0.325	−0.081	0.151	0.206	0.535	−0.131	−0.047	−0.032	−0.020	−0.062	0.171	0.356	−0.182	0.207
TR2	0.203	−0.091	−0.026	0.100	0.148	0.017	−0.045	0.017	0.131	0.785	0.034	0.189	−0.043	0.053	0.020	0.142	0.060	0.031
TR1	0.103	−0.108	0.139	0.021	0.145	−0.043	0.202	0.001	0.028	0.635	−0.002	0.104	0.207	0.086	−0.192	−0.041	−0.062	0.127
TR3	0.073	−0.035	−0.102	0.090	−0.092	−0.020	0.242	0.247	−0.150	0.615	0.077	−0.074	0.059	0.145	0.117	0.066	0.215	−0.066
TR4	−0.057	0.059	0.184	0.235	0.036	−0.048	0.133	0.026	0.001	0.723	0.043	0.033	−0.066	0.100	−0.194	0.175	0.114	0.117
KS2	0.157	−0.097	0.150	0.063	−0.035	0.120	0.065	0.135	0.002	0.083	0.844	0.026	0.061	0.024	0.007	0.103	−0.135	0.099
KS1	0.136	−0.041	0.097	−0.112	0.018	0.179	0.262	−0.029	−0.034	0.088	0.700	0.014	−0.287	0.115	−0.016	0.396	0.078	0.085
KS3	0.200	0.075	0.336	0.095	0.022	0.092	0.083	0.315	−0.049	0.084	0.682	−0.065	0.056	−0.028	−0.200	−0.281	−0.057	0.068
KS4	0.055	0.016	0.200	−0.011	0.140	0.451	0.216	0.244	0.176	0.048	0.660	0.115	−0.136	0.001	−0.102	−0.114	0.194	0.194
SN2	0.061	0.018	0.078	−0.386	0.055	−0.022	−0.024	0.134	0.056	−0.032	−0.056	0.848	0.070	0.032	−0.074	−0.040	0.028	0.097
SN4	0.119	0.004	0.075	0.438	0.032	0.256	0.260	0.044	0.131	0.130	0.029	0.729	0.122	−0.119	0.018	−0.114	0.157	0.091
SN3	0.312	−0.010	0.274	0.200	0.180	0.274	0.195	0.093	0.320	0.056	−0.161	0.662	0.265	−0.025	−0.003	−0.145	−0.100	0.370
SN1	0.237	−0.081	−0.042	−0.018	0.047	0.181	0.388	0.011	−0.144	−0.049	0.315	0.568	0.188	0.193	0.362	0.045	−0.102	−0.066
UV4	−0.035	0.151	0.106	0.192	0.169	0.144	−0.027	0.090	0.103	0.074	0.009	−0.013	0.740	0.129	0.106	0.173	0.052	−0.174

续表

指标	成分																	
	1	2	3	4	5	6	7	8	9	10	11	12	13	14	15	16	17	18
UV2	0.096	−0.067	0.080	0.172	0.131	0.094	0.094	0.167	0.191	−0.013	0.314	0.075	0.724	0.178	−0.038	−0.036	−0.007	0.134
UV6	0.153	−0.076	0.052	0.164	0.156	0.144	0.061	−0.014	0.228	0.065	0.194	−0.039	0.694	0.059	−0.080	−0.022	0.047	0.056
UV1	0.003	0.012	0.085	−0.049	0.251	0.124	0.003	0.147	0.124	−0.014	0.114	−0.131	0.640	0.312	0.140	0.094	0.139	0.061
UV3	0.064	0.040	−0.146	0.563	0.208	−0.011	0.099	0.381	0.369	−0.188	0.071	−0.055	0.626	0.074	−0.167	−0.110	0.023	0.004
UV5	−0.041	0.092	0.099	0.336	0.068	0.180	0.086	−0.040	0.087	0.217	0.067	−0.480	0.611	0.021	−0.183	0.089	0.295	−0.064
HA1	0.370	−0.037	0.087	0.103	0.031	−0.034	0.060	−0.086	0.118	−0.060	0.070	−0.191	0.064	0.754	0.248	0.258	0.114	−0.126
HA3	0.209	0.086	−0.004	0.055	−0.278	0.166	0.017	0.232	0.047	0.058	−0.064	−0.318	0.104	0.692	0.115	−0.146	0.073	0.213
HA2	0.476	−0.041	0.104	0.096	0.247	0.192	0.019	−0.011	0.070	0.084	0.020	−0.102	0.182	0.511	0.041	−0.108	0.018	−0.284
CON1	0.153	−0.050	0.116	0.085	−0.045	0.180	−0.022	0.069	0.175	0.108	0.012	−0.025	−0.070	0.070	0.824	0.049	−0.141	−0.062
CON2	0.035	−0.045	0.047	−0.048	0.003	0.190	−0.011	0.078	−0.025	−0.038	0.105	−0.137	0.041	0.032	0.823	0.094	−0.001	−0.019
CON3	0.145	−0.054	0.022	−0.054	0.206	−0.156	0.086	0.022	−0.129	−0.053	−0.035	0.041	0.293	0.125	0.710	0.089	0.157	0.092
CB2	0.123	−0.004	0.152	0.015	0.087	0.063	0.018	0.118	0.107	0.096	0.027	0.067	0.111	−0.115	−0.064	0.749	0.155	0.076
CB1	0.096	−0.129	0.257	0.214	−0.048	0.076	0.110	0.187	−0.007	0.011	0.114	0.004	−0.061	0.046	−0.091	0.684	0.049	−0.047
CB3	−0.040	0.114	018	0.467	0.051	−0.092	0.092	0.167	−0.096	0.083	0.147	0.094	0.222	0.032	0.396	0.665	0.078	0.138
KC3	0.192	0.211	−0.057	−0.056	0.169	0.080	0.286	−0.011	0.084	−0.039	0.171	−0.037	0.038	−0.019	−0.112	0.336	0.643	0.141
KC1	0.029	−0.096	0.235	0.170	−0.084	0.312	0.336	−0.002	−0.005	−0.130	0.100	0.033	0.064	0.052	−0.194	0.031	0.620	0.068
KC2	−0.075	0.080	0.490	−0.094	0.202	0.080	0.042	−0.019	0.086	0.119	−0.068	0.063	−0.189	0.132	0.068	−0.110	0.540	−0.120
KR2	0.119	0.050	0.174	−0.010	0.112	0.071	0.013	0.041	0.035	0.140	0.040	0.054	0.010	−0.039	0.002	0.070	0.050	0.851
KR1	0.308	−0.025	0.001	−0.057	−0.045	0.203	0.194	0.413	−0.130	0.080	−0.024	−0.050	0.051	−0.039	0.070	0.243	−0.030	0.767
KR3	0.017	−0.095	0.235	0.344	−0.098	0.173	0.319	−0.035	0.040	0.318	−0.003	−0.085	0.103	0.007	−0.019	0.040	0.164	0.699

提取方法：主成分；转轴法：具有 Kaiser 标准化的正交旋转法；a. 旋转在 19 次迭代后收敛。

7.2.4 正式问卷生成

经过量表项目分析、信度分析和效度分析后得到正式问卷的主体量表,在正式问卷发放前,正式问卷的构成还应当包括问卷调研的目的、概念说明、隐私承诺等能够正确引导用户顺利完成问卷的指示。正式问卷主要由三部分组成,问卷的相关说明、用户人口统计学调查和问卷题项。其中,用户人口统计学调查主要是指用户的基本信息,如性别、年龄、职业、参与众包任务的类型等;问卷题项是根据预试调查最终确定的 18 个指标,期望确认、成就价值、内在价值、实用价值、代价、互惠、信任、社会规范、知识自我效能、累积经验、感知有用性、习惯、满意度、持续知识贡献意愿、持续知识贡献行为、知识创造、知识转移和知识留存,共计 66 个测量题项,本书将采用 Likert5 级量表对用户持续知识贡献的态度和感受进行测量。详细的问卷内容见附录 4。

7.3 实证研究

为验证用户持续知识贡献行为影响因素模型中提出的研究假设,本书作者于 2016 年 10 月—12 月采用问卷调查的方式对相关对象进行调研,利用 SPSS 22.0 和 AMOS18.0 对有效问卷进行描述性统计分析、重复方差分析和结构模型分析,以此来确定众包用户持续知识贡献行为的影响因素,并指出各因素对用户持续行为的重要性表现。

7.3.1 数据收集

数据收集是影响研究结论可靠性的重要因素,因此,在数据收集过程中要注意样本的结构、样本的来源以保证样本数据的客观性、真实性和有效性。

1. 样本来源

根据研究目的,本书的调研对象为众包平台的用户,以个人为调查对象单位,为了样本获取的有效性,对样本的构成做如下控制:①调研对象必须是众包平台的用户,但对其注册众包平台的时间、参与众包任务的次数和参与经验无限制;②调研对象的人口统计学特征尽可能全面,避免某一特征的用户所占比例过大;③为体现用户持续行为的动态过程,要经历两轮问卷调查,取两轮问卷调查的交集作为最终样本。

由于被调查对象的特殊性,本书采取随机抽样的方法,在一定的时间间隔内,以线上有偿地发放调查问卷为主,确保研究结论的可靠性和有效性,主要有以下四种途径:

① 通过问卷星和众问卷平台发出问卷链接,通过问卷中设置众包平台上用户 ID(名称)的填写来判别其是否为最终样本数据;

② 通过相熟的众包平台工作人员,邀请其填写并向其以 E-mail 的形式推送调查问卷,通过 E-mail 地址可以判别其是否为最终样本数据;

③ 通过微信、人人网等社交媒体向已知或征询后知道朋友圈内注册或参与过众包的使用者发放调查问卷,并请他们对朋友圈范围内的用户进行问卷推广;

④ 通过微博搜索发布过众包相关内容的微博用户,与其互动沟通后对满足样本构成条件的用户发放问卷,通过微博用户名判别其是否为最终样本数据。

对收集数据判断其是否有效标准如下:①设置筛选问题,如"您使用过以下哪些平台?"

对于选择非众包平台的问卷予以删除;②对于不完整的有缺失项的问卷予以删除;③测量题项中连续 10 个及以上给出相同分数的问卷认为是其恶意选择,破坏问卷质量,予以删除;④以链接形式发放的问卷监测其问卷回答时间,时间小于 200 秒的问卷予以删除。

2. 样本数据收集

在发放问卷之前要明确样本量的大小,本书主要利用 AMOS-SEM 进行数据分析验证模型,因此需要较大容量的样本,但在实际操作过程中受人力、物力、财力、精力等客观因素的限制,收集超大样本量是不切实际的,因此,只要样本量在可接受范围内即可。Nunnally(1978)[①]认为样本量与测量题项的比值至少要满足 5∶1;Gorsuch(1997)[②]认为样本量应为测量题项的 3 倍;Creswell(2002)[③]认为通常情况下,调查问卷正式抽样样本数量最好在 350 人以上;Schumacker(1996)[④]在其《结构方程初学者指南》一书中指出,大部分 SEM 研究样本量通常介于 200～500 之间。根据以往研究学者的结论,结合本书实际情况,量表部分共计 66 个题项,按照可接受的原则且同时满足结构方程数据分析的要求,样本量至少要达到 200 个,本书为追求稳定的 SEM 分析结果,预计收集样本数量在 350～500 之间。

本书正式发放调查问卷的时间分别为 2016 年 10 月 10 日至 11 月 10 日和 2016 年 11 月 13 日至 12 月 13 日。行为心理学 21 天效应研究表明,21 天是行为变化的拐点,连续 21 天重复同一件事情会形成习惯。众包用户连续 21 天的使用是最理想的状态,但理想状态很难控制和把握,在充分考虑时间变化对用户行为不同阶段的影响和问卷调查实际操作过程中的时间消耗,将两次调查问卷时间间隔设置为 35 天,既能较好地反映用户持续知识贡献过程中态度与行为意愿的动态变化,也能为问卷的收集和整理提供充足的时间。第一次调查问卷共回收问卷 653 份,有效问卷 521 份,有效问卷率为 79.8%,第二次调查问卷共回收问卷 521 份,然后利用众包平台的用户 ID、E-mail 地址对两次调查的用户进行判别和筛选,获得有效问卷 361 份,有效问卷率为 69.3%,符合 SEM 分析的样本数据要求。

7.3.2 描述性统计分析

描述性统计分析是从总体上分析样本的特征,描绘被调查对象在各个属性上的分布,从而分析样本的代表性。本书的样本特征包括样本的个体属性和背景属性,前者包括性别、年龄、文化程度、职业,后者包括使用众包平台的时间、参与众包任务的频率、参与众包任务的类型以及各测量变量的峰度、偏度等。

1. 样本个体属性描述性统计分析

本书样本的个体属性特征,具体统计分析如表 7-7 所示。

从性别上看,男性与女性的比例基本保持在 1∶1 的水平,比较均衡,差异性较小。

---

① Nunnally J C. Psychometric testing[M]. New York:MeGraw Hill,1978:479-491.

② Gorsuch R L. Exploratory Factor Analysis[M]//Handbook of Multivariate Experimental Psychology. New York:Springer US, 1988:12-25.

③ Creswell J W. Educational Research: Planning, Conducting, and Evaluating Quantitative and Qualitative Research, Enhanced Pearson eText with Loose-Leaf Version—Access Card Package. [M]. 5th Edition. Boston:Pearson, 2012.

④ Schumacker R E, Lomax R G. A Beginner's Guide to Structural Equation Modeling[M]. 2nd Edition. New Jersey:Lawrence Erlbaum Associates Inc. ,1996:119-136.

从年龄上看,众包的用户大部分集中于21~30岁,所占比例为70.9%,其次是31~40岁的用户,40岁以上的用户所占比例非常小,这也反映出众包作为一种新兴的生产模式和工作模式其用户的特点趋于年轻化。

从文化程度上看,受访者本科学历人数最多240人,所占比例为66.5%,其次是大专学历的用户,硕士及以上学历的人数最少,说明众包平台用户不一定要具有很高的学历,这与众包本身的性质有关,只要用户对某一领域、某一技能熟知并有一定的见解或经验,能够为发包方提供解决方案即可,与学历的关联性较小。

从职业上看,竞赛式众包的用户职业遍布各行各业,每个行业几乎都有用户参与众包,其中在校学生和计算机IT行业的用户所占比例较大,分别为20.5%和12.2%,其次是金融保险业、制造业等。

表7-7 样本个体属性特征描述性统计

特征	类型	人数/人	百分比(%)
性别	男	172	47.6
	女	189	52.4
年龄	20岁以下	34	9.4
	21~30岁	256	70.9
	31~40岁	66	18.3
	40岁以上	5	1.4
文化程度	高中及以下	28	7.8
	大专	76	21.1
	本科	240	66.5
	硕士及以上	17	4.7
职业	国家机关、企事业单位	18	5.0
	科研及综合技术院所	13	3.6
	电力、煤气、水的生产和供应业	7	1.9
	卫生医疗行业	24	6.6
	教育文化广播电视业	36	10.0
	交通运输业	9	2.5
	金融保险业	23	6.4
	计算机IT业	44	12.2
	建筑、房地产行业	9	2.5
	制造业	31	8.6
	通信业	5	1.4
	商务贸易	18	5.0
	咨询服务业	17	4.7
	旅游、餐饮、娱乐业	13	3.6
	在校学生	74	20.5
	其他	20	5.5

2. 样本背景属性描述性统计分析

样本背景属性的统计分析如表 7-8 所示,注册众包平台的时间 1 年以上的用户为 228 人,占 63.2%,其次是 3 个月以下的用户为 81 人,占 22.5%,注册时间呈两极化分布,中间时间段用户数量较少说明在持续知识贡献阶段存在用户流失的现象。总体来说,用户使用众包的时间年限较短。用户参与众包的频率集中在"每周参与若干次"占 53.7%,其次是"每天参与"占 24.9%,总体来说,参与频率不高。对于用户参与众包的类型是复选题,百分比体现的是所有被试者中选择该类型的用户占总体的比例,其中用户参与众包类型以创新想法或内容创造为主,占 70.9%,其次是测验评价,占 67.6%。

表 7-8　样本背景属性特征描述性统计分析

特征	类型	人数/人	百分比(%)
注册时间	3 个月以下	81	22.5
	4~6 个月	27	7.3
	7 个月至 1 年	25	6.9
	1 年以上	228	63.2
参与频率	每天参与	90	24.9
	每周参与若干次	194	53.7
	每月参与若干次	77	21.3
参与类型	产品设计、文案设计	217	60.1
	软件开发	145	40.2
	测验评价	244	67.6
	创新想法、内容创造	256	70.9
	其他	44	12.2

3. 测量变量描述性统计分析

因本书将采用 AMOS-SEM 建模来验证研究假设,并比较分析两次调查研究中路径系数的差异,因此需要对两次调查研究的各测量变量进行正态分布检验。通常情况下,利用偏度和峰度的数值来判断变量是否服从正态分布,即偏斜度的绝对值<3 且峰度的绝对值<8。具体统计分析结果如表 7-9 和表 7-10 所示。从表中可以看出,两次调查结果中各测量变量的偏斜度值和峰度值均在规定范围内,服从正态分布。

表 7-9　第一次调查测量变量描述性统计分析

变量	平均数	标准差	偏斜度		峰度	
			数值	标准误差	数值	标准误差
CON1	3.76	0.725	−0.535	0.128	0.587	0.256
CON2	3.76	0.854	−0.373	0.128	−0.155	0.256
CON3	3.76	0.828	−0.030	0.128	−0.557	0.256
AV1	3.98	0.771	−0.886	0.128	1.583	0.256
AV2	3.98	0.856	−0.759	0.128	0.552	0.256

续表

变量	平均数	标准差	偏斜度		峰度	
			数值	标准误差	数值	标准误差
AV3	3.89	0.804	−0.382	0.128	−0.121	0.256
AV4	3.91	0.813	−0.642	0.128	0.645	0.256
IV1	4.00	0.815	−0.687	0.128	0.669	0.256
IV2	4.00	0.743	−0.444	0.128	0.028	0.256
IV3	3.98	0.803	−0.716	0.128	0.697	0.256
UV1	3.62	0.871	−0.391	0.128	0.080	0.256
UV2	3.86	0.817	−0.619	0.128	0.570	0.256
UV3	3.91	0.757	−0.821	0.128	1.721	0.256
UV4	3.94	0.882	−0.620	0.128	0.117	0.256
UV5	3.84	0.833	−0.710	0.128	0.890	0.256
UV6	3.88	0.822	−0.489	0.128	0.149	0.256
PC1	3.02	1.108	0.127	0.128	−0.924	0.256
PC3	2.89	1.070	−0.032	0.128	−0.737	0.256
PC2	2.86	1.096	0.085	0.128	−0.816	0.256
PC4	3.01	1.123	−0.129	0.128	−0.852	0.256
PC5	3.05	1.135	−0.218	0.128	−0.860	0.256
PC6	2.70	1.100	0.337	0.128	−0.728	0.256
RE1	4.13	0.746	−0.817	0.128	1.107	0.256
RE2	3.67	1.014	−0.696	0.128	0.040	0.256
RE3	3.87	0.930	−0.898	0.128	0.787	0.256
RE4	4.06	0.802	−0.928	0.128	1.529	0.256
TR1	3.88	0.845	−0.637	0.128	0.413	0.256
TR2	3.90	0.865	−0.717	0.128	0.788	0.256
TR3	3.90	0.815	−0.645	0.128	0.791	0.256
TR4	4.17	0.745	−0.927	0.128	1.841	0.256
SN1	3.92	0.820	−0.769	0.128	1.158	0.256
SN2	3.70	0.952	−0.735	0.128	0.374	0.256
SN3	3.96	0.702	−0.818	0.128	1.911	0.256
SN4	4.04	0.742	−0.804	0.128	1.668	0.256
KS1	3.95	0.711	−0.483	0.128	0.676	0.256
KS2	3.96	0.727	−0.416	0.128	0.121	0.256
KS3	3.88	0.777	−0.208	0.128	−0.289	0.256
KS4	4.06	0.724	−0.446	0.128	0.272	0.256
AE1	4.02	0.753	−0.460	0.128	−0.029	0.256
AE2	3.98	0.751	−0.316	0.128	−0.306	0.256

续 表

变量	平均数	标准差	偏斜度		峰度	
			数值	标准误差	数值	标准误差
AE3	3.94	0.779	−0.495	0.128	0.211	0.256
AE4	4.13	0.743	−0.786	0.128	1.239	0.256
PU1	3.88	0.887	−0.659	0.128	0.082	0.256
PU3	4.00	0.769	−0.520	0.128	0.056	0.256
PU2	4.10	0.793	−0.852	0.128	0.839	0.256
HA1	3.75	0.828	−0.234	0.128	−0.472	0.256
HA2	3.60	0.882	−0.209	0.128	−0.535	0.256
HA3	2.94	1.054	0.217	0.128	−0.840	0.256
SA1	3.57	0.961	−0.391	0.128	−0.529	0.256
SA2	3.76	0.804	−0.563	0.128	0.195	0.256
SA3	3.87	0.821	−0.692	0.128	0.379	0.256
CI1	4.08	0.856	−0.856	0.128	0.427	0.256
CI2	4.16	0.752	−0.974	0.128	1.954	0.256
CI3	4.04	0.800	−0.686	0.128	0.580	0.256
CB1	3.96	0.750	−0.457	0.128	0.290	0.256
CB3	4.28	0.868	−1.581	0.128	3.177	0.256
CB2	4.03	0.809	−0.694	0.128	0.535	0.256
KC1	3.82	0.759	−0.338	0.128	0.111	0.256
KC2	3.95	0.729	−0.790	0.128	1.779	0.256
KC3	3.93	0.795	−0.577	0.128	0.304	0.256
KT1	3.96	0.763	−0.426	0.128	0.126	0.256
KT2	3.91	0.798	−0.598	0.128	0.506	0.256
KT3	4.07	0.751	−0.865	0.128	1.719	0.256
KR1	3.75	0.823	−0.353	0.128	−0.016	0.256
KR2	3.91	0.808	−0.622	0.128	0.489	0.256
KR3	3.93	0.725	−0.598	0.128	1.092	0.256
有效的 n (listwise)	361					

表 7-10 第二次调查测量变量描述性统计分析

变量	平均数	标准差	偏斜度		峰度	
			数值	标准差	数值	标准差
CON1	3.89	0.650	−0.199	0.128	0.106	0.256
CON2	3.92	0.781	−0.347	0.128	−0.098	0.256
CON3	3.72	0.761	0.018	0.128	−0.519	0.256

续表

变量	平均数	标准差	偏斜度		峰度	
			数值	标准差	数值	标准差
AV1	4.05	0.650	−0.229	0.128	−0.004	0.256
AV2	4.10	0.692	−0.286	0.128	−0.375	0.256
AV3	3.97	0.707	−0.008	0.128	−0.860	0.256
AV4	3.95	0.745	−0.320	0.128	−0.209	0.256
IV1	4.19	0.677	−0.249	0.128	−0.835	0.256
IV2	4.22	0.673	−0.410	0.128	−0.333	0.256
IV3	4.14	0.654	−0.212	0.128	−0.450	0.256
UV1	3.76	0.778	−0.227	0.128	−0.123	0.256
UV2	4.03	0.728	−0.395	0.128	−0.079	0.256
UV3	4.12	0.661	−0.188	0.128	−0.501	0.256
UV4	4.09	0.798	−0.524	0.128	−0.161	0.256
UV5	3.88	0.785	−0.584	0.128	0.751	0.256
UV6	3.90	0.794	−0.383	0.128	−0.072	0.256
PC1	3.24	0.959	0.122	0.128	−0.821	0.256
PC2	3.25	0.867	−0.029	0.128	−0.435	0.256
PC3	3.24	0.820	0.045	0.128	−0.246	0.256
PC4	3.31	0.878	−0.053	0.128	−0.528	0.256
PC5	3.29	0.933	−0.185	0.128	−0.491	0.256
PC6	2.93	0.965	0.382	0.128	−0.637	0.256
RE1	4.14	0.721	−0.661	0.128	0.546	0.256
RE2	3.76	0.898	−0.540	0.128	0.038	0.256
RE3	4.00	0.845	−0.617	0.128	0.136	0.256
RE4	4.12	0.769	−0.618	0.128	0.245	0.256
TR1	3.90	0.834	−0.562	0.128	0.200	0.256
TR2	3.93	0.851	−0.644	0.128	0.628	0.256
TR3	3.91	0.801	−0.547	0.128	0.547	0.256
TR4	4.17	0.730	−0.799	0.128	1.318	0.256
SN1	3.93	0.808	−0.698	0.128	0.954	0.256
SN2	3.70	0.942	−0.712	0.128	0.349	0.256
SN3	3.98	0.693	−0.673	0.128	1.345	0.256
SN4	4.05	0.729	−0.683	0.128	1.225	0.256
KS1	3.95	0.713	−0.482	0.128	0.652	0.256
KS2	3.96	0.727	−0.416	0.128	0.121	0.256
KS3	3.88	0.777	−0.208	0.128	−0.289	0.256

续 表

变量	平均数	标准差	偏斜度		峰度	
			数值	标准差	数值	标准差
KS4	4.06	0.724	−0.446	0.128	0.272	0.256
AE1	4.02	0.752	−0.469	0.128	−0.014	0.256
AE2	3.98	0.752	−0.318	0.128	−0.319	0.256
AE3	3.94	0.778	−0.504	0.128	0.238	0.256
AE4	4.13	0.743	−0.786	0.128	1.239	0.256
PU1	3.89	0.882	−0.654	0.128	0.096	0.256
PU2	4.10	0.787	−0.835	0.128	0.830	0.256
PU3	4.01	0.766	−0.500	0.128	0.014	0.256
HA1	3.82	0.808	−0.136	0.128	−0.630	0.256
HA2	3.73	0.711	0.452	0.128	−0.938	0.256
HA3	3.32	0.946	0.215	0.128	−0.856	0.256
SA1	3.57	0.958	−0.392	0.128	−0.512	0.256
SA2	3.75	0.811	−0.555	0.128	0.143	0.256
SA3	3.88	0.815	−0.681	0.128	0.401	0.256
CI1	4.08	0.856	−0.856	0.128	0.427	0.256
CI2	4.16	0.752	−0.974	0.128	1.954	0.256
CI3	4.04	0.800	−0.686	0.128	0.580	0.256
CB1	3.96	0.750	−0.457	0.128	0.290	0.256
CB2	4.03	0.809	−0.694	0.128	0.535	0.256
CB3	4.30	0.827	−1.502	0.128	3.094	0.256
KC1	3.86	0.724	−0.129	0.128	−0.364	0.256
KC2	4.00	0.713	−0.505	0.128	0.672	0.256
KC3	3.96	0.807	−0.562	0.128	0.167	0.256
KT1	3.97	0.750	−0.307	0.128	−0.314	0.256
KT2	3.91	0.796	−0.608	0.128	0.535	0.256
KT3	4.07	0.753	−0.865	0.128	1.699	0.256
KR1	3.75	0.818	−0.343	0.128	−0.005	0.256
KR2	3.91	0.808	−0.622	0.128	0.489	0.256
KR3	3.94	0.732	−0.590	0.128	1.014	0.256
有效的 n（listwise）	361					

7.3.3 重复测量方差分析

方差分析是样本均数差异的显著性检验,通常对简单分组因素采用独立样本 t 检验和单因素 ANOVA 方差分析,但本书是对同一受试对象的同一测量指标在不同时间上的测量,采用标准的方差分析无法准确反映测量指标随时间变化的趋势。因此,采用重复测量(Repeated Measure)方差分析方法来研究控制变量(样本的个体属性和背景属性)对测量变量(期望确认程度、感知有用性、满意度、持续知识贡献行为)的影响,从而检验随时间变化控制变量对观察指标的变化趋势和显著性差异。

重复测量方差分析之前须对数据之间的相关性进行球形对称性检验,即 Mauchly 检验,若检验结果 $p<0.05$,则可应用重复测量方差分析模型,反之,采用单因素方差分析。然后对重复测量数据主体内和主体间效应检验,若 F 值达到显著($p<0.05$),则表示至少有两个组别均数间的差异达到了显著水平。具体是哪个组别对因变量更具有显著性需要利用 SPSS 中 LSD 进行事后多重比较,进一步判断组别之间的显著差异。

1. 个体属性对各因变量的重复测量方差分析

(1) 个体属性对期望确认程度的重复测量方差分析

不同个体属性对期望确认程度的分析结果如表 7-11 所示,性别、文化程度和职业在重复测量中对期望确认程度均不显著,不同年龄的用户对持续知识贡献的期望确认程度有显著差异,41 岁以上的用户相比其他三个组别的用户在对期望确认程度上存在显著差异,从均值上看,41 岁以上用户的期望确认程度更高。由此可以说明,不同年龄用户对持续知识贡献行为的期望确认程度存在差异,其他个体属性特征无显著差异。

表 7-11 个体属性对期望确认程度的分析结果

个体属性		均值		标准差		主旨间检定		事后多重比较	
		前测	后测	前测	后测	F 值	显著性	组别	显著性
性别	男	3.7035	3.8566	0.72229	0.59463	0.016	0.900	—	
	女	3.7108	3.8342	0.55314	0.48819				
年龄	20 岁以下	3.5980	3.5980	0.52403	0.58034	2.221	0.040	4-1	0.6373*
	21~30 岁	3.7305	3.7305	0.62609	0.52761			4-2	0.5404*
	31~40 岁	3.6263	3.7929	0.71016	0.55088			4-3	0.6237*
	41 岁以上	4.3333	4.3333	0.70711	0.70711				
文化程度	高中以下	3.8810	4.0000	0.69811	0.61531	2.020	0.111	—	
	大专	3.5877	3.7237	0.67081	0.58724				
	本科	3.7236	3.8667	0.61818	0.51820				
	硕士及以上	3.7255	3.8235	0.63722	0.44281				

续 表

个体属性		均值		标准差		主旨间检定		事后多重比较	
		前测	后测	前测	后测	F 值	显著性	组别	显著性
职业	国机、企事业单位	3.5556	3.8333	0.70479	0.55129	1.607	0.060	—	
	科研及技术院所	4.0769	4.2308	0.77165	0.49786				
	电力、煤气、水的生产和供应业	4.0952	4.0952	0.62994	0.62994				
	卫生医疗行业	3.6389	3.7083	0.39215	0.34491				
	教育文化广播电视业	3.9352	4.0093	0.39697	0.39429				
	交通运输业	4.0000	4.1111	0.44096	0.23570				
	金融保险业	3.6377	3.7246	0.61884	0.46766				
	计算机IT业	3.5909	3.7727	0.75007	0.60903				
	建筑、房地产行业	3.6667	4.0000	0.79931	0.62361				
	制造业	3.8889	3.9444	0.58373	0.61126				
	通信业	3.8000	3.8667	0.76739	0.73030				
	商务贸易	3.6933	3.8133	0.71957	0.57799				
	咨询服务业	3.7407	3.8519	0.80485	0.75166				
	旅游、餐饮、娱乐业	3.6078	3.6471	0.59202	0.57095				
	在校学生	3.7179	3.9231	0.65044	0.47442				
	其他	3.6441	3.8108	0.56893	0.49374				

(2) 个体属性对感知有用性的重复测量方差分析

不同个体属性对感知有用性的影响结果如表 7-12 所示,性别、文化程度在重复测量中对感知有用性影响不显著,也就是说不同性别、不同文化程度的用户对感知有用性的评价相对一致。而年龄层次不同、职业不同对感知有用性存在显著性差异。如 21~30 岁组别比 20 岁以下组别用户的感知有用性均值高,说明 21~30 岁组用户认为持续知识贡献对其自身更加有用。职业为科研及综合技术院所的用户相比国家机关、企事业单位、卫生医疗行业、计算机 IT 的用户,制造业用户相比国家机关、企事业单位的用户,在校学生相比国家机关、企事业单位的用户在对持续知识贡献行为感知有用性上存在显著性差异。由此可以说明,不同年龄、不同职业在持续知识贡献过程中对感知有用性有显著差异,但综合个体属性对感知有用性的均值来看,用户普遍认为持续知识贡献是有用的。

表 7-12 个体属性对感知有用性的分析结果

个体属性		均值		标准差		主旨间检定		事后多重比较	
		前测	后测	前测	后测	F 值	显著性	组别	显著性
性别	男	3.9845	4.1938	0.64165	0.51480	0.202	0.653	—	
	女	4.0053	4.2293	0.63439	0.50093				
年龄	20 岁以下	3.7157	3.9902	0.77474	0.54732	2.853	0.037	2—1	0.2909*
	21～30 岁	4.0469	4.2409	0.63690	0.52779				
	31～40 岁	3.9444	4.2172	0.50834	0.35802				
	40 岁以上	3.9333	4.2000	0.63706	0.60553				
文化程度	高中以下	4.1429	4.2857	0.57684	0.40281	0.436	0.728	—	
	大专	3.9649	4.1886	0.74551	0.65169				
	本科	3.9861	4.2153	0.60969	0.46888				
	硕士及以上	4.0196	4.1569	0.60634	0.47313				
职业	国机、企事业单位	3.7037	4.0000	0.90668	0.68599	1.661	0.048	2-1	0.5840*
	科研及技术院所	4.4103	4.4615	0.38858	0.34797			2-4	0.5853*
	电力、煤气、水的生产和供应业	4.3333	4.3810	0.47140	0.44840			2-8	0.4245*
	卫生医疗行业	3.8194	4.0417	0.71546	0.57578			5-1	0.3565*
	教育文化广播电视业	4.1204	4.2963	0.47243	0.37185			5-16	0.2376*
	交通运输业	4.0441	4.2963	0.43390	0.30932			10-1	0.5370*
	金融保险业	4.0580	4.2609	0.60846	0.46009			12-1	0.4081*
	计算机 IT 业	3.8788	4.1439	0.70835	0.63835			12-4	0.3294*
	建筑、房地产行业	4.1852	4.2963	0.60349	0.45474			13-1	0.4167*
	制造业	4.3333	4.4444	0.42164	0.27217			13-4	0.3380*
	通信业	3.9333	4.0667	0.14907	0.27889			15-1	0.4302*
	商务贸易	4.1867	4.3333	0.46228	0.43033				
	咨询服务业	4.1667	4.3704	0.57451	0.42609				
	旅游、餐饮、娱乐业	3.9608	4.1373	0.48423	0.37377				
	在校学生	4.1795	4.3846	0.53775	0.42701				
	其他	3.8153	4.1261	0.71756	0.55914				

(3) 个体属性对满意度的重复测量方差分析

个体属性对满意度的分析结果如表 7-13 所示，研究表明，不同年龄和职业对满意度有显著差异，从年龄分布上看，20 岁以下的用户与其他三个组别的用户在重复测量中对满意度存在显著差异，其均值也略低于其他三组用户。从职业分布上看，如职业为科研和技术院所的用户和国家机关、企事业单位、电力等供应业、交通运输业的用户在对持续知识贡献的满意度上存在显著差异,其他职业之间的显著差异如表 7-13 所示。

表 7-13 个体属性对满意度的分析结果

个体属性		均值		标准差		主旨间检定		事后多重比较	
		前测	后测	前测	后测	F 值	显著性	组别	显著性
性别	男	3.7112	3.7151	0.74227	0.73939	0.297	0.586	—	
	女	3.7513	3.7566	0.68236	0.68211				
年龄	20 岁以下	3.3922	3.4020	0.93012	0.93124	3.417	0.018	2-1	0.3516*
	21~30 岁	3.7461	3.7513	0.69560	0.69373			3-1	0.4312*
	31~40 岁	3.8283	3.8283	0.59122	0.59122			4-1	0.6696*
	40 岁以上	4.0067	4.0067	0.72265	0.72265				
文化程度	高中以下	3.8095	3.8095	0.77209	0.77209	0.835	0.475	—	
	大专	3.6404	3.6491	0.75966	0.76767				
	本科	3.7389	3.7458	0.69492	0.68844				
	硕士及以上	3.9216	3.8824	0.59546	0.63400				
职业	国机、企事业单位	3.4630	0.69676	3.4630	0.69676	2.244	0.003	2-1	0.8191*
	科研及技术院所	4.2821	0.40474	4.2821	0.40474			2-3	0.7334*
	电力、煤气、水的生产和供应业	4.0000	0.74536	4.0000	0.74536			2-6	0.5357*
	卫生医疗行业	3.5417	0.64315	3.5556	0.65693			2-7	0.6457*
	教育文化广播电视业	3.9444	0.56061	3.9444	0.56061			2-8	1.2265*
	交通运输业	3.9259	0.22222	3.9259	0.22222			2-13	0.5370*
	金融保险业	3.7391	0.58566	3.7536	0.58790			4-1	0.4815*
	计算机 IT 业	3.6364	0.76357	3.6364	0.76357			4-8	0.3081*
	建筑、房地产行业	3.0000	1.08012	3.1111	1.08012			4-9	0.8889*
	制造业	3.7778	0.68853	3.7778	0.68853			5-8	0.8704*
	通信业	3.8000	0.38006	3.8000	0.38006			6-8	0.6908*
	商务贸易	3.8267	0.69469	3.8400	0.67440			7-8	0.5808*
	咨询服务业	3.8889	0.71401	3.8889	0.71401			11-9	0.7778*
								13-9	0.8333*
	旅游、餐饮、娱乐业	3.7255	0.61503	3.7647	0.58648			15-9	0.7393*
	在校学生	3.7949	0.51887	3.7949	0.51887				
	其他	3.6081	0.77117	3.5946	0.78080				

（4）个体属性对持续知识贡献行为的重复测量方差分析

个体属性对持续知识贡献行为的分析结果如表 7-14 所示，不同个体属性均对持续知识行为不显著，重复测量后的各项均值都在 3.5 以上，表明用户对持续知识贡献持积极的态度。

表 7-14　个体属性对持续知识贡献行为的分析结果

个体属性		均值		标准差		主旨间检定		事后多重比较	
		前测	后测	前测	后测	F 值	显著性	组别	显著性
性别	男	4.1105	4.1221	0.5285	0.52236	0.466	0.496	—	
	女	4.0776	4.0794	0.52915	0.52721				
年龄	20 岁以下	4.0098	4.0686	0.55344	0.53042	0.162	0.922	—	
	21～30 岁	4.1003	4.1016	0.53529	0.53392				
	31～40 岁	4.1111	4.1111	0.47979	0.47979				
	40 岁以上	4.0667	4.0667	0.72265	0.72265				
文化程度	高中以下	4.1190	4.1190	0.48489	0.48189	0.307	0.990	—	
	大专	4.0789	4.0921	0.59097	0.57760				
	本科	4.0931	4.0986	0.49559	0.49451				
	硕士及以上	4.1176	4.1176	0.76323	0.76323				
职业	国机、企事业单位	4.0370	4.0370	0.69441	0.69441	1.141	0.313	—	
	科研及技术院所	4.1538	4.1538	0.72795	0.72795				
	电力、煤气、水的生产和供应业	4.2381	4.2381	0.53452	0.53452				
	卫生医疗行业	3.8889	3.8889	0.64206	0.64206				
	教育文化广播电视业	4.2593	4.2593	0.42992	0.42992				
	交通运输业	4.4444	4.4444	0.33333	0.33333				
	金融保险业	4.0145	4.0145	0.51716	0.51716				
	计算机 IT 业	4.0455	4.0455	0.59102	0.59102				
	建筑、房地产行业	4.0741	4.0741	0.36430	0.36430				
	制造业	4.0000	4.0000	0.42164	0.42164				
	通信业	4.2667	4.2667	0.72265	0.72265				
	商务贸易	4.1733	4.1733	0.39814	0.39814				
	咨询服务业	4.1111	4.1111	0.56011	0.56011				
	旅游、餐饮、娱乐业	4.2308	4.2308	0.39404	0.39404				
	在校学生	3.9955	4.0225	0.48570	0.47568				
	其他	4.2222	4.2727	0.47140	0.47140				

2. 背景属性对各因变量的重复测量方差分析

（1）背景属性对期望确认的重复测量方差分析

背景属性对期望确认的分析结果如表 7-15 所示，注册时间和参与频率的显著性系数均低于 0.05，因此，对期望确认程度均存在显著性差异。注册时间在 1 年以上用户与 3 个月以下和 4~6 个月的用户期望确认程度存在显著差异，注册时间短的用户相比注册时间长的用户期望确认程度高。每天参与的用户与每周参与若干次的用户对期望确认程度存在显著差异。

表 7-15　背景属性对期望确认的分析结果

个体属性		均值		标准差		主旨间检定		事后多重比较	
		前测	后测	前测	后测	F 值	显著性	组别	显著性
注册时间	3 个月以下	3.4686	3.6840	0.75684	0.63893	1.639	0.030	1-4	0.5651*
	4~6 个月	3.6722	3.8556	0.33757	0.30114				
	7~12 个月	3.5403	3.6332	0.49826	0.34345			2-4	0.3541*
	1 年以上	3.7558	3.8699	0.60536	0.52740				
参与频率	每天	3.8111	3.9556	0.72764	0.62251	2.370	0.046	1-2	0.1574*
	每周若干次	3.6564	3.7955	0.54599	0.45652				
	每月若干次	3.7143	3.8398	0.73093	0.61798				

（2）背景属性对感知有用性的重复测量方差分析

背景属性对感知有用性的分析结果如表 7-16 所示，不同注册时间的用户对感知有用性的评价趋于一致，不存在显著差异。经检验参与频率的 F 值的显著性小于 0.05，结果表明每天参与的用户与每周参与若干次和每月参与若干次的用户对感知有用性存在显著差异，相比之下，每天参与众包活动的用户认为持续知识贡献对他们自身更有用。

表 7-16　背景属性对感知有用性的分析结果

个体属性		均值		标准差		主旨间检定		事后多重比较	
		前测	后测	前测	后测	F 值	显著性	组别	显著性
注册时间	3 个月以下	3.8160	4.0992	0.70616	0.61111	0.779	0.628	—	
	4~6 个月	3.8954	4.1883	0.51555	0.37551				
	7~12 个月	3.9053	4.0427	0.42316	0.24388				
	1 年以上	4.0292	4.2368	0.64512	0.50300				
参与频率	每天	4.0926	4.3185	0.61000	0.45773	2.103	0.012	1-2	0.1437*
	每周若干次	3.9553	4.1684	0.63777	0.51934			1-3	0.1146*
	每月若干次	3.9827	4.1991	0.66204	0.51939				

（3）背景属性对满意度的重复测量方差分析

背景属性对满意度的分析结果如表 7-17 所示，结果表明，用户不同的参与频率对满意度存在显著性差异，其他背景属性表现不显著。其中每天参与的用户与每周参与若干次和每月参与若干次的用户具有显著性差异，可理解为每天参与的用户对众包平台的满意度更高。

表 7-17 背景属性对满意度的分析结果

个体属性		均值		标准差		主旨间检定		事后多重比较	
		前测	后测	前测	后测	F 值	显著性	组别	显著性
注册时间	3 个月以下	3.5718	3.5815	0.81558	0.80719	0.619	0.838		—
	4～6 个月	3.7750	3.8037	0.50920	0.50934				
	7～12 个月	3.6097	3.6097	0.53515	0.64218				
	1 年以上	3.7734	3.7719	0.70438	0.70564				
参与频次	每天	3.8259	3.8222	0.73817	0.74986	1.009	0.024	1-3	0.1769
	每周若干次	3.7234	3.7320	0.68430	0.67463			2-3	0.0954
	每月若干次	3.6450	3.6494	0.74012	0.74319				

(4) 背景属性对持续知识贡献行为的重复测量方差分析

背景属性对持续知识贡献行为的分析结果如表 7-18 所示，注册时间在重复测量后对持续知识贡献行为不存在显著性差异，说明用户的持续行为与注册时间的长短无关。参与频率与持续知识贡献行为具有显著性差异。每天参与与每周参与若干次和每月参与若干次的用户对持续知识贡献行为存在显著性差异，数据结果显示每天参与的用户均值高于其他两组用户，表明每天参与的用户更倾向于持续知识贡献。

表 7-18 背景属性对持续知识贡献行为的分析结果

个体属性		均值		标准差		主旨间检定		事后多重比较	
		前测	后测	前测	后测	F 值	显著性	组别	显著性
注册时间	3 个月以下	3.9477	3.9706	0.48496	0.49244	0.864	0.592		—
	4～6 个月	4.0778	4.0852	0.49300	0.48263				
	7～12 个月	4.2585	4.2585	0.52234	0.52234				
	1 年以上	4.1287	4.1287	0.53741	0.53741				
参与频次	每天	4.1704	4.1741	0.54106	0.53639	1.616	0.002	1-2	0.5141
	每周若干次	4.0859	4.0911	0.52189	0.51602			1-3	0.7765
	每月若干次	4.0216	4.0346	0.52521	0.52866				

3. 人口统计学特征影响分析总结

通过对人口统计学特征与期望确认、感知有用性、满意度和持续知识贡献行为重复测量方差的分析，其显著性结果分析汇总如表 7-19 所示。

表 7-19 影响分析汇总

变量\特征	期望确认	感知有用性	满意度	持续知识贡献行为
性别				
年龄	显著	显著	显著	
文化程度				

续表

变量 特征	期望确认	感知有用性	满意度	持续知识贡献行为
职业		显著	显著	
注册时间	显著			
参与频次	显著	显著	显著	显著

7.4　结构方程模型分析

结构方程模型(Structural Equation Modeling,SEM)[1]学界也有将其称为潜在变量模型(Latent Variable Models,LVM),它属于多变量统计,是因素分析与路径分析的综合,并对模型中各种变量间的相互关系进行统计分析,进而获得自变量与因变量之间的效应关系。结构方程模型是一种验证性的统计方法,强调理论的合理性,能够测量和分析模型中的指标和变量,常用极大似然值法估计参数,所以要求样本必须符合多变量正态分布且样本数量要大于200。

结构方程模型主要包括两个次模型,即测量模型(Measurement Model)和结构模型(Structural Model),测量模型由潜在变量和观察变量组成,潜在变量是对显性指标的测量或概念化,观察变量是通过量表或问卷得到的数据;结构模型是对潜在变量间因果关系的说明。AMOS矩结构分析(Analysis of Moment Structures)也称为协方差结构分析,能够进行各种SEM模型分析,因此本书将使用AMOS 22.0软件进行结构方程模型分析,首先对测量模型适配度进行评估,检验潜在变量与观察变量的关系,即模型建构效度和信度的适切性和真实性,然后构建结构方程模型并对模型适配度进行评估,利用路径分析判断路径系数是否显著,得出潜在变量之间的影响效应。

7.4.1　测量模型内在结构适配度评估

测量模型内在结构适配度评估主要是对测量模型内在质量的检验,探究每一个参数的解释意义是否能够反映其相对应的潜在变量,了解潜在建构的效度和信度。效度和信度的检验通过验证性因子分析的结果来判断。验证性因子分析[2]是对理论的检验,是对先前明确的测量变量与归属层面之间关系的正确性的分析。测量模型的效度检验是对因素负荷量(观察变量与潜在变量之间的路径)的显著性检验,当因素负荷量均达到显著性水平表示观察变量能够反映潜在变量的构念,具有良好的效度,其判别标准为在显著水平 α 为0.05时,C.R.的绝对值大于1.96。信度检验主要通过组合信度系数或平均方差抽取量来检验,组合信度的检验值也称为建构信度,根据标准化回归系数(因素负荷量)估计值计算潜在变量的组合信度,其公式如下:

$$\rho_c = \frac{(\sum \lambda)^2}{[(\sum \lambda)^2 + \sum(\theta)]} \qquad 公式(7.2)$$

---

[1] 吴明隆.结构方程模型——AMOS的操作与应用[M].第2版.重庆:重庆大学出版社,2010:1-2.
[2] Stevens,J. Applied multivariate statistics for the social science[M]. 4th Ed. Mahwah,NJ:Lawrence Erlbaum.

其中，ρ_c 为组合信度系数；λ 为因素负荷量；θ 为观察变量的误差变异量。

学界对组合信度系数到底为多少才能代表模型内在适配指标信度较好没有明确的规定和统一的标准，本书采纳应用较为广泛的 Bogozzi & Yi(1988)[①]的研究结论，认为个别观察变量的项目信度(信度系数)应在 0.5 以上，潜在变量组合信度系数应高于 0.6 表示模型的内在质量理想。信度分析也可以通过另一判别指标平均方差抽取量来判别，平均方差抽取量是潜在变量可以解释其观察变量变异量的比值，一般认为平均方差抽取量要大于 0.5。应用 AMOS 22.0 对测量模型中变量的因素负荷量、信度系数、测量误差变异量、C.R.值进行整理如表 7-20 所示，根据计算公式(7.2)得出组合信度系数和平均方差抽取量。从表 7-20 反映的测量模型对两次调研结果分析表明，模型中所估计的参数均达到显著水平，C.R.的绝对值均大于 1.96，整体组合信度系数与平均方差抽取值也满足判别标准，尽管两次调研中都存在个别维度测量变量的信度系数低于 0.5，如 KS3、AE1、SA1 等，但观察变量的因素负荷量均超过 0.5，说明测量题项能够解释潜在变量至少 50%，因此，认为量表具有良好的效度和信度，模型内在质量良好。

表 7-20 测量模型组合信度

	测量指标	因素负荷量		信度系数		测量误差		C.R.值		组合信度		平均方差抽取值	
		前测	后测	前测	后测	前测	后测	前测	后测	前测	后测	前测	后测
CON	CON1	0.740	0.768	0.548	0.590	0.452	0.410	7.719	11.810	0.7834	0.8049	0.5466	0.5795
	CON2	0.745	0.711	0.555	0.506	0.445	0.494	6.635	11.915				
	CON3	0.733	0.802	0.537	0.643	0.463	0.357	7.215	9.215				
AV	AV1	0.763	0.698#	0.582	0.487#	0.418	0.513	15.342	16.643	0.8546	0.8301	0.5961	0.5521
	AV2	0.762	0.713	0.581	0.508	0.419	0.492	17.269	17.266				
	AV3	0.710	0.683#	0.504	0.466#	0.496	0.534	14.632	16.041				
	AV4	0.847	0.864	0.717	0.746	0.293	0.254	17.537	18.116				
IV	IV1	0.833	0.734	0.694	0.539	0.306	0.461	5.536	12.838	0.8248	0.8173	0.6114	0.5988
	IV2	0.763	0.792	0.582	0.672	0.418	0.328	7.273	11.762				
	IV3	0.747	0.794	0.558	0.630	0.442	0.370	8.427	11.815				
UV	UV1	0.720	0.716	0.518	0.513	0.482	0.487	13.158	17.279	0.8821	0.8765	0.5552	0.5435
	UV2	0.721	0.716	0.520	0.513	0.480	0.487	13.117	17.242				
	UV3	0.734	0.630#	0.539	0.397#	0.461	0.603	13.414	14.049				
	UV4	0.741	0.791	0.549	0.626	0.451	0.374	11.637	15.362				
	UV5	0.795	0.797	0.632	0.635	0.368	0.364	12.743	16.495				
	UV6	0.757	0.760	0.573	0.578	0.427	0.422	13.625	19.228				

---

① Bagozzi R P, Yi Y. On the Evaluation of Structural Equation Models[J]. Journal of the Academy of Marketing Science, 1988, 16(1): 74-94.

续表

测量指标		因素负荷量		信度系数		测量误差		C.R.值		组合信度		平均方差抽取值	
		前测	后测	前测	后测	前测	后测	前测	后测	前测	后测	前测	后测
PC	PC1	0.718	0.698#	0.516	0.487#	0.484	0.513	7.297	7.529	0.8846	0.8876	0.5614	0.5694
	PC2	0.707	0.752	0.500	0.566	0.500	0.434	12.132	10.611				
	PC3	0.791	0.681#	0.626	0.464#	0.374	0.536	13.432	13.748				
	PC4	0.771	0.841	0.594	0.707	0.406	0.293	13.154	14.369				
	PC5	0.785	0.754	0.616	0.569	0.384	0.431	11.815	13.632				
	PC6	0.719	0.790	0.517	0.624	0.483	0.376	10.625	11.485				
RE	RE1	0.710	0.741	0.504	0.549	0.496	0.451	24.225	18.134	0.8727	0.8362	0.6336	0.5627
	RE2	0.727	0.691#	0.529	0.477#	0.471	0.523	14.200	12.659				
	RE3	0.865	0.695#	0.748	0.483#	0.252	0.517	19.987	16.197				
	RE4	0.868	0.861	0.753	0.741	0.247	0.259	19.891	14.258				
TR	TR1	0.790	0.836	0.624	0.699	0.376	0.301	25.365	24.173	0.8719	0.9059	0.6302	0.7065
	TR2	0.834	0.872	0.696	0.760	0.304	0.240	27.124	17.043				
	TR3	0.749	0.823	0.561	0.677	0.339	0.323	22.557	23.291				
	TR4	0.800	0.831	0.640	0.691	0.360	0.309	13.200	22.168				
SN	SN1	0.788	0.769	0.621	0.591	0.379	0.409	19.457	20.222	0.8654	0.8691	0.6175	0.5251
	SN2	0.741	0.720	0.549	0.518	0.451	0.482	11.269	10.899				
	SN3	0.737	0.795	0.543	0.632	0.457	0.368	21.952	21.668				
	SN4	0.870	0.871	0.757	0.759	0.243	0.241	16.345	17.269				
KS	KS1	0.864	0.726	0.746	0.527	0.254	0.473	22.124	16.954	0.8388	0.8375	0.5673	0.5648
	KS2	0.714	0.703	0.510	0.494	0.490	0.506	19.176	16.093				
	KS3	0.699#	0.706	0.489#	0.498	0.511	0.502	18.952	16.212				
	KS4	0.724	0.860	0.524	0.740	0.476	0.260	19.627	17.348				
AE	AE1	0.706#	0.707	0.498#	0.500	0.502	0.500	20.478	13.002	0.8356	0.8095	0.5600	0.5155
	AE2	0.754	0.750	0.569	0.563	0.431	0.437	21.123	13.990				
	AE3	0.788	0.681#	0.621	0.464#	0.379	0.536	18.287	12.512				
	AE4	0.743	0.732	0.552	0.536	0.448	0.464	20.118	04.258				
PU	PU1	0.727	0.730	0.529	0.533	0.471	0.467	9.158	11.295	0.8842	0.7906	0.7198	0.5573
	PU2	0.895	0.739	0.801	0.546	0.199	0.454	7.547	9.191				
	PU3	0.911	0.770	0.830	0.593	0.170	0.407	6.157	8.355				
HA	HA1	0.931	0.718	0.867	0.516	0.133	0.484	11.598	9.145	0.8736	0.7768	0.6968	0.5372
	HA2	0.821	0.760	0.674	0.578	0.336	0.422	8.535	7.981				
	HA3	0.745	0.720	0.555	0.518	0.445	0.482	4.157	6.028				
SA	SA1	0.685#	0.730	0.469#	0.533	0.531	0.467	12.985	12.114	0.8272	0.8062	0.6168	0.5817
	SA2	0.861	0.817	0.741	0.667	0.259	0.333	12.621	11.035				
	SA3	0.800	0.738	0.640	0.545	0.360	0.455	12.213	10.636				

续表

测量指标		因素负荷量		信度系数		测量误差		C.R.值		组合信度		平均方差抽取值	
		前测	后测	前测	后测	前测	后测	前测	后测	前测	后测	前测	后测
CI	CI1	0.889	0.837	0.790	0.701	0.210	0.299	17.265	22.321	0.8322	0.8372	0.6254	0.6319
	CI2	0.772	0.768	0.596	0.590	0.404	0.410	17.743	21.613				
	CI3	0.700	0.778	0.490#	0.605	0.510	0.395	18.106	21.423				
CB	CB1	0.715	0.707	0.511	0.500	0.499	0.500	11.254	11.436	0.7802	0.7521	0.5429	0.5029
	CB2	0.691#	0.690#	0.477#	0.476#	0.523	0.324	11.356	17.227				
	CB3	0.800	0.730	0.640	0.533	0.360	0.467	12.278	15.249				
KC	KC1	0.867	0.854	0.752	0.729	0.248	0.271	22.325	22.135	0.8348	0.8314	0.6287	0.6226
	KC2	0.765	0.755	0.585	0.570	0.415	0.430	19.222	20.147				
	KC3	0.741	0.754	0.549	0.569	0.441	0.431	19.156	19.378				
KT	KT1	0.868	0.865	0.753	0.748	0.247	0.252	21.325	18.601	0.8379	0.8399	0.6337	0.6370
	KT2	0.763	0.768	0.582	0.590	0.418	0.410	19.421	20.174				
	KT3	0.752	0.757	0.566	0.573	0.434	0.427	18.908	22.325				
KR	KR1	0.840	0.838	0.706	0.702	0.294	0.298	19.568	19.235	0.8589	0.8598	0.6699	0.6715
	KR2	0.814	0.813	0.663	0.661	0.337	0.339	22.345	23.762				
	KR3	0.801	0.807	0.642	0.651	0.358	0.349	21.988	24.695				

注：#表示未达最低标准值，因素负荷量<0.70 信度系数<0.50。

7.4.2 结构模型适配度评估

结构模型适配度评估是检验假设的理论模型与调研数据一致性程度、两者之间是否相互适配、理论建构阶段所界定的因果关系是否成立。因本书模型中的潜在变量是由两个以上的观察变量测量得出的，因此对各潜在变量之间的因果关系判定要通过潜在变量路径分析(Path Analysis with Latent Variables；即 PA-LV 模型)。结构方程模型如图 7-2 所示。

图 7-2 中的习惯作为调节变量是为了判断其对持续意愿与持续行为之间是否具有调节作用，它的测量指标是根据潜变量交互效应[①]，即习惯与持续意愿两个潜变量之间配对乘积"因素负荷量大配大，小配小"的原则得到的，只要估算习惯调节与持续行为之间的路径系数是否显著就可以判断持续意愿与持续行为之间是否具有调节作用。根据构建的结构方程模型，利用 AMOS 22.0 对模型进行估算，并将两次调研的数据导入模型中，其结果如表 7-21 所示。

[①] 温忠麟,侯杰泰,马什赫伯特.潜变量交互效应分析方法[J].心理科学进展,2003,11(5):593-599.

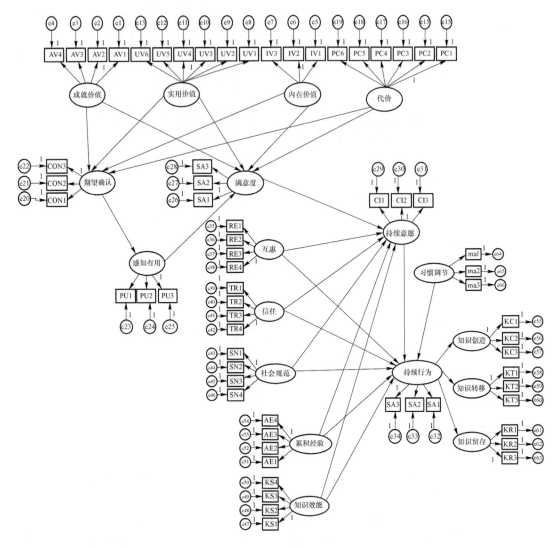

图 7-2 结构方程模型图

表 7-21 研究假设检验结果

研究假设		路径系数		显著性		假设结果
		前测	后测	前测	后测	
H1a	期望确认→成就价值（＋）	0.322	0.341	***	***	均支持
H1b	期望确认→内在价值（＋）	0.314	0.347	***	***	均支持
H1c	期望确认→实用价值（＋）	0.273	0.265	**	**	均支持
H1d	期望确认→代价（−）	−0.451	−0.538	***	***	均支持
H2a	成就价值→满意度（＋）	0.526	0.526	***	***	均支持
H2b	成就价值→持续意愿（＋）	0.277	0.347	***	***	均支持
H3a	内在价值→满意度（＋）	0.349	0.426	***	***	均支持

续 表

研究假设	路径系数		显著性		假设结果
	前测	后测	前测	后测	
H3b 内在价值→持续意愿(+)	0.395	0.412	***	***	均支持
H4a 实用价值→满意度(+)	0.232	0.136	**	**	均支持
H4b 实用价值→持续意愿(+)	0.257	0.099	ns	ns	均不支持
H5a 代价→满意度(−)	−0.637	−0.517	***	***	均支持
H5b 代价→持续意愿(−)	−0.434	−0.542	***	***	均支持
H6a 互惠→持续意愿(+)	0.176	0.199	**	**	均支持
H6b 互惠→持续行为(+)	0.094	0.112	ns	ns	均不支持
H7a 信任→持续意愿(+)	0.369	0.452	***	***	均支持
H7b 信任→持续行为(+)	0.399	0.411	***	***	均支持
H8a 社会规范→持续意愿(+)	0.202	0.051	**	ns	支持/不支持
H8b 社会规范→持续行为(+)	0.162	0.087	ns	ns	均不支持
H9a 知识自我效能→持续意愿(+)	0.295	0.320	**	***	均支持
H9b 知识自我效能→持续行为(+)	0.297	0.331	***	***	均支持
H10a 累积经验→持续意愿(+)	0.333	0.354	***	***	均支持
H10b 累积经验→持续行为(+)	0.380	0.419	***	***	均支持
H11 期望确认→感知有用(+)	0.347	0.334	***	***	均支持
H12 感知有用→满意度(+)	0.274	0.302	***	***	均支持
H13 满意度→持续意愿(+)	0.471	0.556	***	***	均支持
H14 持续意愿→持续行为(+)	0.308	0.226	***	***	均支持
H15 习惯→意愿&行为(−)	−0.245		***		支持
H16a 持续行为→知识创造(+)	0.705	0.787	***	***	均支持
H16b 持续行为→知识转移(+)	0.568	0.502	***	***	均支持
H16c 持续行为→知识留存(+)	0.550	0.548	***	***	均支持

注:*表示在0.1水平下通过显著性检验,**表示在0.05水平下通过显著性检验,***表示在0.01水平下通过显著性检验,ns表示不显著。

结构方程模型评估的拟合指标如表7-22所示,结构模型分析的整体适配度主要从三个方面的指数进行检验,即绝对适配度指数、增值适配度指数和简约适配度指数,主要的关键指标有卡方值 χ^2、残差均方和平方根 RMSEA、适配指数 GFI、调整后适配指数 AGFI 等相应指数,从表7-22可以看出尽管存在某些指数不满足适配标准,如后测数据进行结构方程模型分析的 RMR 值为0.056,超过适配标准0.05,但考虑其属于临界边缘,属于可接受范围内, χ^2 自由度比两次的检验结果均超过适配标准自由度比2.0,但其满足较宽松的规定值5.0[①],其他适配度指数 RMSEA<0.08、GFI>0.90 以上、AGFI>0.90 以上等指标均满足适配标准,表明构建的结构方程模型具有良好的拟合度,模型可以接受。

---

① 吴明隆.结构方程模型——AMOS 的操作与应用[M].第2版.重庆:重庆大学出版社,2010:42.

表 7-22　结构模型分析的整体模型适配度检验摘要表

统计检验量	适配标准	检验结果 前测	检验结果 后测	模型适配判断
绝对适配度指数				
χ^2 值	p＞0.05（未达显著水平）	4416.458 (p=0.190)	4248.487 (p=0.087)	均是
RMR 值	＜0.05	0.047	0.056	是/否
RMSEA 值	＜0.08（＜.05 优良；＜.08 良好）	0.074	0.061	均是
GFI 值	＞0.90 以上	0.973	0.976	均是
AGFI 值	＞0.90 以上	0.943	0.957	均是
增值适配度指数				
NFI 值	＞0.90 以上	0.977	0.982	均是
RFI 值	＞0.90 以上	0.950	0.957	均是
IFI 值	＞0.90 以上	0.994	0.948	均是
TLI 值	＞0.90 以上	0.980	0.980	均是
CFI 值	＞0.90 以上	0.991	0.975	均是
简约适配度指数				
PGFI 值	＞0.50 以上	0.605	0.683	均是
PNFI 值	＞0.50 以上	0.474	0.477	均否
PCFI 值	＞0.50 以上	0.544	0.597	均是
CN 值	＞200	361		是
χ^2 自由度比	＜2.0	3.537	2.337	均否

7.4.3　假设检验结果分析

本书假设检验是根据路径系数的显著性水平进行判定，若路径系数在 0.05 水平下通过显著性检验认为假设成立，反之，假设不成立。详细的结果分析如下：

（1）期望确认与动机价值维度各因素的假设检验

如表 7-21 结构方程模型路径系数检验结果所示，前测和后测调研的结果均表明期望确认对成就价值、内在价值和实用价值有正向显著影响，前测的路径系数分别为（$\beta=0.322$，$p<0.01$；$\beta=0.314$，$p<0.01$；$\beta=0.273$，$p<0.05$）后测的路径系数分别为（$\beta=0.341$，$p<0.01$；$\beta=0.347$，$p<0.01$；$\beta=0.265$，$p<0.05$），假设 H1a、H1b、H1c 得到支持。从路径系数上看，用户持续知识贡献过程中期望确认程度对成就价值、内在价值的影响更为显著。期望确认对代价的路径系数分别为（$\beta=-0.451$，$p<0.01$；$\beta=-0.538$，$p<0.01$），假设 H1d 得到验证。赵文军（2012）[①] 对虚拟社区持续行为的研究中将实用价值、情感价值作为感知价值的要素，验证了期望确认对感知价值的正向影响（$\beta=0.209$，$p<0.01$），与本书的结果较为一致，但他在研究中指出实用价值对感知价值没有显著影响关系，情感价值对感知价值具有正

---

① 赵文军.虚拟社区知识共享可持续行为研究[D].武汉：华中师范大学，2012.

向显著影响($\beta=0.274, p<0.01$)。

(2) 动机价值维度各因素与满意度的假设检验

如表 7-21 结构方程模型路径系数检验结果所示,前测和后测调研的结果均表明成就价值、内在价值、实用价值对满意度的正向显著影响,前测的路径系数分别为($\beta=0.526, p<0.01; \beta=0.349, p<0.01; \beta=0.232, p<0.05$),后测的路径系数分别为($\beta=0.526, p<0.01; \beta=0.426, p<0.01; \beta=0.136, p<0.05$),验证了假设 H2a,H3a,H4a。代价对满意度的负向消极影响从路径系数检验结果中也可以得到支持,其路径系数分别为($\beta=-0.637, p<0.01; \beta=-0.517, p<0.01$),因此假设 H5a 得到支持。Lai & Yang(2014)[①]对 Wikipedia 内容用户持续知识贡献的研究表明,成就价值、内在价值通过任务价值间接影响满意度,并对满意度有显著正向影响,间接影响效应量为($\beta=0.116, p<0.05; \beta=0.177, p<0.05$);赵文军(2012)[②]认为感知价值对满意度有正向影响($\beta=0.548, p<0.01$)。综上,本书与以往研究结果成就价值、内在价值、实用价值对满意度的正向显著影响相一致,说明用户在持续知识贡献过程中期望获得精神与物质的回报。

(3) 动机期望维度各因素与持续意愿的假设检验

如表 7-21 结构方程模型路径系数检验结果所示,前测和后测调研的结果表明成就价值、内在价值对持续意愿有积极正向影响,前测的路径系数分别为($\beta=0.277, p<0.01; \beta=0.395, p<0.01$),后测的路径系数分别为($\beta=0.347, p<0.01; \beta=0.412, p<0.01$),假设 H2b,H3b 得到支持。实用价值对持续意愿的路径系数不显著,p 值>0.1,表明假设 H4b 不成立。代价对持续意愿的路径系数分别为($\beta=-0.434, p<0.01; \beta=-0.542, p<0.01$),验证了代价对持续意愿的负向显著影响。

本书实用价值对持续意愿不显著的结论与 Chiu & Wang[③] 的研究认为实用价值对持续意愿有积极影响的结论不一致,可解释为用户持续知识贡献行为更注重精神上的价值体现,成就价值和内在价值的满足更容易促使用户持续知识贡献,而对于实用价值来说,即便众包平台或发包方给予更多的物质奖励,用户也不一定会发生知识贡献行为。

(4) 社会资本维度各因素与持续意愿、持续行为的假设检验

如表 7-21 结构方程模型路径系数检验结果所示,前测和后测调研结果表明信任对持续意愿和持续行为均有正向显著影响且具有强相关,信任对持续意愿的路径系数分别为($\beta=0.369, p<0.01; \beta=0.452, p<0.01$),信任对持续行为的路径系数分别为($\beta=0.399, p<0.01; \beta=0.411, p<0.01$),假设 H7a,H7b 得到支持。互惠对持续意愿的路径系数分别为($\beta=0.176, p<0.05; \beta=0.199, p<0.05$),而对持续行为的路径系数在 0.05 水平下不显著,因此,互惠对持续意愿有显著正向影响,对持续行为没有显著影响,假设 H6a 得到支持,H6b 不成立。社会规范对持续意愿和持续行为的影响在 0.05 水平下均不显著,因此,假设

[①] Lai C Y, Yang H L. The reasons why people continue editing Wikipedia content-task value confirmation perspective[J]. Behaviour & Information Technology, 2014, 33(12):1371-1382.

[②] 赵文军. 虚拟社区知识共享可持续行为研究[D]. 武汉:华中师范大学, 2012.

[③] Chiu C M, Wang E T G. Understanding Web-based learning continuance intention: The role of subjective task value [J]. Information & Management, 2008, 45(3):194-201.

H8a,H8b 均不成立。Cho(2010)[①]对 Wikepedia 用户知识贡献行为的研究中发现互惠对持续意愿有积极影响,与本书的结果相一致,但并未对持续行为进行研究。赵文军(2012)[②]对虚拟社区持续行为的研究中发现社会规范对持续意愿有显著影响,这与本书的结论不一致。本书认为众包用户持续知识贡献本就是兴趣驱动的行为,用户不会因为周围重要人物或媒体的推荐而觉得有更价值更愿意参与众包活动。同时,本书也发现了互惠、社会规范对持续行为没有显著影响。

(5) 社会认知维度各因素对持续意愿、持续行为的假设检验

如表 7-21 结构方程模型路径系数检验结果所示,前测和后测调研结果表明知识自我效能对持续意愿和持续行为均有正向显著影响,前测路径系数分别为($\beta=0.295, p<0.05$; $\beta=0.297, p<0.01$),后测路径系数分别为($\beta=0.320, p<0.01$; $\beta=0.331, p<0.01$),累积经验对持续意愿和持续行为也均具有正向显著影响,前测路径系数分别为($\beta=0.333, p<0.01$; $\beta=0.380, p<0.01$),后测路径系数分别为($\beta=0.354, p<0.01$; $\beta=0.419, p<0.01$),假设 H9a,H9b,H10a,H10b 均得到支持。吴金红[③]等对用户参与大数据众包的研究中发现自我效能对用户行为有积极正向的影响($\beta=0.160, p<0.05$),研究结果相一致,说明用户自我效能能够促进用户持续知识贡献。同时,本书将累积经验作为影响因素,认为用户持续知识贡献的动态行为过程中,经验的累积会使用户能够更加容易地应用众包平台的各个模块,寻找到适合自己完成的众包任务,实证研究也验证了累积经验对持续行为的显著性影响。

(6) 有用性、满意度与持续意愿、持续行为的假设检验

如表 7-21 结构方程模型路径系数检验结果所示,前测和后测调研结果表明期望确认程度对感知有用性有正向显著影响,其路径系数分别为($\beta=0.347, p<0.01$; $\beta=0.334, p<0.01$),即期望确认程度越高,用户会认为持续知识贡献对自己更加有用,假设 H11 得到支持。感知有用性对满意度的路径系数分别为($\beta=0.274, p<0.01$; $\beta=0.302, p<0.01$),用户认为持续知识贡献越有用对众包平台的满意度就越高,就会更愿意持续参与众包活动,假设 H12 得到支持。满意度对持续意愿的路径系数分别为($\beta=0.0.471, p<0.01$; $\beta=0.556, p<0.01$),用户满意度越高对持续知识贡献的意愿就越高,假设 H13 得到支持。持续意愿对持续行为的路径系数分别为($\beta=0.308, p<0.01$; $\beta=0.226, p<0.01$),用户持续知识贡献的意愿会积极正向影响用户持续知识贡献行为,假设 H14 得到验证。

有用性、满意度、持续意愿三者之间的关系与以往的研究结论相一致,认为三者相互之间存在正向影响关系。目前,对于众包用户持续行为的研究中还没有文献探讨过持续意愿与持续行为之间的关系,本书通过实证调查对持续意愿和持续行为之间的关系进行了验证,认为两者之间具有正向影响。

(7) 持续行为的行为结果假设检验

对比已有的研究,本书对持续知识贡献行为的行为结果进行了探索性的分类,并探讨了持续行为对知识创造、知识转移和知识留存的影响关系,实证研究证明持续行为对三种行为

---

① Cho H, Chen M H, Chung S. Testing an integrative theoretical model of knowledge-sharing behavior in the context of Wikepedia[J]. Journal of the Association for Information Science and Technology, 2010, 61(6):1198-1212.

② 赵文军. 虚拟社区知识共享可持续行为研究[D]. 武汉:华中师范大学,2012.

③ 吴金红,陈强,鞠秀芳. 用户参与大数据众包活动的意愿和影响因素研究[J]. 情报资料工作,2014(3):74-79.

结果均有显著正向影响,其中持续行为对知识创造的影响最大,其路径系数分别为($\beta=0.705$, $p<0.01$; $\beta=0.787$, $p<0.01$),对知识转移的路径系数分别为($\beta=0.568$, $p<0.01$; $\beta=0.502$, $p<0.01$),对知识创造的路径系数分别为($\beta=0.550$, $p<0.01$; $\beta=0.548$, $p<0.01$),验证了假设 H16a,H16b,H16c 的成立。

(8)习惯的假设检验

习惯作为持续意愿和持续行为的调节变量在后测调研时被调查,其路径系数为($\beta=-0.245$, $p<0.01$),证明了习惯对持续意愿与持续行为之间具有调节作用,并且会削弱持续意愿对持续行为的正向影响。

7.4.4 潜在变量效应关系

结构方程模型的路径分析中,潜在变量之间影响效应包括直接效应和间接效应,因其潜在变量分为外因变量和内因变量,外因变量是指在模型中不受其他变量的影响而直接影响其他变量的变量,内因变量是指在模型中受到任一变量影响的变量,直接效应和间接效应的总量合称为外因变量对内因变量的总效果值,总效果值体现了变量之间的影响力。本书结构模型中变量的效应关系包括直接效应和间接效应,潜在变量之间具体效应关系如表 7-23 和表 7-24 所示。

从表 7-25 总效应分析可以看出,对满意度影响最大的是成就价值,其次是内在价值和实用价值;对众包用户持续知识贡献意愿影响最大的内在价值,其次是成就价值和满意度;对持续行为影响最大的是信任,其次是累积经验、知识自我效能、内在价值、成就价值和满意度。

7.4.5 模型统计解释力评估

结构方程模型统计检验力通过多元相关系数的平方,即 R^2 来表示,它反映了内因变量被其外因变量所能解释的变异量百分比。本书构建的结构方程模型中持续行为的 R^2 在两次数据分析中的值分别为 58.4% 和 61.5%,持续意愿的 R^2 分别为 56.5% 和 62.4%,满意度的 R^2 分别为 50% 和 46.2%,依据学者 Falk(1992)[①]的研究结论,可以判断模型的解释力在可接受范围内,拟合度良好,构建的模型可接受。

相比其他模型,略高于 Lai & Yang(2014)[②]Wikepedia 百科众包用户持续行为的模型 R^2 值 31% 和仲雁秋等(2011)[③]对众包用户持续行为构建的模型 R^2 为 38%,由于众包用户持续知识贡献行为的研究较少,并且可参考模型解释力的估值也比较匮乏。本书模型中的变量设置是通过质性研究、经过两轮专家调查最终确定的,具有一定的可靠性,因此,认为构建的模型可接受。

---

① Falk R F,Miller N B. A primer for soft modeling[M]. Akron:University of Akron Press,1992:67.
② Lai C Y, Yang H L. The reasons why people continue editing Wikipedia content-task value confirmation perspective[J]. Behaviour & Information Technology,2014,33(12):1371-1382.
③ 仲秋雁,王彦杰,裘江南. 众包社区用户持续参与行为实证研究[J]. 大连理工大学学报(社会科学版),2011,32(1):1-6.

表7-23 结构模型变量标准化直接效应

潜在变量		AV		IV		UV		PC		PU		SA		CI		CB	
		前测	后测	前测	后测	前测	后测	前测	后测	前测	后测	前测	后测	前测	后测	前测	后测
外因变量	CON	0.322	0.341	0.314	0.347	0.273	0.265	−0.451	−0.538	0.347	0.334	—	—	—	—	—	—
	RE	—	—	—	—	—	—	—	—	—	—	—	—	0.176	0.199	—	—
	TR	—	—	—	—	—	—	—	—	—	—	—	—	0.369	0.452	0.399	0.411
	SN	—	—	—	—	—	—	—	—	—	—	—	—	—	—	—	—
	KS	—	—	—	—	—	—	—	—	—	—	—	—	0.295	0.320	0.297	0.331
	AE	—	—	—	—	—	—	—	—	—	—	—	—	0.333	0.354	0.380	0.419
	HA	—	—	—	—	—	—	—	—	—	—	—	—	—	—	−0.245	—
	KC	—	—	—	—	—	—	—	—	—	—	—	—	—	—	0.705	0.787
	KT	—	—	—	—	—	—	—	—	—	—	—	—	—	—	0.568	0.502
	KR	—	—	—	—	—	—	—	—	—	—	—	—	—	—	0.550	0.548
内因变量	AV	—	—	—	—	—	—	—	—	—	—	0.526	0.526	0.277	0.347	—	—
	IV	—	—	—	—	—	—	—	—	—	—	0.349	0.426	0.395	0.412	—	—
	UV	—	—	—	—	—	—	—	—	—	—	0.232	0.136	—	—	—	—
	PC	—	—	—	—	—	—	—	—	—	—	−0.637	−0.517	−0.434	−0.542	—	—
	PU	—	—	—	—	—	—	—	—	—	—	0.274	0.302	—	—	—	—
	SA	—	—	—	—	—	—	—	—	—	—	—	—	0.471	0.556	—	—
	CI	—	—	—	—	—	—	—	—	—	—	—	—	—	—	0.308	0.226

表 7-24 结构模型变量标准化间接效应

潜在变量		AV		IV		UV		PC		PU		SA		CI		CB	
		前测	后测	前测	后测	前测	后测	前测	后测	前测	后测	前测	后测	前测	后测	前测	后测
外因变量	CON	—	—	—	—	—	—	—	—	—	—	0.120	0.186	—	—	—	—
	RE	—	—	—	—	—	—	—	—	—	—	—	—	—	—	—	—
	TR	—	—	—	—	—	—	—	—	—	—	—	—	—	—	0.114	0.102
	SN	—	—	—	—	—	—	—	—	—	—	—	—	—	—	—	—
	KS	—	—	—	—	—	—	—	—	—	—	—	—	—	—	0.091	0.072
	AE	—	—	—	—	—	—	—	—	—	—	—	—	—	—	0.103	0.080
	HA	—	—	—	—	—	—	—	—	—	—	—	—	—	—	—	−0.245
	KC	—	—	—	—	—	—	—	—	—	—	—	—	—	—	—	—
	KT	—	—	—	—	—	—	—	—	—	—	—	—	—	—	—	—
	KR	—	—	—	—	—	—	—	—	—	—	—	—	—	—	—	—
内因变量	AV	—	—	—	—	—	—	—	—	—	—	—	—	0.248	0.292	0.085	0.078
	IV	—	—	—	—	—	—	—	—	—	—	—	—	0.164	0.237	0.122	0.093
	UV	—	—	—	—	—	—	—	—	—	—	—	—	0.109	0.076	—	—
	PC	—	—	—	—	—	—	—	—	—	—	—	—	−0.300	−0.287	−0.134	−0.122
	PU	—	—	—	—	—	—	—	—	—	—	—	—	0.129	0.168	—	—
	SA	—	—	—	—	—	—	—	—	—	—	—	—	—	—	0.145	0.126
	CI	—	—	—	—	—	—	—	—	—	—	—	—	—	—	—	—

表 7-25　结构模型变量标准化总效应

潜在变量		AV		IV		UV		PC		PU		SA		CI		CB	
		前测	后测	前测	后测	前测	后测	前测	后测	前测	后测	前测	后测	前测	后测	前测	后测
外因变量	CON	0.322	0.341	0.314	0.347	0.273	0.265	−0.451	−0.538	0.347	0.334	0.120	0.186	—	—	—	—
	RE	—	—	—	—	—	—	—	—	—	—	—	—	0.176	0.199	—	—
	TR	—	—	—	—	—	—	—	—	—	—	—	—	0.369	0.452	0.513	0.513
	SN	—	—	—	—	—	—	—	—	—	—	—	—	—	—	—	—
	KS	—	—	—	—	—	—	—	—	—	—	—	—	0.295	0.320	0.388	0.403
	AE	—	—	—	—	—	—	—	—	—	—	—	—	0.333	0.354	0.483	0.499
	HA	—	—	—	—	—	—	—	—	—	—	—	—	—	—	−0.245	—
内因变量	KC	—	—	—	—	—	—	—	—	—	—	—	—	—	—	0.705	0.787
	KT	—	—	—	—	—	—	—	—	—	—	—	—	—	—	0.568	0.502
	KR	—	—	—	—	—	—	—	—	—	—	—	—	—	—	0.550	0.548
	AV	—	—	—	—	—	—	—	—	—	—	0.526	0.526	0.525	0.639	0.085	0.078
	IV	—	—	—	—	—	—	—	—	—	—	0.349	0.426	0.559	0.639	0.122	0.093
	UV	—	—	—	—	—	—	—	—	—	—	0.232	0.136	0.109	0.076	—	—
	PC	—	—	—	—	—	—	—	—	—	—	−0.637	−0.517	−0.734	−0.829	−0.134	−0.122
	PU	—	—	—	—	—	—	—	—	—	—	0.274	0.302	0.129	0.168	—	—
	SA	—	—	—	—	—	—	—	—	—	—	—	—	0.471	0.556	0.145	0.126
	CI	—	—	—	—	—	—	—	—	—	—	—	—	—	—	0.308	0.226

7.5 本章小结

　　本章的目的是对众包用户持续知识贡献行为影响因素模型进行实证研究,验证模型中提出的研究假设。第一,确定实证研究的方法和过程,为了体现用户持续知识贡献行为的动态、复杂过程采用历时调查法,经过对同一批用户进行两次调查问卷获取研究的基础数据;第二,对生成的调查问卷进行小规模的预试,并对获取的基础数据进行量表项目分析以确定测量题项内部的一致性,对整个问卷进行信度和建构效度分析,并对不符合标准的题项进行删除或修改后再检验,修正后生成正式问卷;第三,进入正式调查,依据三种方式大规模的收集数据,并对获得的基础数据进行描述性统计分析和重复测量方差分析;第四,结构方程模型分析验证潜在变量之间的相互关系,利用 AMOS 22.0 对测量模型和结构模型进行分析,对测量模型内在结构适配度从组合信度和区别效度两方面进行评估,对结构模型从绝对拟合、增值拟合和简约拟合评估模型整体拟合度,并对模型进行路径分析,依据路径分析的结果得出除了假设 H4b,H6b,H8a 和 H8b 以外,其余假设均得到验证,并对潜在变量之间的效应关系即直接效应和间接效应进行计算分析汇总形成总效应;第五,对模型统计解释力进行探讨,认为持续行为的解释力 R^2 值分别为 58.4% 和 61.5% 在合理范围内,并且模型具有良好的拟合度。

第8章 研究总结与实践启示

本章是对实证研究结果的分析,并对众包用户持续知识贡献动态行为规律进行详细解释,分析各因素在用户持续行为过程中的关键作用,并以此为依据提出促进用户持续知识贡献行为的策略和方法,总结本书的主要结论以便更好地发挥众包在社会经济发展中的重要作用,实现多方共赢。

8.1 研究总结

共享经济环境下,信息和通信技术(ICT)的进步,特别是 Web 2.0 技术的发展,增加了众包为组织提供资源的可能性。众包作为企业或组织获取外部知识资源的重要途径,通过信息通信技术支持平台,整合大众智慧以达到扩展其思维能力和解决问题能力的最终目标。近年来,众包的应用已逐步从概念走向实地,随着众包平台的广泛建立与快速发展,大量用户通过平台参与众包活动为企业或组织提供知识资源,打破了以往专业人士和业余爱好者之间的藩篱,广泛借助大众社会资源,实现企业或组织资源的"内外联动",不断提高自身创新能力。尽管众包平台的注册用户数量呈几何级增长趋势,热度很高但依然面临用户黏度低,真正持续参与众包知识贡献的用户少等问题,众包平台实际的营销效果也远没有预想的高,并没有充分调动大众社会资源的价值,而众包可持续发展必须依靠用户不断地知识贡献。因此,本书研究众包用户持续知识贡献行为的目的是解释和预测用户持续知识贡献的行为,有助于利益相关者,即众包平台、知识需求者(发包方)了解用户持续知识贡献的行为规律,并依据研究结论做出科学的判断和决策。

本书沿着"理论依据-维度划分-影响因素-模型构建-实证研究-模型应用"的研究路径,层层递进挖掘用户持续知识贡献的行为规律。纵观本书的结构安排和逻辑脉络,首先分别对众包、知识贡献和持续行为进行了系统性的综述,融合三者相关文献明确了现有研究的不足和本书的核心内容。其次,从动机理论探究众包用户持续知识贡献行为的心理过程以及在这过程中影响用户持续行为心理动机的因素;从社会学视角和经济学视角分析众包用户持续知识贡献的行为机理;实现感性和理性两层面用户持续行为的解析,并为构建用户持续知识贡献行为集成框架进行了理论铺垫。然后,根据相关理论的支持以及从不同视角对用户持续行为机理的分析,构建了用户持续行为影响因素模型并对模型进行实证研究来验证模型的可行性和有效性,并分析和解释了实证研究中的主要结论,挖掘用户持续知识贡献的行为规律。最后,依据研究结果对众包平台的发展提出实操性建议。

8.1.1 研究发现

1. 众包用户持续知识贡献行为机理

从社会学视角,以社会认知、社会交换、社会资本为理论基础分析用户持续知识贡献行为的作用机理。社会认知理论认为众包用户的持续行为是在以往行为的主观认知和综合评价基础上做出的行为决策;社会交换理论认为众包用户持续行为是以互惠互利为出发点的社会交换,是用户平衡成本和效益之后的行为决策;社会资本理论认为众包情境下,用户持续知识贡献行为依靠利益相关方之间的社会关系,良好的社会互动关系是用户行为决策的关键。依据理论基础的分析结果,构建了社会学视角下用户持续知识贡献行为的理论模型框架。从经济学视角,认为在知识交易环境下,众包用户持续知识贡献的行为决策是在利益的驱动下,评估和衡量成本与收益的同时,追求物质或精神收益的最大化。从社会学视角和经济学视角对用户持续知识贡献行为的分析,认为用户持续行为作用机理是围绕"认知-环境-行为-再认知"变化的复杂动态过程,并根据分析结果构建了由知识贡献主体、知识贡献客体、知识贡献情境、技术支持以及知识贡献行为为主要要素的用户持续知识贡献行为作用机理集成框架。

2. 众包用户持续知识贡献行为影响因素分析

根据对用户持续行为动机和作用机理的理论分析,结合已有文献的相关研究,从动机期望价值维度、社会认知维度、社会资本维度分析影响用户持续知识贡献行为的因素,为验证各维度因素设置的科学性、有效性和适用性采用专家调查法对维度划分、概念要素、测量题项进行专家评分,经过两轮专家调查最终确定三个维度、十八个关键因素。其中,动机期望价值维度包括成就价值、内在价值、实用价值和代价;社会资本维度包括互惠、信任和社会规范;社会认知维度包括知识自我效能和累积经验;EECM-IS 基本模型中涉及的期望确认、感知有用性、满意度、持续意愿以及持续行为,参考以往研究中因素关系的设定,构建众包情境下用户持续知识贡献行为影响因素模型,并提出相应的研究假设。

实证研究结果表明了扩展的信息系统持续使用模型(EECM-IS)对预测众包用户持续知识贡献行为的支持,确定了动机期望价值、社会资本和社会认知三个维度作为影响因素预测众包用户持续知识贡献行为的重要性,验证了习惯在用户动态行为过程中的主要调节作用。模型实证体现了各影响因素之间的作用形式,解释和预测了用户动态的、复杂的持续知识贡献行为,定性地分析用户持续知识贡献的行为的规律。

(1)动机期望价值维度各因素对持续行为的作用

动机期望价值维度是根据动机期望价值理论,综合不同价值观和成本预期设置的影响因素,当期望价值大于代价时,用户持续知识贡献行为意愿就会被激发。动机期望价值维度主要包括成就价值、内在价值、实用价值和代价四个主要影响因素,根据扩展的信息系统持续使用行为理论"满意度→持续意愿→持续行为"的逻辑思路,结合两次调研数据的结构方程模型分析结果可以看出,前测和后测中各因素对持续知识贡献意愿的影响作用依次为内在价值、成就价值、满意度和实用价值,并且两次的作用关系存在细微的差异,成就价值和内在价值的作用对用户的持续行为意愿影响更大,路径系数都有所提高,相反实用价值对意愿的影响作用较小,代价对用户持续意愿的影响呈负相关。这与以往对众包用户参与意愿的研究结论①是相悖的,用户最初参与众包活动是为了获得实用价值,如预期收益、工作机会等,认为实用价值是影响用户知识贡献的主要因素。从测量题项的内容上看,成就价值和内在价值反映的是精神层面的奖励,如用户获得尊重、建立正面的自我形象、实现自身价值,以及认为知识贡献能够使人心情愉悦等,而实用价值反映的更多是物质层面的奖励,如积分、等级、额外的收入和工作机会等,在持续知识贡献过程中,用户的内在价值和成就价值,即精神层面的收益则体现的更为重要。首先,对于有意愿持续参与众包活动的用户来说,实用价值不是吸引它们持续知识贡献的主要因素,而用户更多考虑的是是否为他们提供了实现自我价值和自我满足、证实自身能力的服务和功能,若满足用户的内在需求,用户浏览众包任务的频率也会越来越高,从而促进用户知识贡献完成众包任务,相应的用户中标的次数和概率也会有所提升。其次,用户知识贡献行为发生之前也会衡量知识贡献过程中所要耗费的时间和精力,并对付出的成本进行评估,当用户认为期望价值大于代价时,即使众包任务具有较高的难度和较大的挑战,用户也会解决问题、完成任务,从而增加用户的乐趣和成就感。同时,各因素也会通过满意度对持续意愿产生间接影响,用户对知识贡献行为过程中的满意度越高,持续意愿就越强烈。

动机期望价值维度各因素对持续知识贡献行为的影响是通过持续意愿间接影响的,根据所得数据也证实了内在价值对用户持续行为的重要影响,而实用价值对持续行为不存在显著相关关系。已有文献 Lin & Lu(2011)②,Van der Heijden(2004)③研究认为感知愉悦是IS 持续使用的重要前提,因为用户更加关注信息系统的有趣性,而用户持续知识贡献能够使人感觉愉悦作为内在价值的测量变量,因此,也间接验证了内在价值对持续行为的重要影响。本书不仅证明了此结论,同时也揭示了内在价值相比动机期望价值维度其他因素对用户持续知识贡献行为具有更重要的影响作用,因此,构建愉悦的互动环境增加用户的黏性是较为有效的选择,从而保持用户的持续知识贡献。

综上所述,从动机期望价值维度的角度分析用户持续知识贡献的行为,认为内在价值是最主要的影响因素,其次是成就价值,而代价则是影响用户持续行为最大的阻碍。从实用价值和内在价值对持续行为的影响作用可以看出,持续知识贡献行为是用户从物质需求倾向向精神需求倾向转变的过程,更加重视持续知识贡献的自身感受,因此,众包平台须重新考虑相关管理策略,重视精神奖励以满足用户的需求,从而保证用户持续知识贡献。

(2)社会资本维度各因素对持续行为的作用

社会资本维度主要包括三个因素,即互惠、信任和社会规范,信任对持续意愿和持续行为有重要影响,互惠对持续意愿有影响作用,对持续行为没有显著影响关系,而社会规范对两者均无影响。首先,众包任务是由知识需求者(发包方)通过众包平台发布,用户利用众包平台获知相关众包任务,用户的知识贡献活动就是用户与知识需求者(发包方)以及众包平台之间的知识交易活动,由于三者之间存在信息不对称,用户无法获知众包任务的可信性和可靠性,也会存在知识需求者(发包方)或众包平台作弊问题,史新和邹一秀(2009)④在研究

---

① 张媛.大众参与众包的行为影响因素研究[D].大连:东北财经大学,2011.

② Lin K Y,Lu H P. Why people use social networking sites:An empirical study integrating network externalities and motivation theory[J]. Computers in Human Behavior,2011,27(3):1152-1161.

③ Van Der Heijden H. User acceptance of hedonic information systems[J]. MIS Quarterly,2004,28(4):695-704.

④ 史新,邹一秀.威客模式研究述评[J].图书与情报,2009(1):71-72.

中指出作弊是影响威客平台用户忠诚的最大障碍,因此,用户、知识需求者(发包方)以及众包平台三方之间的信任问题显得尤为重要。其次,用户知识贡献是以智力成果的形式转移给知识需求者(发包方),智力成果的知识产权、奖励形式等都需要三方在信任的环境下协商完成。一般情况下,知识需求者(发包方)会将对用户的服务承诺,如报酬、奖励等暂存于第三方众包平台,然后根据众包任务的类型(竞赛式或协作式)将相应的奖励分配给中标者或者协作的大众用户,用户提交智力成果先于获得收益,可能会面临无法获得收益的风险,因此,众包平台的信用就尤为重要,信用越高,用户会对其越信任。信任是对未来用户持续知识贡献获得积极结果的有力保障[1],当用户对知识需求者(发包方)和众包平台有足够的信任时,用户会认为众包平台能够在潜在风险中有效地保护自己的个人信息,这将大大促进用户的持续知识贡献行为。本书的信任主要涉及安全的信息环境、对用户的承诺、任务信息的可靠性等,因此,众包平台建立相应的任务管理和诚信管理的措施促进三方之间信任程度越来越深,用户持续知识贡献意愿越来越强。

互惠体现为用户在参与众包任务,贡献知识而获得的收益,在量表的测量题项中认为用户之间、用户与众包平台之间是存在互惠关系的,用户在参与众包协作完成众包任务的时候,个体之间互相交流可以扩大自身的社交圈,同时也能在交流的过程中提高自我效能,互惠性越强,用户持续意愿越强烈,但是,实证研究发现尽管互惠与持续意愿之间有显著关系,但其对持续行为没有显著影响,可将其解释为用户持续行为主要以兴趣驱动,受内在价值影响,是促进用户持续行为的自然力量,不受外界影响,以达到用户情绪上的满足和成就感,而非考虑知识贡献的互惠性收益。社会规范在用户持续知识贡献的过程中并没有对用户的持续行为有重要影响,影响不显著的原因可能在于,一方面,本书探讨用户持续知识贡献行为,采样的样本均是参与过众包活动或了解众包服务和功能的用户,具有一定的判断能力,受周围他人或重要人士的影响会有一定程度的弱化;另一方面,用户持续行为是兴趣驱动的行为,受内在价值的影响,相比其他人的观点或意见,用户更多的是从自身特点、需求和所具备的能力来判断是否持续知识贡献。

综上所述,从社会资本的角度分析用户持续知识贡献行为,认为信任是影响用户持续行为的关键因素,用户的行为在不同的环境下会受到不同的影响,当用户与知识需求者、众包平台处于信任的环境下,用户更愿意持续知识贡献,反之,用户会终止知识贡献行为。

(3) 社会认知各因素对持续行为的作用

社会认知维度主要包括两个因素,即知识自我效能和累积经验。累积经验相比知识自我效能对用户持续知识贡献意愿和行为均有更显著的影响。用户的认知、心理等动态性的变化影响用户持续行为,累积经验是伴随着用户不断地参与众包活动而获得的知识积累,是对特定情景的认知和熟悉程度的反映,如在何地搜寻适合自身特点的众包任务、如何用文字、图片等各种形式描述知识、众包任务完成后的收益如何支付、众包活动涉及的相关规定以及适用范围等,熟悉程度直接决定了众包情境下用户的行为决策。用户对众包平台提供的各项功能和服务经验的累积为未来用户持续知识贡献节省了大量的时间和精力,降低了持续行为所要付出的代价。目前,现有众包用户持续行为研究的文献中并没有探讨累积经

---

[1] Gefen D,Karahanna E,Straub D W. Trust and TAM in online shopping:an integrated model[J]. MIS Quarterly,2003,27(1):51-90.

验与持续意愿和持续行为之间的关系,本书对同一批用户的两次调研数据分析结果中都验证了累积经验对持续行为的显著性影响,因此具有一定的可信性。

众包是为企业或组织提供知识资源的大众参与的知识活动,用户需要拥有一定的知识储备来完成众包任务,动态化的持续知识贡献行为过程中,用户不断参与和不断交流会促进用户的知识自我效能的提高,从而对用户持续意愿的影响就越强烈。本书实证结果表明知识自我效能对持续行为的显著性关系与Cheung & Lee(2013)[①]的研究结论相悖,在对在线商品评价平台用户持续知识共享行为的研究中并没有发现用户知识自我效能与知识共享持续意愿有显著关系。可能的解释是,本书的调研样本为猪八戒网、任务中国等以竞赛式众包为主的用户,对完成众包任务所需要的知识具有一定的要求,并且众包知识贡献也多以知识创造为目的,与面向产品的经验分享相比,用户需要提出更多的见解。与此同时,持续知识贡献行为的发生也会促进用户知识自我效能和累积经验的提高,当用户每参与一次众包活动,他就会在参与的过程中积累一定的经验,掌握之前未了解或不熟悉的功能与服务,并为完成众包任务对自己现有的知识进行归纳、整合,对涉及的不熟悉的知识内容进行再学习,从而提高用户的知识自我效能。

综上所述,从社会认知的角度分析用户持续知识贡献行为,累积经验和知识自我效能均是持续行为的显著影响因素,其中,累积经验更为重要,两者的显著性均超过了满意度对持续行为的影响,与以往传统IS持续行为的研究[②]认为满意度是最为显著的影响因素相比,说明了众包情境下,用户的经验产生了持续行为,经验的积累也是知识固化的过程,也是增强知识自我效能的过程。

(4)习惯对持续行为的作用

实证研究的结果证明了习惯对用户持续意愿与持续行为之间具有调节作用,并且其作用为负向效果。Cheung & Limayem(2005)[③]对信息系统持续使用的研究认为随着时间的推移,习惯对持续意愿和行为的调节作用会不断加强,并且意向对行为的影响会慢慢减弱。Limaye等(2007)[④]将习惯作为直接变量和调节变量分别验证了习惯对持续行为的影响作用,当其作为直接变量时,习惯对持续行为具有显著影响,当其作为间接变量时,习惯对持续意愿与持续行为之间具有负向调节作用。本书的实证结果与以往的研究结论是相一致的。也就是说,用户的习惯一旦形成,其持续意愿对持续行为的预测作用就会降低。这可以解释为用户对众包知识贡献行为习惯一旦养成,那么用户对未来持续知识贡献行为所要付出的认知努力也会相应减少,如用户可以不用费力思考,不用经历复杂的心理活动就能够做出决策行为,此时,用户的持续性行为更加倾向于自动重复,行为也逐渐变得稳定,进入无意识持续行为阶段。

---

① Cheung C M K, Lee M K O, Lee Z W Y. Understanding the continuance intention of knowledge sharing in online communities of practice through the post-knowledge-sharing evaluation processes[J]. Journal of the Association for Information Science and Technology,2013,64(7):1357-1374.

② Bhattacherjee A. Understanding Information Systems Continuance:An Expectation-ConfirmationModel[J]. MIS Quarterly,2001,25(3):351-370.

③ Cheung C M K,Limayem M. The Role of Habit in Information Systems Continuance:Examining the Evolving Relationship Between Intention and Usage[C]//International Conference on Information Systems,Icis 2005.

④ Limayem M,Hirt S G,Cheung C M K. How Habit Limits the Predictive Power of Intention:The Case of Information Systems Continuance[J]. MIS Quarterly,2007,31(4):705-737.

综上,习惯对持续意愿与持续行为的负向调节作用符合前述章节中对用户持续知识贡献行为过程的划分,认为习惯的养成会让用户在自发和无意识的驱动下决策行为,从而促进用户持续知识贡献。

(5) 持续知识贡献行为结果

本书探索性地将持续知识贡献的行为结果分为知识创造、知识转移和知识留存。众包用户的持续知识贡献将有助于构建和保持众包平台的知识管理,实证研究也探讨了用户的知识贡献行为是如何积极影响知识创造、知识转移和知识留存,其中用户参与众包活动,为知识需求者(发包方)提供的知识解答越多,以知识创造展现的结果形式就越多,知识创造意味着收集的隐性或显性知识的过程中开发新知识或更换旧的或已存在的知识,如新创意、新思路、新的营销策略或在他人经验的基础上得出的新内容、新知识等。知识创造作为知识结构的一部分,其符合野中郁次郎的动态组织知识创造理论[1],从 SECI 的角度理解众包用户知识贡献行为主要分为隐性-隐性、隐性-显性、显性-显性、显性-隐性的过程。首先,问题识别,众包起始于知识需求者提出非官方的问题描述,并为需求者与贡献者创造对话的平台;其次,创建问题,Oliveira and Ramos (2014)[2]将此阶段定义为"Pre-challenge"阶段,在这一阶段,知识需求者需要在传递给用户之前将任务定义的问题或需要解决的问题外部化/显性化;然后,解决方案创造,Oliveira and Ramos 将此阶段定义为"challenge"阶段,用户按设定的问题描述,编写解决方案,提供给知识需求者,并将其作为众包用户解决行为的轨迹;最后,解决方案学习,Oliveira and Ramos 将此阶段定义为"Post-challenge"阶段,依据之前知识需求者与用户之间明确的沟通,通过众包平台内化,需求者获得解决方案,用户也在贡献中获得收益。同时也验证了持续行为对知识转移和知识留存的积极影响,众包平台内的知识转移,可以理解为用户与企业或组织之间的知识转移,平台作为知识转移的中介,应当对用户的知识行为轨迹进行归档、保存并适当的挖掘,为用户构建专属的知识管理档案,现有的众包平台缺乏对用户知识管理的开发,使得大量的知识资源和智力资本被浪费。

综上,用户可以通过持续行为促进知识创造、知识转移和知识留存的产生,从而促进整体提高知识和技能的利用效率,在共享经济时代,创造更大的收益和价值。

(6) 用户持续知识贡献的行为规律

根据行为科学和心理学对人类行为规律的归纳,结合本书实证研究的结论,认为众包用户持续知识贡献遵循"认知-动机-态度-行为"的轨迹规律,并且认知、动机、态度、行为在用户持续知识贡献复杂、动态的行为过程中是相互联系的。认知是人们心理活动、决策行为产生的最初来源,众包情境下,用户的认知包括周围信息环境的认知、利益相关方即众包平台以及知识需求者(发包方)信誉度的认知、期望与收益的认知、自我知识能力的认知以及经验对其发生众包任务的认知和预判,用户将这些接收到的内容信号进行转换、编码、合成、储存为用户行为的发生做准备。伴随认知行为用户的内在过程或内部心理活动将被激发即用户持续知识贡献行为的动机,认为用户的需求与动机是决定其持续知识贡献行为的基础。动机是由用户的需求(内驱力)和诱因构成,从实证研究的结果可以发现众包情境下用户持续行

---

[1] Nonaka I. A Dynamic Theory of Organizational Knowledge Creation[J]. Organization Science, 1994,5(1):14-37.
[2] Oliveira, F. and Ramos, I. Crowdsourcing: A tool for organizational knowledge creation, Research in Progress [C]//Proceedings of the Twenty Second European Conference on Information Systems (ECIS), Tel Aviv, 2014.

为的动机是受用户内在价值和成就价值驱动,认为知识贡献是实现自我价值的内在驱动力。态度是心理认知和动机的综合倾向,是用户情感的表达,满意度是期望确认理论模型的核心变量,参与众包任务的过程中用户的预期期望得到满足、获得了预期的收益并认为知识贡献是良好的体验,这些都将促使用户满意度的提高,也必将对持续行为意愿的情感倾向产生一定的影响,满意度越高,其持续意愿就越强烈。对于众包平台来说,其长久可持续的发展不仅要依靠注册用户,更重要的是要发挥已有用户的持续贡献行为,维持和提高用户满意度是众包平台管理和运营的核心,用户的认知和动机产生对持续行为的态度,积极的态度指向用户的持续行为,行为的完成为了实现用户目标。目标完成需要得到满足,于是又产生新的需要、动机、行为,以实现新的目标。用户动态持续行为的过程中也要特别注重用户习惯的作用,让用户产生对参与众包平台知识贡献活动的满意感和依赖性,从而自发的无意识的重复以往的行为,这与消费者重复购买行为相类似,情感的忠诚演变为行为忠诚,习惯和情感倾向是一致的,众包平台可以通过对用户知识贡献行为的适当的引导,促使用户行为习惯的养成,发挥习惯的作用力。

综上,"认知-动机-态度-行为"的整体规律体现了用户持续知识贡献的行为轨迹和行为特征。同时,实证研究结果也指出了影响用户认知、动机、态度和行为的主要因素,如信任、内在价值、累积经验等,充分发挥各影响因素的关键作用,因此,构建满足用户需求、外部环境良好的众包平台将有利于提高用户的黏性,从而促进持续知识贡献行为的发生。

8.1.2 研究贡献

本书结合多种理论从不同视角探索了众包用户持续知识贡献行为,认为用户持续知识贡献是一种复杂、动态的心理行为过程。在梳理并总结现有相关文献以及对理论研究扩展的基础上,认为可能的研究贡献有以下几个方面:

① 拓展了众包用户持续知识贡献行为研究的理论视角,从心理学、社会学、经济学等多视角的分析丰富了持续行为理论研究的内涵。现有研究多以动机或认知等单一视角分析用户持续行为,这与用户持续行为受认知、环境、情感等多种因素相互影响的实际不一致,缺乏关联性。众包作为共享经济环境下一种新的创新模式,探讨众包用户持续行为的文献几乎没有,从用户角度探析持续行为的过程、持续行为的特征、规律和作用机理是对持续行为的理论研究的扩展。

② 引入动机期望价值理论、社会认知理论和社会资本理论,从全新的维度视角探究影响用户持续知识贡献行为的因素。以往的理论模型对持续知识贡献行为的解释力不足,因此构建以扩展 IS 持续使用模型为基础,从三个维度构建理论模型,各维度内容构成是在结合国内外现有研究和专家调查质性研究的基础上建立的。对用户持续行为背后动机期望价值的探讨补充了用户持续行为价值取向的空白,从社会资本角度分析,如信任、互惠和社会规范等变量对持续行为的影响,以往的研究中关注较少。同时,模型的提出也弥补了以往研究模型对持续行为解释力不足的问题,经实证检验提出的模型具有较高的解释力,从理论上认为该模型对未来研究 IS 持续行为是一种贡献与创新。

③ 实证分析在数据采集方法和工具上与以往的研究有显著差异,强调历时数据对研究各影响因素之间关系的重要性,为了突出持续行为的动态变化,以同一批用户为研究对象,在不同的时间范围内对其进行问卷调查,这对现有持续行为以静态数据采集研究来说无疑

是有益补充。

④ 验证了持续意愿与持续行为之间的关系。以往的研究中多以持续意愿代替持续行为作为因变量,将意愿等同于行为,但实际的研究发现意愿与行为之间呈弱相关关系,并不能完全替代行为,也就是说,众包情境下,用户知识贡献持续意愿是持续行为的前提,此结论对研究持续行为具有一定的理论价值。

⑤ 验证了习惯对持续意愿与持续行为之间的负向调节关系。现有的研究中涉及调节变量对用户持续行为研究的文献较少,习惯调节变量的加入,扩展了众包用户持续知识贡献行为的研究范围,同时也证明了用户持续行为变化的复杂性。

⑥ 针对众包平台如何保持用户持续知识贡献的黏性,从管理、系统、技术等方面提出了建设性意见,从而促进用户持续行为,促进众包在共享经济环境下的可持续发展,具有一定的实践意义。

8.1.3 研究不足

由于受各种客观条件的限制,本书仍存在一些不足,主要体现在以下几个方面:

① 由于众包平台丰富,存在一些众包平台兼顾竞赛式和协作式众包任务,涉及面较广。受时间和费用的限制,对两种众包类型用户都研究难度较大,所以本书仅以竞赛式众包用户为主进行了数据采集,因而有待进一步扩展。

② 因用户持续行为可能是一个长期的过程,受时间限制,对用户持续知识贡献历时数据采集时间间隔设置较短,没有进行长期的、多次的跟踪研究,因而有待进一步深入研究。

③ 仅对用户人口统计学特征进行了简单的统计分析,并未对具有不同特征的用户对持续行为的影响进行详细分析,有待进一步深入研究。

④ 本书前期参与专家调查的专家数量、专业领域、专家结构,后期大规模调查研究的样本数量、样本结构、样本范围由于受到人力、时间、精力和费用的限制,仍有待进一步完善。

8.1.4 研究展望

众包用户持续知识贡献行为是目前学术界与实务界比较关心的研究热点,结合上述的研究不足,未来研究应从以下几个方面更加细致深入地研究:

① 对不同众包类型的用户持续知识贡献行为进行分析,探讨不同众包类型用户持续行为是否存在差异,提出的模型对协作式众包用户持续知识贡献行为的解释力是否可以接受。

② 对用户的调查研究进行长期跟踪,从不同时期、不同阶段分析用户持续行为的变化,挖掘用户行为变化的规律。

③ 对用户人口统计学特征进行细化,将用户的特征作为控制变量,针对不同特征展开深入研究,如文化水平、经济水平、教育水平等差异对持续行为的影响,更清晰地把握用户行为变化规律。

④ 制定更加客观有效的调查方案,选取更加科学合理的调查样本,使样本更具客观性、代表性和科学性,从而准确地反映用户持续知识贡献的行为特征。

8.2 实践启示

知识经济环境下,知识是企业或组织核心竞争力的体现,对企业或组织来说,企业或组织的边界逐渐消失,价值创造的过程从线性到非线性,从自上而下到自下而上,从集中到分散,从封闭到开放,单纯依靠企业或组织内部的知识管理已远远满足不了发展的需求,也无法在市场竞争环境中占有优势。因此,利用众包获取更多的外部知识资源对企业或组织的发展来说已不是主观选择,而是一种必由之路。那么,如何激励和刺激用户在众包平台中持续不断地贡献知识,促进用户的持续知识贡献行为对众包平台来说无疑是巨大的挑战。根据上一章节对用户持续知识贡献行为影响因素实证研究得到的结果,依据 Zhao & Zhu (2014)[①]提出的用户(知识贡献的提供者 Provider)、众包平台(Intermediation Platform)、众包需求者(Assigner)三个众包利益相关者,从管理、系统、技术三个视角提出相应的策略和方法以促进用户持续知识贡献行为,推动共享经济的发展。

8.2.1 管理视角

共享经济环境下,众包是协同生产和市场生产混合模式的体现,由于用户与众包需求者在社会化网络中处于分散的状态,双方之间松散的、无约束的关系需要依靠第三方众包平台来相互制衡,双方的信息不对称、关系联结松散会加重用户对持续知识贡献感知风险的形成,因此,通过众包平台对众包过程中各项规则的制定来控制、约束、规范和管理双方的行为,满足社会资本维度用户对信任和社会规范的期望,从而促进用户持续知识贡献。本书从任务管理、身份管理、诚信管理、知识管理四个方面提出促进用户持续知识贡献行为发生的主要策略。

(1) 任务管理

众包是围绕众包任务开展的活动,其贯穿于整个众包过程。任务的管理不仅体现在众包平台对众包需求者发布任务的分类、内容的规范上,对众包需求者在方案选择、评价、评标过程的监督以保证过程的公正、公平也是十分重要的。用户在知识贡献的过程中本身就存在信息不对称的情况,如果众包需求者存在任务内容的欺骗、任务评价的不公正等会导致用户对众包需求者连带众包平台产生不信任,反之,用户、众包需求者、众包平台三者建立坚实的信任关系,才会促进用户的持续知识贡献。首先,众包平台任务管理监督的形式可以采用众包平台吸引各行各业的专家,构建专家知识库,在评标的过程中由专家知识库随机选中适合的专家进行评价,以保证过程的客观、公正。其次,众包平台应当对任务发布进行引导,使用户明晰任务的难度,充分体现用户成就价值,促进用户持续知识贡献。

(2) 身份管理

无论是众包需求者抑或是用户在众包平台中活动都要进行注册,平台需要对必要的信息进行核准,利益双方信息的准确可靠是有效管理的基础。对于众包需求者来说,无论是个人、组织或企业,其身份信息、资质验证均可以为用户的知识贡献意愿提供参考,这有利于规

---

① Zhao Y, Zhu Q. Evaluation on crowdsourcing research: Current status and future direction[J]. Information Systems Frontiers, 2014, 16(3):417-434.

范双方的众包行为,也能够促进众包平台的可持续发展。例如,众包平台可以为众包需求者设置信誉等级,等级越高越能够增强用户的信任感,从而吸引用户参与众包任务,促进用户持续知识贡献。对于用户来说,同样需要进行身份核实,如采取实名制,了解用户的信息,提高用户可信度,保护众包需求方的利益,避免纠纷的产生。

(3) 诚信管理

诚信是利益相关方相互之间建立的对等关系,对用户来说,诚信管理能够提升对众包需求者和众包平台的信任感,信任是影响用户持续知识贡献的关键因素;对众包需求者来说,诚信管理是对用户行为的规范,参与众包任务就应当遵守承诺。因此,诚信管理即信任的建立是众包活动有序、持续进行的有力保障。众包平台应当建立众包需求者的信誉等级或红黑榜以防止众包需求者的欺诈行为,遵守对用户的承诺,奖励并宣传信誉等级高的众包需求者,对其发布的任务优先执行,良好的信誉能够激发用户对其的信任,从而影响用户的持续知识贡献。已有一些众包平台设置了信誉评价栏目,评价结果可为用户提供参考。

(4) 知识管理

用户持续知识贡献的行为结果表现为知识创造、知识转移和知识留存,在用户参与完成众包的过程中会产生大量的知识碎片,将用户知识贡献的行为轨迹和知识碎片收集和保存,挖掘用户的知识特征、偏好、习惯,智能化的为用户推荐众包任务,降低用户时间成本和学习成本,使得用户付出最小的认知成本,从而促进用户持续知识贡献。众包平台的知识留存可以通过归档、记录专门知识、保存以往参与众包活动的经历。

(5) 用户管理

对用户的管理可以从以下几方面实施:众包的管理者可以根据用户的行为习惯建立利益群体,促使对众包任务内容有相同兴趣的用户形成意愿群体,意愿群体中她/他的知识贡献意愿会大大影响其他个体,将具有相似行为轨迹或兴趣的用户连接起来,以线上或线下的形式进行交流,提高用户的知名度,获得大众的认可,同时在交流经验的过程中也能够有效提升用户知识自我效能,已有众包平台通过线上的交流版块或专门空间进行互动,从而增强用户知识自我效能,如众包设计T恤的Treadless,在平台上设有专门的版块向用户介绍入门级衬衫设计知识,同时也为用户提供了对于复杂技巧、设计理念等不同主题专门的交流空间,大大提高了用户的参与度,用户不仅可以获得他人设计T恤的经验,而且也掌握了更多的设计技巧,提高了用户知识自我效能,有利于用户的持续知识贡献。

8.2.2 系统视角

Zhao & Zhu(2014)[①]将众包视为一种社会技术系统,能够支持工作场所中人、技术、信息之间的互动和连接,并反映了社会复杂的基础设施与人类行为之间的相互作用。在这个系统中,用户与需求者、用户与系统的交互是为了获得自己想要的东西,体现自身的价值,因此,从系统的角度,建立多层次的激励手段是保障用户持续知识贡献的重要手段。从实证研究影响用户期望的三个维度出发建立众包系统的激励体系,主要体现在欣赏激励、奖励激励、能力激励三方面策略。

---

① Zhao Y, Zhu Q. Evaluation on crowdsourcing research: Current status and future direction[J]. Information Systems Frontiers,2014,16(3):417-434.

(1) 欣赏激励

可视化众包用户的知识贡献行为轨迹,由平台编译和发布最高贡献者列表或建立绩效会员制,以表达不同程度知识贡献者的贡献地位。除此之外,以往参与的众包任务也是识别关键贡献者的一种方式。通过众包系统中设立的论坛、博客等讨论区记录和描述用户知识贡献的故事或者展示用户知识贡献成绩的简档以表达对用户知识贡献的认可和尊重,建立威望,如 Yahoo! Answers 建立的名誉系统(Reputation System),对用户的知识贡献进行名誉奖励,设立相应的头衔,体现用户的成就价值,从而鼓励用户贡献更高质量的知识。这种认同能够促进众包用户持续知识贡献和持续参与价值创造活动。

(2) 奖励激励

有效的奖励机制能够在很大程度上激发用户的参与热情,激励用户不断贡献知识,提高用户之间的互动交流程度。奖励机制的手段不仅物质奖励,而且也要注重精神奖励,如加分、积分、等级提升和拥有更高职位等。奖励机制的策略要注重立体化,全面调用用户持续知识贡献的意愿和积极性,实证研究发现,用户持续知识贡献行为更多地关注精神层面的奖励,主要受内在动机驱动,因此仅靠物质奖励并不能完全适应用户持续行为阶段,虽然在初始阶段用户受物质奖励的影响较大(如额外的收入测量题项),属于利己主义的外在动机,但在持续阶段用户追求的重心已不再是物质奖励,是为了体现其自身价值,获得社会认可,更多体现的是内在价值,注重策略的协同效应,达到激励效果的最大化。

(3) 能力激励

能力激励是为了提高用户的知识自我效能,知识自我效能对用户持续知识贡献有显著影响,体现了用户完成众包任务的能力。用户以往参与众包任务的信息和知识是分散的、无序的,众包平台可通过建立机构知识库的形式整合以往的知识,供用户学习、交流,促进用户以往众包活动中转移、留存的知识流动起来,实现知识高效利用,同时也提高了用户潜在的自我效能,促进用户持续知识贡献。

8.2.3 技术视角

技术是支撑众包平台正常运营和可持续发展的关键,利用技术能够实现平台的各项功能,如前所述为促进用户持续知识贡献涉及的各项管理、知识挖掘、激励策略等功能都需要技术的支持,将其转化为用户持续行为的动力,众包平台的技术能力强调的是让用户能够持续参与知识贡献并优化利益相关方的相互关系,最终帮助众包需求者解决实际问题。具体包括知识组织、知识导航、知识仓库、知识地图、知识聚合、人工智能等技术,技术的可靠性关乎用户对众包平台的信任程度,继而促进用户的持续贡献。例如,注重知识聚合和任务定制推荐的开发,简化编辑过程,提供更加友好的编辑页面,引导用户以最小的认知代价获得最大程度的用户期望确认和满意度;借鉴 PageRank、Hits 等链接算法,优化用户可信度排序,提升用户的声望和名誉,体现用户完成众包任务的实用价值,从而促进用户持续知识贡献。

参 考 文 献

[1] Al-Debei M M, Al-Lozi E. Why people keep coming back to facebook: explaining and predicting continuance participation from an extended theory of planned behaviour perspective [J]. Decision Support Systems,2013,55(1):43-54.

[2] Ajjan H, Hartshorne. Continuance use intention of enterprise instant messaging: a knowledge management perspective[J]. Behaviour & Information Technology,2014,33(7):678-692.

[3] Ajzen I. The theory of planned behavior, Organizational Behavior and Human Decision Processes[J]. Journal of leisure Research, 1991,50(2):179-211.

[4] Ajzen I, Fishbein M. Understanding attitudes and predicting social behavior[M]. Englewood Cliffs, N. J. :Prentice-Hall,1980.

[5] Alavi M, Leidner D E. Review: Knowledge Management and Knowledge Management Systems: Conceptual Foundations and Research Issues[J]. MIS Quarterly, 2001, 25(1): 107-136.

[6] Alexandra Durcikova, Peter Gray. How Knowledge Validation Processes Affect Knowledge Contribution[J]. Journal of Management Information Systems,2009,25(4):81-108.

[7] Alonso O, Lease M. Crowdsourcing 101:Putting the WSDM of Crowds toWork for You[C]//Proceedings of the fourth ACM international conference on Web search and data mining,2011:1-2.

[8] Alonso O, Baeza-Yates R. Design and implementation of relevance assessments using crowdsourcing[C]//European Conference on Advances in Information Retrieval. Springer-Verlag,2011:153-164.

[9] Ardichvili A, Page T. Motivation and barriers to participation in virtual knowledge shaaring communities of practice[J]. Journal of knowledge management,2003,7(1): 64-77.

[10] Argote L, Reagans R. Managing Knowledge in Organizations: An Integrative Framework and Review of Emerging Themes[J]. Management Science,2003,49(4):571-582.

[11] Associated Press. Wikipedia Says it's Losing Contributors[EB/OL]. (2011-08-04) [2016-08-04]. http://www. huffington post. com/2011/08/04/wikipedia-losing-contri-butors_n_918154. html? view=screen.

[12] Atkinson J W. Towards experimental analysis of human motivation in terms of motives, expec tancies, and incentives[J]. Motives in fantasy, action and society, 1958:288-305.

[13] Ba S,Stallaert J,Whinston A B. Research Commentary:Introducing a Third Dimension in

[14] Baera M, Oldhama G R, et al. Rewarding creativity: When does it really matter [J]. The Leadership Quarterly, 2003, 14:569-586.

[15] Bagozzi R P, Yi Y, On the Evaluation of Structural Equation Models[J]. Journal of the Academy of Marketing Science, 1988, 16(1):74-94.

[16] Bagozzi R P. Attitudes, intentions, and behavior: A test of some key hypotheses[J]. J Pers Soc Psychol, 1981, 41(4):607-627.

[17] Bagozzi R P, Dholakia U M. Intentional Social Action in Virtual Communities[J]. Journal of Interactive Marketing, 2002, 16(2):2-21.

[18] Bandura A. Social Foundations of Thought & Action: A Social Cognitive Theory [M]. Englewood Cliffs, N. J. :Prentice-Hall, 1986.

[19] Bandura A. Self efficacy: toward a unifying theory of behavioral change[J]. Psychological Review, 1977, 84: 191-215.

[20] Bandura Albert. Self-efficacy: The exercise of control[J]. Journal of Cognitive Psychotherapy, 1999, 604(2):158-166.

[21] Barbaranelli C, Caprara G V. Multifaceted Impact of Self-Efficacy Beliefs on Academic Functioning[J]. Child Development, 1996, 67(3):1206.

[22] Bargh J A. Losing Consciousness: Automatic Influences on Consumer Judgment, Behavior, and Motivation[J]. Journal of Consumer Research, 2002, 29(2):280-285.

[23] Bargh J A, Gollwitzer P M, Leechai A, et al. The automated will: nonconscious activation and pursuit of behavioral goals[J]. Journal of Personality & Social Psychology, 2001, 81(6):1014-1027.

[24] Barnes S J. Understanding use continuance in virtual worlds: Empirical test of a research model[J]. Information & Management, 2011, 48(8):313-319.

[25] Battle E S. Motivational Determinants of academic competence[J]. Journal of Personality & Social Psychology, 1966, 4(4):634-642.

[26] Beck L, Ajzen I. Predicting dishonest actions using the theory of planned behavior [J]. Journal of Research in Personality, 1991, 25(3):285-301.

[27] Bederson B B, Quinn A J. Web workers Unite! Addressing Challenges of Online Laborers[C]. Proceedings of the annual conference extended abstracts on Human Factors in Computing Systems, 2011.

[28] Bhattacherjee A. Acceptance of e-commerce services: the case of electronic brokerages[J]. IEEE Transactions on Systems Man and Cybernetics — Part A Systems and Humans, 2000, 30(4):411-420.

[29] Bhattacherjee A. An empirical analysis of the antecedents of electronic commerce service continuance[J]. Decision Support Systems, 2001, 32(2)(01):201-214.

[30] Bhattacherjee A. Understanding Information Systems Continuance: An Expectation-Confirmation Model[J]. MIS Quarterly, 2001, 25(3):351-370.

[31]　Bhattacherjee A, Perols J, Sanford C. Information Technology Continuance: A Theoretic Extension and Empirical Test[J]. Journal of Computer Information Systems, 2008, 49(1):17-26.

[32]　Blau P M. Social Mobility and Interpersonal Relations[J]. American Sociological Review, 1956,21(3):290-295.

[33]　Blau P M. Exchange and power in social life[M]. New York:Wiley,1964.

[34]　Boakye K G. Factors influencing mobile data service (MDS) continuance intention: An empirical study[J]. Computers in Human Behavior 2015,50:125-131.

[35]　Bøe T, Gulbrandsen B, Sørebø Ø. How to stimulate the continued use of ICT in higher education:Integrating Information Systems Continuance Theory and agency theory[J]. Computers in Human Behavior,2015,50(C):375-384.

[36]　Bontis N, Serenko A. A follow-up ranking of academic journals[J]. Journal of Knowledge Management,2009,13(1):16-26.

[37]　Bourdieu P. The Forms of Capital[M]. London:Blackwell Publishers Ltd,1986.

[38]　Boudreau K J, Lakhani K R. How to Manage Outside Innovation[J]. Mit Sloan Management Review,2009,50(4):69-76.

[39]　Brabham D C. Moving the crowd at iStockphoto:The composition of the crowd and motivations for participation in a crowdsourcing application[J]. First Monday,2008, 13(6):236-238.

[40]　Brabham DC. A model for leveraging online communities[C]//In: Delwiche A and Henderson JJ(eds), The participatory cultures handbook. New York: Routledge, 2012,120-129.

[41]　Brown J S, Duguid P. Knowledge and Organization: A Social-Practice Perspective [J]. Organization Science,2001,12(2):198-213.

[42]　Burt R S. The contingent value of social capital[J]. Administrative science quarterly, 1997: 339-365.

[43]　Casalo L V. The Influence of Satisfaction, Perceived Reputation and Trust on a Consumer's Commitment to a Website[J]. Journal of Marketing Communications, 2007,13 (1):1-17.

[44]　Chang K C, Yen H W, Chiang C C, et al. Knowledge contribution in information system development teams: An empirical research from a social cognitive perspective[J]. International Journal of Project Management,2013,31(2):252-263.

[45]　Chanal V, Caron-Fasan M L. How to invent a new business model based on crowdsourcing: The crowdspirit ® case[C]//Conference de 1' Association Internationale de Management Strate'gique, 2008,1-27.

[46]　Chen X, Bennett P N, Collins-Thompson K, et al. Pairwise ranking aggregation in a crowdsourced setting[C]//ACM International Conference on Web Search and Data Mining. ACM,2013:193-202.

[47]　Chen I Y L, Chen N S, Kinshuk. Examining the Factors Influencing Participants'

Knowledge Sharing Behavior in Virtual Learning Communities[J]. Journal of Educational Technology & Society,2009,12(1):134-148.

[48] Chen I Y L. The factors influencing members' continuance intentions in professional virtual communities-a longitudinal study[J]. Journal of Information Science,2007,33(4): 451-467.

[49] Chen H, Chen H H. Determinants of satisfaction and continuance intention towards self-service technologies[J]. Industrial Management & Data Systems,2009, 109(8-9):1248-1263.

[50] Chen G L, Yang S C, Tang S M. Sense of virtual community and knowledge contribution in a P3 virtual community: Motivation and experience[J]. Internet Research,2013,23(1): 4-26.

[51] Chesbrough H, Vanhaverbeke W, West J. Open innovation: researching a new paradigm [M]. Oxford:Oxford University Press,2008.

[52] Cheung C M K, Limayem M. The Role of Habit in Information Systems Continuance: Examining the Evolving Relationship Between Intention and Usage[C]//International Conference on Information Systems,Icis 2005.

[53] Cheung C M K, Lee M K O. Understanding the sustainability of a virtual community: model development and empirical test[J]. Journal of Information Science,2009,35(3):279-298.

[54] Cheung C M K, Lee M K O, Lee Z W Y. Understanding the continuance intention of knowledge sharing in online communities of practice through the post-knowledge-sharing evaluation processes[J]. Journal of the Association for Information Science and Technology,2013, 64(7):1357-1374.

[55] Chiu C M, Hsu M H, Wang E T G. Understanding knowledge sharing in virtual communities: An integration of social capital and social cognitive theories[J]. Decision Support Systems, 2006,42(3):1872-1888.

[56] Chiu C M, Wang E T G. Understanding Web-based learning continuance intention: The role of subjective task value[J]. Information & Management,2008,45(3):194-201.

[57] Cho H, Chen M H, Chung S. Testing an Integrative Theoretical Model of Knowledge-Sharing Behavior in the Context of Wikipedia[J]. Journal of the American Society for Information Science & Technology, 2010,61(6):1198-1212.

[58] Choi N. Information systems satisfaction, loyalty and attachment: conceptual and empirical differentiation[J]. Behaviour & Information Technology,2015,34(3):261-272.

[59] Choi S Y,Lee H, Yoo Y. The impact of information technology and transactive memory systems on knowledge sharing, application, and team performance:a field study[J]. MIS Quarterly, 2010,34(4):855-870.

[60] Coleman J S. Social Capital in the Creation of Human Capital[J]. The American

Journal of Sociology,1988,94:95-120.

[61] Compeau D, Gravill J, Haggerty N, et al. Computer Self-Efficacy: A Review[M]. In Human-computer Interaction and Management Information Systems: Foundations, edited by P. Zhang and D. Galletta,Armonk,NY :M. E. Sharpe,2006:225-261.

[62] Connell J P, Wellborn J G. Competence, autonomy, and relatedness: A motivational analysis of self-system processes[J]. Journal of Personality & Social Psychology,1991,65:43-77.

[63] Constant D, Sproull L,Kiesler S. The Kindness of Strangers: The Usefulness of Electronic Weak Ties for Technical Advice[J]. Organization Science, 1996, 7(2): 119-135.

[64] Corney J R,Torressanchez C, Jagadeesan A P,et al. Outsourcing labour to the cloud [J]. International Journal of Innovation & Sustainable Development,2010,4(4): 294-313.

[65] Creswell J W. Educational Research: Planning, Conducting, and Evaluating Quantitative and Qualitative Research, Enhanced Pearson eText with Loose-Leaf Version—Access Card Package[M]. 5th Edition. Boston:Pearson,2012.

[66] Cross, R. Cummings, J. Tie and Network Correlates of Individual Performance In Knowledge-intensive Work [J]. Academy of Management Journal, 2004, 47(6): 928-937.

[67] Csikszentmihalyi M. Flow: The Psychology of Optimal Experience [M]. New York: Harper & Row, 1990:4.

[68] Cummings J N. Work Groups, Structural Diversity, and Knowledge Sharing in a Global Organization[J]. Management Science, 2004, 50(3):352-364.

[69] Davenport T, Prusak L. Learn how valuable knowledge is acquired, created, bought and bartered[J]. Australian Library Journal,1998, 47(3):268-272.

[70] Davenport T H, Prusak L, Prusak L. Working Knowledge: How Organizations Manage What They Know [M]. Boston: Harvard Business School Press, 1998: 396-397.

[71] Davis F D. Perceived Usefulness,Perceived Ease of Use, and User Acceptance of Information Technology[J]. MIS Quarterly,1989,13(3) : 319-340.

[72] Daren C, Brabham. Moving the crowd at threadless[J]. Information Communication & Society, 2010,12(8):1122-1145.

[73] Deci E L, Ryan R M. Intrinsic Motivation and Self-Determination in Human Behavior[J]. Contemporary Sociology,1985,3(2):5886-5895.

[74] Deng D,Shahabi C,Demiryurek U. Maximizing the number of worker's self-selected tasks in spatial crowdsourcing[C]//ACM Sigspatial International Conference on Advances in Geographic Information Systems. ACM,2013:324-333.

[75] DiPalantino D, Vojnovic M. Crowdsourcing and all-pay auctions[C]//In: Proceedings of the 10th ACM conference on Electronic commerce, 2009,9:119-128.

[76] Deliang Wang, Lingling Xu, Hock Chuan Chan. Understanding the continuance use of social network sites: a computer self-efficacy perspective[J]. Behaviour & Information Technology,2015,34(2):1-13.

[77] Deng S, Zhou T, Zhang M. Factors influencing knowledge contribution: An empirical investigation of social networking website users[J]. Chinese Journal of Library & Information Science,2012,5(4):37-50.

[78] Doan A, Ramakrishnan R, Halevy A Y. Crowdsourcing systems on theWorld-Wide Web[J]. Communications of the ACM,2001,54(4):86-96.

[79] Doney P M, Cannon J P. An Examination of the Nature of Trust in Buyer-Seller Relationships[J]. Journal of Marketing,1997,61(2):35-51.

[80] Durcikova A, Brown S A. Influence of System, Environment, and Procedures on Knowledge Submission Frequency[C]//Hawaii International Conference on System Sciences. IEEE, 2007:192c.

[81] Eccles J S, Adler, T F, et al. Expectancies, values, and academic behaviors[J]. Achievementand achievement motivation,1983,75-146.

[82] Eccles-Parsons J, Adler T F, Futterman R, et al. Expectancies, values, and academic behaviors[J]. Chapter In Achievement and Achievement Motives, edited by J. Spence,1983:75-146.

[83] Eccles J S. Subjective task value and the eccles et al. model of achievement-related choices[J]. Handbook of Competence & Motivation, 2005:105-121.

[84] Eccles J S, Wigfield A. Motivational beliefs, values, and goals[J]. Psychology,2002, 53(53):109-32.

[85] Eccles J S, Wigfield A, Schiefele U. Motivation to succeed[J]. Handbook of Child Psychology,1998,(3):1017-1095.

[86] Estellésarolas E. Towards an integrated crowdsourcing definition[J]. Journal of Information Science,2012,38(2):189-200.

[87] Falk R F, Miller N B. A primer for soft modeling[M]. University of Akron Press, 1992:67.

[88] Fang Y H, Chiu C M. In justice we trust: Exploring knowledge-sharing continuance intentions in virtual communities of practice[J]. Computers in Human Behavior, 2010,26(2):235-246.

[89] Fang Y, Neufeld D J. Should I Stay or Should I Go? Worker Commitment to Virtual Organizations[C]//Hawaii International International Conference on Systems Science. DBLP, 2006:27b-27b.

[90] Fishbein M, Ajzen I. Belief, Attitude, Intention and Behaviour: an introduction to theory and research[J]. Cahiers D Études Africaines,1975,41(4):842-844.

[91] Fiske, S. T, Taylor, S. E. Social Cognition[M]. New York: McGraw-Hall, 1991.

[92] Franklin M J, Kossmann D, Kraska T, et al. CrowdDB: answering queries with crowdsourcing[C]//ACM SIGMOD International Conference on Management of

Data. ACM, 2011:61-72.

[93] Frow P, Payne A. Towards the "perfect" customer experience[J]. Journal of Brand Management,2007,15(2):89-101.

[94] Gantner. Crowdsourcing in China Will Revolutionize the IT Services Market[EB/OL]. [2016-08-04]. https://www.gartner.com/doc/3157618? ref=Site Search & sthkw=crowdsourcing&fnl=search&srcId=1-3478922254.

[95] Gefen D. TAM or Just Plain Habit: A Look at Experienced Online Shoppers[J]. Journal of Organizational & End User Computing, 2003,15(July):1-13.

[96] Gefen D. Building users' trust in freeware providers and the effects of this trust on users' perceptions of usefulness, ease of use[D]. Atlanta, Georgia: Georgia State University,1997.

[97] Gefen D, Karahanna E, Straub D W. Trust and TAM in online shopping: an integrated model[J]. MIS Quarterly,2003,27(1):51-90.

[98] Gefen D, Straub D. A Practical Guide to Factorial Validity Using PLS-Graph: Tutorial and Annotated Example[J]. Communications of the Association for Information Systems, 2005, 16(1):91-109.

[99] Geiger D, Seedorf S, Schulze T, et al. Managing the Crowd: Towards a Taxonomy of Crowdsourcing Processes[C]//Americas Conference on Information Systems. 2011: 1-11.

[100] Gentile C, Spiller N, Noci G. How to Sustain the Customer Experience: An Overview of Experience Components that Co-create Value With the Customer[J]. European Management Journal, 2007,25(5):395-410.

[101] Gist M E, Mitchell T R. Self-efficacy: a theoretical analysis of its determinants and malleability[J]. Academy of Management Review, 1992, 17(2):183-211.

[102] Goodhue D L, Thompson R L. Task-Technology fit and individual performance [J]. MIS Quartly, 1995,19(2):213-236.

[103] Gorsuch R L. Exploratory Factor Analysis[M]//Handbook of Multivariate Experimental Psychology. New York:Springer US, 1988:12-25.

[104] Grant R M. The Resource-Based Theory of Competitive Advantage: Implications for Strategy Formulation[J]. California Management Review, 1991, 33(3):3-23.

[105] Grier D. A. Not for All Markets[J]. Computer,2011,44(5):6-8.

[106] Gregory D. Saxton, Onook Oh, Rajiv Kishore. Rules of Crowdsourcing: Models, Issues, and Systems of Control[J]. Information Systems Management, 2013, 30 (1):2-20.

[107] Guinea A O D, Markus M L. Applying Evolutionary Psychology to the Study of Post-adoption Information Technology Use: Reinforcement, Extension, or Revolution? [J]. Evolutionary Psychology & Information Systems Research, 2009, 24:61-83.

[108] Guinea A O D, Markus M L. Why break the habit of a lifetime? Rethinking the

roles of intention, habit, and emotion in continuing information technology use[J]. MIS Quarterly, 2009, 33(3):433-444.

[109] Guy I, Perer A, Daniel T, et al. Guess who? enriching the social graph through a crowdsourcig game[C]//International Conference on Human Factors in Computing Systems, CHI 2011, Vancouver, Bc, Canada, May. DBLP, 2011:1373-1382.

[110] Hagger M S, Chatzisarantis N L D, Biddle S J H. A meta-analytic review of the Theories of Reasoned Action and Planned Behavior in physical activity: predictive validity and the contribution of additional variables[J]. Cheminform, 2002, 43(8):23.

[111] Hajli N, Shanmugam, et al. A study on the continuance participation in on-line communities with social commerce perspective[J]. Technological Forecasting & Social Change, 2015, 96(2015):232-241.

[112] Hall H. Social exchange for knowledge exchange[C]//International Conference on Managing Knowledge, 2001:10-11.

[113] Ham J, Park J, Lee J N, et al. Understanding Continuous Use of Virtual Communities: A Comparison of Four Theoretical Perspectives[C]//Proceedings of the Annual. Hawaii International Conference on System Sciences 2012:753-762.

[114] Hashim K F, Tan F B, Andrade A D. Continuous Knowledge Contribution Behavior in Business Online Communities[C]//Proceedings of CONF-IRM 2011. http://aose.aisnet.org/Confirm2011/29.

[115] Haythornthwaite C. Crowds and Communities: Light and Heavyweight Models of Peer Productioon[C]//Hawaii International Conference on System Sciences. Los Alamitos, Ca: IEEE Computer Society. 2012:1-10.

[116] He W, Wei K K. What drives continued knowledge sharing? An investigation of knowledge-contribution and seeking beliefs[J]. Decision Support Systems, 2009, 46(4):826-838.

[117] Heer J, Bostok M. Crowdsourcing graphical perception: using mechanical turk to assess visualization design[C]//Proceedings of the 28th international conference on Human factors in computing systems, CHI'10(ACM, New York) 2010: 203-212.

[118] Hendricks K. Fumonisins and neural tube defects in South Texas[J]. Epidemiology, 1999, 10(2):198-200.

[119] Heymann P, Garcia-Molina H. Turkalytics: analytics for human computation[C]//International Conference on World Wide Web, 2011:477-486.

[120] Hippel E V. Democratizing Innovation: The Evolving Phenomenon of User Innovation[J]. Management Review Quarterly, 2005, 55(1):63-78.

[121] Hippel E V. Horizontal innovation networks—by and for users[J]. Industrial & Corporate Change, 2010, 16(2):293-315.

[122] Homans, G C. Social behavior as exchange[J]. American Journal of sociology, 1958:597-606.

[123] Hong S J, Thong J Y L, Tam K Y. Understanding continued information technology

usage behavior: a comparison of three models in the context of mobile internet[J]. Decision Support Systems,2006, 42(3):1819-1834.

[124] Horton J J, Chilton L B. The labor economics of paid crowdsourcing[J]. Social Science Electronic Publishing,2010:209-218.

[125] Howe J. Crowdsourcing: A definition. Crowdsourcing: Why the Power of the Crowd is Driving the Future of Business [EB/OL]. (2006-06-02) [2016-02-11]. http://crowdsourcing.typepad.com/cs/2006/06/02crowdsourcing_a.html.

[126] Howe J. The Rise of Crowdsourcing[J]. Jenkins H Convergence Culture Where Old & New Media Collide,2006,14(14):1-5.

[127] Howe J. Crowdsourcing:Why the Power of the Crowd is Driving the Future of Bussiness [M]. New York:Crown Publishing Group,2008.

[128] Howe J. Crowdsourcing: How the Power of the Crowd is Driving the Future of Business[M]. Great Britain:Business Books,2008.

[129] Howe J. Crowdsourcing[M]. New York:Random House Business,2009.

[130] Hsieh T C, Chen. Longitudinal test of eportfolio continuous use: an empirical study on the change of students' beliefs[J]. Behaviour & Information Technology, 2014,34(8):1-16.

[131] Hsx. [EB/OL]. [2016-11-10]. http://www.hsx.com.

[132] Hsu, M. H. , Chiu, et al. Predicting electronic service continuance with a decomposed theory of planned behavior[J]. Behaviour & Information Technology, 2007, 23(5): 359-373.

[133] Hsu C L, Yu C C, Wu C C. Exploring the continuance intention of social networking websites: an empirical research[J]. Information Systems and e-Business Management, 2014,12(2):139-163.

[134] Hu T, Kettinger W J, Hu T, et al. Why People Continue to Use Social Networking Services: Developing a Comprehensive Model [C]//International Conference on Information Systems, Icis 2008.

[135] Ifinedo P. Acceptance and continuance intention of web-based learning technologies (wlt) use among university students in a baltic country[J]. Ejisdc the Electronic Journal on Information Systems in Developing Countries,2006,23(6):1-20.

[136] James, W. The principles of Psychology[M]. New York:Henry Holt & Co,1890.

[137] Jarvenpaa S L, Staples D S. The use of collaborative electronic media for information sharing: an exploratory study of determinants[J]. Journal of Strategic Information Systems, 2000,9(2):129-154.

[138] Jasperson J, Carter P E, Zmud R W. A comprehensive conceptualization of post-adoptive behaviors associated with information technology enabled work systems [J]. MIS Quarterly, 2005,29(3):525-557.

[139] Jeppesen L B, Frederiksen L. Why Do Users Contribute to Firm-Hosted User Communities? The Case of Computer-Controlled Music Instruments [J].

Organization Science,2006,17(17):45-63.

[140] Jin X L, Lee M O. Predicting continuance in online communities: model development and empirical test[J]. Behaviour & Information Technology,2010,29(4):383-394.

[141] Jin X L, Zhou Z, Lee, et al. Why users keep answering questions in online question answering communities: a theoretical and empirical investigation[J]. International Journal of Information Management,2013,33(1):93-104.

[142] Jung J H, Yang S B, Kim Y G. A Study on the Factors Affecting Knowledge Contribution and Knowledge Utilization in an Online Knowledge Network[J]. 韩国经营科学会志,2009,34(3):1-27.

[143] Kaiser H F. An index of factorial simplicity[J]. Psychometrika,1974,39(1):31-36.

[144] Kankanhalli A, Tan B C Y, Wei K K. Contributing knowledge to electronic knowledge repositories: an empirical investigation[J]. MIS Quarterly 2005,29 (1):113-143.

[145] Karahanna E, Straub D, Chervany N L. Information Technology Adoption Across Time: A Cross-Sectional Comparison of Pre-Adoption and Post-Adoption Beliefs [J]. MIS Quarterly,2015,23(2):183-213.

[146] Kaufmann N, Schulze T, Veit D. More than fun and money. Worker Motivation in Crowdsourcing — A Study on Mechanical Turk[C]//Americas Conference on Information Systems. 2011.

[147] Kazai G. In Search of Quality in Crowdsourcing for Search Engine Evaluation [J]. Lecture Notes in Computer Science,2011,6611:165-176.

[148] Kim B. An empirical investigation of mobile data service continuance:Incorporationg the theory of planned behavior into the expectation-confirmation model[J]. Expert System with Applications,2010,37(10):7033-7039.

[149] Kim S S, Malhotra N K. A Longitudinal Model of Continued IS Use:An Integrative View ofFour Mechanisms Underlying Postadoption Phenomena[J]. Management Science,2005,51(5):741-755.

[150] Kim S S, Malhotra N K, Narasimhan S. Research Note—Two Competing Perspectives on Automatic Use: A Theoretical and Empirical Comparison[J]. Informat-ion Systems Research,2005,16(4):418-432.

[151] King W R, Jr Marks P V. Motivating knowledge sharing through a knowledge managementsystem[J]. OMEGA, 2008,36 (1):131-146.

[152] Kittur A, Smus B, Khamkar S, et al. CrowdForge:crowdsourcing complex work [C]//ACM Symposium on User Interface Software and Technology, Santa Barbara,Ca,Usa, October. DBLP,2011:43-52.

[153] Kleemann F, Voß G G, Rieder K. Un(der)Paid Innovators:The Commercial Utilization of Consumer Work through Crowdsourcing [J]. Science,technology & Innovation Staudies,2008,4(2):5-26.

[154] KM Abdul-Cader, GM Johar. A Study of Knowledge Contribution through Electronic

Knowledge Repositories among Sri Lankan IT Professionals[J]. International Journal of Emerging Trends & Technology in Computer Science (IJETTCS),2016,5(2):118-129.

[155] Koch G,Brunswicker S. Online Crowdsourcing in the Public Sector:How to Design Open Government Platforms[C]//Online Communities and Social Computing, International Conference,Ocsc 2011,Held As. DBLP,2011: 203-212.

[156] Kramer R M. Trust and distrust in organizations:Emerging Perspectives,Enduring Question[J]. Psychology, 1999, 50(50):569-598.

[157] Ku Y C, Peng C H, Wei C P, et al. Contribute Knowledge Continuously or Occasionally? [C]//International Conference on. HCI in Business,2015:130-141.

[158] Kumar S,Thondikulam G. Knowledge management in a collaborative business framework [J]. Information-Knowledge-Systems Management, 2005, 5(3): 171-187.

[159] Lai C Y, Yang H L. The reasons why people continue editing Wikipedia content-task value confirmation perspective[J]. Behaviour & Information Technology, 2014,33(12):1371-1382.

[160] Lai I K W, Lai D C F. Understanding Students' Continuance Intention toward Social Networking e-Learning[M]. In cheung S K S et al. (Eds) Hybrid Learning, Theory and Practice. ICHL 2014, LNCS 8595, 2014, 173-183.

[161] Lakhani K R,Panetta J A. The Principles of Distributed Innovation[J]. Innovation Technology Governance Globalization,2007, 2(3):97-112.

[162] Lawler E J,Thye S R. Bringing Emotions into Social Exchange Theory[J]. Annual Review of Sociology,2003,25(1):217-244.

[163] Lee C. Dynamics of Advice Network and Knowledge Contribution: A Longitudinal Social Network Analysis[D]. Tucson:The University of Arizona,2012.

[164] Lee D, Kim B C. Motivations for Open Source Project Participation and Decisions of Software Developers[J]. Computational Economics,2013, 41(1):31-57.

[165] Lee M C. Explaining and predicting users' continuance intention toward elearning: An extension of the expectation — confirmation model [J]. Computers & Education,2010,54(2):506-516.

[166] Lee M K, Cheung C M, Lim K H, et al. Understanding customer knowledge sharing inweb-based discussion boards: an exploratory study[J]. Internet Research,2006,16(3): 289-303.

[167] Lee W K. The temporal relationships among habit, intention and IS uses[J]. Computers in Human Behavior, 2014, 32(32):54-60.

[168] Lederer A I,Sethi V. Critical dimensions of strategic information systems planning [J]. Decision Sciences,1991,22(1):104-119.

[169] Liao C,Chen J L, Yen D C. Theory of planning behavior (TPB) and customer satisfaction in the continued use of e-service: an integrated model[J]. Computers in Human Behavior,2007,23(6):2804-2822.

[170] Limayem M, Hirt S, Chin W. Intention does not always Matter: The Contingent Role of Habit in IT Usage Behaviour[C]//Proceedings of the 9th European Conference on Information Systems, ECIS 2001, Bled, Slovenia, 2001:274-286.

[171] Limayem M, Hirt S G. Force of Habit and Information Systems Usage: Theory and Initial Validation[J]. Journal of the Association for Information Systems, 2003,4(1):65-97.

[172] Litman L, Robinson J, Rosenzweig C. The relationship between motivation, monetary compensation,and data quality among US and India-based workers on Mechanical Turk [J]. Behavior Research Methods,2015,47(2):519-528.

[173] Limayem M, Cheung C M K, Chan G W W. Explaining Information Systems Adoption and Post-Adoption: Toward an Integrative Model[C]//International Conference on Information Systems, 2003:720-731.

[174] Limayem M, Cheung C M K. Understanding information systems continuance: The case of Internet-based learning technologies[J]. Information & Management, 2008,45(4):227-232.

[175] Limayem M, Hirt S G,Cheung C M K. How Habit Limits the Predictive Power of Intention: The Case of Information Systems Continuance[J]. MIS Quarterly,2007, 31(4):705-737.

[176] Lin F, Huang H. Why people share knowledge in virtual communities? The use of Yahoo! Kimo Knowledge+ as an example [J]. Internet Research, 2013, 23(2): 133-159.

[177] Lin H, Fan W, Chau P Y K. Determinants of users' continuance of social networking sites: A self-regulation perspective[J]. Information & Management, 2014, 51(5): 595-603.

[178] Lin K M, Chen N S, Fang K. Understanding e-learning continuance intention: a negative critical incidents perspective[J]. Behaviour & Information Technology, 2011,30(1):77-89.

[179] Lin K Y, Lu H P. Why people use social networking sites: An empirical study integrating network externalities and motivation theory[J]. Computers in Human Behavior,2011, 27(3):1152-1161.

[180] Lindbladh E, Lyttkens C H. Habit versus choice: the process of decision-making in health-related behaviour[J]. Social Science & Medicine, 2002, 55(3):451-465.

[181] Ling P. An Empirical Study of Social Capital in Participation in Online crowdsourcing[J]. Computer,2010,7(9):1-4.

[182] Liu E,Porter T. Culture and KM in China[J]. VINE,2010,40(3/4):326-333.

[183] Louis M R, Sutton R I. Switching Cognitive Gears: From Habits of Mind to Active Thinking[J]. Human Relations,1991, 44(1):55-76.

[184] Loury G C. A dynamic theory of racial income differences[J]. Discussion Papers 225,1976.

[185] Lowry P B, Gaskin J, Moody G D. Proposing the multi-motive information systems continuance model (misc) to better explain end-user system evaluations and continuance intentions[J]. Journal of the Association for Information Systems, 2015, 16(7), 515-579.

[186] Ma M, Agarwal R. Through a Glass Darkly: Information Technology Design, Identity Verification, and Knowledge Contribution in Online Communities [J]. Information Systems Research, 2007, 18(1): 42-67.

[187] Marcus A, Wu E, Madden S R, et al. Crowdsourced Databases: Query Processing with People[C]//CIDR 2011, Fifth Biennial Conference on Innovative Data Systems Research, Asilomar, CA, USA, January 9-12, 2011, Online Proceedings. DBLP, 2011: 211-214.

[188] Maslow A H. A theory of human motivation[J]. Psychological Review, 1943, 50(1): 370-396.

[189] Mathieson K. Predicting User Intentions: Comparing the Technology Acceptance Model with the Theory of Planned Behavior[J]. Information Systems Research, 1991, 2(3): 173-191.

[190] Mayer R C, Schoorman F D. An Integrative Model of Organizational Trust[J]. Academy of Management Review, 1995, 20(20): 709-734.

[191] Mazzola D, Distefano A. Crowdsourcing and the participacion process for problem solving: the case of BP[C]//In: VII Conference of the Italian Chapter of AIS. Information technoogy and Innovation trend in Organization, 2010.

[192] Mcknight D H, Kacmar C. Developing and Validating Trust Measures for e-Commerce: An Integrative Typology[J]. Information Systems Research, 2002, 13(3): 334-359.

[193] Miller D, Shamsie J. The resource-based view of the firm in two environments: the Hollywood film studios from 1936 to 1965[J]. Academy of Management Journal, 1996, 39(3): 519-541.

[194] Ming-Chi Lee. Explaining and predicting users' continuance intention toward elearning: An extension of the expectation — confirmation model[J]. Computers & Education, 2010, 54: 506-516.

[195] Mohamed N, Hussein R, Zamzuri, et al. Insights into individual's online shopping continuance intention[J]. Industrial Management & Data Systems, 2014, 114(9): 1453-1476.

[196] Moody G D, Siponen M. Using the theory of interpersonal behavior to explain non-work-related personal use of the Internet at work[J]. Information & Management, 2013, 50(6): 322-335.

[197] Nahapiet J, Ghoshal S. Social Capital, Intellectual Capital, and the Organizational Advantage[J]. Academy of Management Review, 1998, 23(2): 242-266.

[198] Naidoo R, Leonard A. Perceived usefulness, service quality and loyalty incentives: effect s on electronic service continuance[J]. South African Journal of Business Management, 2007, 38(3), 39-48.

[199] Nakatsu R T, Grossman E B, Iacovou C L. A taxonomy of crowdsourcing based on task complexity[J]. Journal of Information Science, 2014, 40(6):823-834.

[200] Noronha J, Hysen E, Zhang H, et al. Platemate: crowdsourcing nutritional analysis from food photographs[C]//ACM Symposium on User Interface Software and Technology, Santa Barbara, Ca, Usa, October. DBLP, 2011:1-12.

[201] Nonaka I. A Dynamic Theory of Organizational KnowledgeCreation[J]. Organization Science, 1994,5(1):14-37.

[202] Nunnally J C. Psychometric testing[M]. New York: MeGraw Hill, 1978:479-491.

[203] Oliver R L. A cognitive model for the antecedents and consequences of satisfaction [J]. Journal of marketing research, 1980, 17 (4):460-469.

[204] Oliver R L. Cognitive, Affective, and Attribute Bases of the Satisfaction Response [J]. Journal of Consumer Research, 1993, 20(3):418-430.

[205] Oliver R L. A cognitive model of the antecedents and consequences of satisfaction decisions[J]. Journal of Marketing Research, 1980, 17(4):460-469.

[206] Oliver R L, Linda G. Effect of satisfaction and its antecedents on consumer preference and intention[J]. Advances in Consumer Research, 1981,8(1):88-93.

[207] Oliveira F, Ramos I, Santos L. Definition of a Crowdsourcing Innovation service for the European SMEs[J]. Lecture Notes in Computer Science, 2010, 6385: 412-416.

[208] Oliveira F, Ramos I. Crowdsourcing: A tool for organizational knowledge creation, Research in Progress [C]//Twenty Second European Conference on Information Systems, Tel Aviv 2014:1-10.

[209] Orbell S, Blair C, Sherlock K, et al. The Theory of Planned Behavior and Ecstasy Use: Roles for Habit and Perceived Control Over Taking Versus Obtaining Substances[J]. Journal of Applied Social Psychology, 2001, 31(1):31-47.

[210] Orlikowski W J. Learning from notes: organisational issues in groupware implementation [C]//Proceedings of the 1992 ACM conference on Computer-supported cooperateive work. ACM:362-369.

[211] Ouellette J A, Wood W. Habit and Intention in Everyday Life: The Multiple Processes by Which Past Behavior Predicts Future Behavior[J]. Psychological Bulletin, 1998, 124(1):54-74.

[212] Pahl G, Beitz W. Conceptual Design[J]. Engineering Design, 1996:139-198.

[213] Panciera K, Halfaker A, Terveen L. Wikipedians are born, not made: a study of power editors on Wikipedia[C]//In Proceedings of the ACM 2009 international conference on Supporting group work, GROUP, 2009:51-60.

[214] Payne A F, Storbacka K, Frow P. Managing the co-creation of value[J]. Journal of the Academy of Marketing Science, 2008, 36(1):83-96.

[215] Pee L G. Encouraging Knowledge Contribution to Electronic Repositories: The Roles of Rewards and Job Design[C]//2012 45th Hawaii International Conference

on System Sciences. IEEE,2012:3729-3738.

[216] Pelling E L,White K M. The Theory of planned behavior applied to young people's use of social networking web sites[J]. CyberPsychology & Behavior,2009,12(6): 755-759.

[217] Pereira F A D M,Ramos, et al. Satisfaction and continuous use intention of e-learning service in brazilian public organizations[J]. Computers in Human Behavior,2015,46(51):139-148.

[218] Pénin J,Burger-Helmchen T. Crowdsourcing of inventive activities: definition and limits[J]. International Journal of Innovation & Sustainable Development,2011,5(2/3):246-263.

[219] Pintrich P,Schunk D. The role of expectancy and self-efficacy beliefs,motivation in Education: Theory, Research & Applications[M]. Englewood Cliffs,NJ:Prentice-Hall,1996.

[220] Poetz M K,Schreier M. The Value of Crowdsourcing:Can Users Really Compete with Professionals in Generating New Product Ideas?[J]. Journal of Product Innovation Management, 2012,29(2):245-256.

[221] Porta M, House B, Buckley, et al. Value 2.0: eight new rules for creating and capturing value from innovativetechnologies[J]. Strategy & Leadership,2008,36(4):10-18.

[222] Putnam R D. The Prosperous Community: Social Capital and Public Life[J]. American Prospect,1997,13(13):1-11.

[223] Ralph Keng-Jung Yeh, James T.C. Teng. Extended conceptualisation of perceived usefulness:empirical test in the context of information system use continuance[J]. Behaviour & Information Technology,2012,31(5):525-540.

[224] Raman M T, Ryan L, Olfman. Designing knowledge management systems for teaching and learning with wiki technology[J]. Infotmation Systems Education, 2005,16(3):311.

[225] Ray S,Seo D. The interplay of conscious and automatic mechanisms in the context of routine use: An integrative and comparative study of contrasting mechanisms [J]. Information & Management,2013,50(7): 523-539.

[226] Rempel J K,Holmes J G,Zanna M P. Trust in close relationships[J]. Journal of Personality & SocialPsychology,1985,49(1):95-112.

[227] Roca J C,Gagne, Marylene. Understanding e-learning continuance intention in the workplace: A self-determination theory perspective[J]. Computers in Human Behavior, 2008, 24(24):1585-1604.

[228] Rosen P A, Kluemper D H. The Impact of the Big Five Personality Traits on the Acceptance of Social Networking Website[J]. Proceedings of Amcis,2008:2.

[229] Rouse A C. A Preliminary taxonomy of crowdsourcing[C]//ACIS 2010: Information systems:Defining and establishing a high impact discipline: Proceedings of the 21st

Australasian conference on information systems,ACTS,2010:1-10.

[230] Sakimoto K,Miura Y,Ise T. Stabilization of a power system with a distributed generator by a Virtual Synchronous Generator function[C]//International Conference on Power Electronics and Ecce Asia. IEEE,2011:1498-1505.

[231] Salek M, Bachrach Y, Key P. Hotspotting: a probabilistic graphical model for image object localization through crowdsourcing[C]//Twenty-Seventh AAAI Conference on Artificial Intelligence. AAAI Press,2013:1156-1162.

[232] Saxton G,Oh O,Kishore R. Rules of Crowdsourcing:Models,Issues, and Systems of Control[J]. Information Systems Management,2013,30(1):2-20.

[233] Schenk E, Guittard C. Towards a characterization of crowdsourcing practices[J]. Journal of Innovation Economics & Management,2011,7(1):93-107.

[234] Schiuma G. Managing knowledge assets and business value creation in organizations: measures and dynamics[M]. Hershey; New York :Business science reference,2011,22.

[235] Schlagwein D,Bjørn-Andersen N. Organizational Learning with Crowdsourcing: The Revelatory Case of LEGO[J]. Journal of the Association for Information Systems,2014,15(11):754-778.

[236] Schroer J, Hertel G. Wikipedians,and Why They Do It: Motivational Dynamics of Voluntary Engagement in an Open Web-based Encyclopedia[C]//XIIIth European Congress of Work and Organizational Psychology,2007.

[237] Schumacker R E,Lomax R G. A Beginner's Guide to Structural Equation Modeling [M]. 2nd Edition. New Jersey:Lawrence Erlbaum Associates Inc. ,1996:119-136.

[238] Sheppard B H, Hartwick J, Warshaw P R. The Theory of Reasoned Action: A Meta-Analysis of Past Research with Recommendations for Modifications and Future Research[J]. Journal of Consumer Research, 1988, 15(3):325-343.

[239] Shiau W, Chau P Y K. Understanding blog continuance: a model comparison approach[J]. Industrial Management & Data Systems,2012,112(4):663-682.

[240] Shiau W L,Luo M M. Continuance intention of blog users:the impact of perceived enjoyment, habit, user involvement and blogging time [J]. Behaviour & Information Technology,2013,32(6):570-583.

[241] ShihWei Chou, Hui Tzu Min, YuChieh Chang, et al. Understanding continuance intention of knowledge creation using extended expectation—confirmation theory: an empirical study of taiwan and china online communities[J]. Behaviour & Information Technology,2010,29(6),557-570.

[242] Siddique H. Mob rule:Iceland crowdsources its next constitution. The Guardian [EB/OL]. (2011-11-12)[2016-08-09]. http://www. guardian. co. uk/world/2011/ jun/09/iceland-crowdsourcing-constitution-facebook .

[243] Shumaker S A, Brownell A. Toward a Theory of Social Support: Closing Conceptual Gaps[J]. Journal of Social Issues,1984, 40(4):11-36.

[244] Sloane P. The brave new world of open innovation[J]. Strategic Direction,2011,27

(5):3-4.

[245] Soliman W, Tuunainen V K. Understanding continued use of crowdsourcing systems: an interpretive study[J]. Journal of Theoretical & Applied Electronic Commerce Research, 2015,10(10):1-18.

[246] Srivastava M, Kaul D. Social interaction, convenience and customer satisfaction: The mediating effect of customer experience [J]. Journal of Retailing & Consumer Services,2014, 21(6):1028-1037.

[247] Stevens J. Applied multivariate statistics for the social science[M]. 4th Ed. Mahwah,NJ: Lawrence Erlbaum.

[248] Surowiecki J. The wisdom of crowds[M]. New York:Anchor,2005.

[249] Sufen, Zhonghui,Ouyang Feng et al. Crowdsourcing or Witkey,Which Leads[J]. Journal of Applied Sciences,2013,13(12):2359-2362.

[250] Sun Y, Fang Y, Kai H L. Understanding sustained participation in transactional virtual communities[J]. Decision Support Systems,2012, 53(1):12-22.

[251] Sun Y, Liu L, Peng X, et al. Understanding Chinese users' continuance intention toward online social networks: an integrative theoretical model[J]. Electroni-c Markets,2014, 24(1):57-66.

[252] Taylor S, Todd P. Assessing IT Usage: The Role of Prior Experience[J]. Mis Quarterly, 1995, 19(4):561-570.

[253] Teece D J. Strategies for Managing Knowledge Assets: the Role of Firm Structure and Industrial Context[J]. Long Range Planning, 2000, 33(1):35-54.

[254] Teng J T C, Song S. An exploratory examination of knowledge — sharing behaviors: solicited and voluntary[J]. Journal of Knowledge Management,2011,15(1):342-342.

[255] Tha K K O. Examining the Factors Influencing Continued Knowledge Contributionin Electronic KnowledgeRepository[C]. Proceeding of the Sixteenth. Americas Conference on Information Systems, Lima,Peru,August. 2010,548.

[256] Thibaut J W,Kelley H H. The Social Psychology of Groups[M]. New Brunswick: Transaction Books,1960.

[257] Thong J Y L, Hong S J, Tam K Y. The effects of post-adoption beliefs on the expectation-confirmation model for information technology continuance [J]. International Journal of Human-Computer Studies 2006 64(9):799-810.

[258] Thorngate W. Must We Always Think Before We Act? [J]. Personality and Social Psychology Bulletin,1976,2(1):31-35.

[259] Tseng S. M. Exploring the intention to continue using web-based self-service[J]. Journalof Retailing & Consumer Services,2015,24:85-93.

[260] Triandis H C. Values, attitudes, and interpersonal behavior[J]. Nebraska Symposium on Motivation Nebraska Symposium on Motivation,1979,27:195-259.

[261] Tuorila H, Pangborn R M. Prediction of reported consumption of selected fat-containing foods[J]. Appetite, 1988, 11(2):81-95.

[262] Van Der Heijden H. User acceptance of hedonic information systems[J]. MIS Quarterly, 2004, 28(4):695-704.

[263] Vatanasombut B, Igbaria M. Information systems continuance intention of web-based applications customers: the case of online banking[J]. Information & Management,2008,45(7):419-428.

[264] Venkatesh V, Bala H. Technology Acceptance model 3 and a research agenda on interventions[J]. Decision Sciences,2008,3(2): 273-315.

[265] Venkatesh V, DavisF D. A theoretical extension of the technology acceptance model: Four longitudinal field studies[J]. Management Science, 2000, 45(2):186-204.

[266] Venkatesh V, Morris M G, Davis, F D. User acceptance of information technology: Toward a unified view[J]. MIS Quarterly,2003,27(3):425-478.

[267] Venkatesh V, Thong J Y L, Chan F K Y, et al. Extending the two-stage information systems continuance model: incorporating utaut predictors and the role of context[J]. Information Systems Journal,2011,21(6):527-555.

[268] Verplanken B. Beyond frequency: habit as mental construct[J]. British Journal of Social Psychology, 2006, 45(3):639-656

[269] Verplanken B, Aarts H, Knippenberg A V. Habit, information acquisition, and the process of making travel mode choices[J]. European Journal of Social Psychology,1997,27(5):539-560.

[270] Verplanken B,Aarts H, Knippenberg A, et al. Habit versus planned behaviour:A field experiment[J]. British Journal of Social Psychology,1998,37(1):111-128

[271] Volpen. com[EB/OL]. [2016-11-10]. http://www. buydomains. com/lander/volpen. com? domain=volpen. com&utm_source=volpen. com&utm_medium=click&version =sea16&utm_campaign=tdfssea16&traffic_id=sea16&traffic_type=tdfs.

[272] Vreede G J D, Briggs R O, Massey A P. Collaboration Engineering: Foundations and Opportunities: Editorial to the Special Issue on the Journal of the Association of Information Systems[J]. Journal of the Association for Information Systems, 2009, 10(3):121-137.

[273] Vroom V,Jago A. The new leadership: Managing participation in organizations [M]. Englewood cliffs, NJ:Prentice-Hall,1988.

[274] Vukovic M. Crowdsourcing for Enterprises[C]. Services-I,2009 World Conference. New York:IEEE,July 2009:686-692.

[275] Vukovic M, Lopez M, Laredo J. Peoplecloud for the globally integrated enterprise [C]//International Conference on Service-Oriented Computing, Springer-Verlag, 2010:109-114.

[276] Wang D, Xu L, Chan H C. Understanding the continuance use of social network sites: a computer self-efficacy perspective[J]. Behaviour & Information Technology, 2014, 34(2):1-13.

[277] Wasko M L, Faraj S. Why should I Share? Examing Social Capital and knowledge

contribution in electronic networks of practice[J]. MIS Quarterly, 2005, 29(1): 35-57.

[278] Wasko M L, Teigland R, Faraj S. The provision of online public goods: Examining social structure in an electronic network of practice[J]. Decision Support Systems, 2012, 47(3):254-265.

[279] Watson S, Hewett K. A multi-theoretical model of knowledge transfer in organizations: determinants of knowledge contribution and knowledge reuse[J]. Management Studies, 2006,43(2): 141-173.

[280] Wellman B. , Gulia M. "Net Surfers Don't Ride Alone"in Communities in Cyberspace, P. Smith and P. Kollock(Eds)[M]. New York:Routledge,1999,167-194.

[281] Wen-Lung Shiau, Margaret Meiling Luo. Continuance intention of blog users: the impact of perceived enjoyment, habit, user involvement and blogging time[J]. Behaviour & Information Technology,2012,32(6):1-14.

[282] Wenger E. Communities of practice: Learning, meaning and identity[M]. Cambridge: Cambridge University Press,1998.

[283] Wexler M N. Reconfiguring the sociology of the crowd: exploring crowdsourcing [J]. International Journal of Sociology & Social Policy,2011,31(1/2):6-20.

[284] Wigfield A. The role of children's achievement values in the self-regulation oftheir learning outcomes [M]//in: D. H. Schunk, B. J. Zimmerman (Eds.), Self-regulationof Learning and Performance: Issues and EducationalApplications, Hillsdale, NJ: Lawrence Erlbaum Associates 1994:101-124.

[285] Wigfield A. , Eccles, J. The development of achievement task values: A theoretical analysis[J]. Developmental Review,1992,12,265-310.

[286] Wiggins A, Crowston K. From Conservation to Crowdsourcing: A Typology of Citizen Science[C]//Hawaii International Conference on System Sciences. IEEE Computer Society,2011:1-10.

[287] Wu M C, Kuo F Y. An empirical investigation of habitual usage and past usage on technology acceptance evaluations and continuance intention [J]. Acm Sigmis Database,2008, 39(4):48-73.

[288] Yang J, Adamic L A, Ackerman M S. Crowdsourcing and knowledge sharing: strategic user behavir on taskcn[C]//ACM Conference on ElectronicCommerce. DBLP, 2008: 246-255.

[289] Yeh R K J, Teng J C. Extended conceptualisation of perceived usefulness: empirical test in the context of information system use continuance [J]. Behaviour & Information Technology, 2012, 31(5):525-540.

[290] Yu T K, Lu L C, Liu T F. Exploring factors that influence knowledge sharing behavior via weblogs [J]. Computers in Human Behavior,2010,26(1):32-41.

[291] Zhao K, Stylianou A C, Zheng Y. Predicting users' continuance intention in virtual communities: The dual intention-formation processes[J]. Decision Support

Systems,2013,55(4):903-910.

[292] Zhao Y, Zhu Q. Evaluation on crowdsourcing research: Current status and future direction[J]. Information Systems Frontiers,2014,16(3):417-434.

[293] Zhou T, Li H. Understanding mobile SNS continuance usage in China from the perspectives of social influence and privacy concern [J]. Computers in Human Behavior,2014,37(C):283-289.

[294] Zualkernan I A, Raza A, Karim A. Curriculum-guided crowd sourcing of assessments in a developing country[C]//International Forum of Educational Technology & Society. 2012:14-26.

[295] 布劳,孙非,张黎勤.社会生活中的交换与权力[M].北京:华夏出版社,1988.

[296] 曹兴,刘芳,邬陈锋.知识共享理论的研究述评[J].软科学,2010,24(09):133-137.

[297] 陈搏.基于知识价值理论的知识交易及管理研究[D].上海:上海交通大学,2007.

[298] 陈敬全.科研评价方法与实证研究[D].武汉:武汉大学,2004.

[299] 陈明红.学术虚拟社区用户持续知识共享的意愿研究[J].情报资料工作,2015,36(1):41-47.

[300] 邓李君,杨文建.基于扩展持续使用模型的移动图书馆持续性使用影响因素分析[J].图书馆理论与实践,2014(03):90-93.

[301] 董婷.移动支付用户持续使用意愿研究[D].南京:南京大学,2013.

[302] 樊婷.基于众包视角的社区用户忠诚度影响因素研究[D].天津:河北工业大学,2012.

[303] 高金燕.评价型非交易虚拟社区持续知识贡献意愿研究[D].济南:山东大学,2013.

[304] 关培兰,顾巍.研发人员知识贡献的影响因素及评价模型研究[J].武汉大学学报:哲学社会科学版,2007,60(5):652-656.

[305] 国务院办公厅.国务院办公厅关于加快构建大众创业万众创新支撑平台的指导意见[Z].(2015-09-26)[2016-08-04]. http://www.gov.cn/xinwen/2015-09-26/content_2939239.htm.

[306] 洪跃,丁学淑.高校图书馆基于众包模式的知识咨询服务新趋势[J].新世纪图书馆,2015(3):22-25.

[307] 赖慧敏,林建宏,刘宗旻. The Influence of Individual and Group Motivation on Individual's Knowledge Contribution Intention[J].朝阳科技大学管理学院,2010,9(1):1-2.

[308] 姜雪.问答类社区用户持续知识贡献行为实证研究[D].青岛:青岛大学,2014.

[309] 江源.虚拟社区用户持续使用意愿影响因素研究——期望确认理论和服务质量视角[D].南昌:江西师范大学,2014.

[310] 雷秋红.图书馆智能服务系统用户持续使用意愿实证研究——以武汉大学图书馆为例[J].信息资源管理学报,2014(4):78-83.

[311] 李龙一,王琼.众包模式用户参与影响因素分析——基于社会交换理论的实证研究[J].现代情报,2014,34(5):17-23.

[312] 李武,赵星.大学生社会化阅读App持续使用意愿及发生机理研究[J].中国图书馆

学报,2016(01):52-65.
- [313] 李曼静.学术虚拟社区用户持续使用意愿研究[D].南京:华中师范大学,2015.
- [314] 李忆,姜丹丹,王付雪.众包式知识交易模式与运行机制匹配研究[J].科技进步与对策,2013,30(13):127-130.
- [315] 李然.持续使用移动购物意愿的影响因素研究[D].成都:电子科技大学,2014.
- [316] 刘锋.威客(witkey)的商业模式分析[D].北京:中国科学院研究生院硕士论文,2006.
- [317] 刘虹,裴雷,孙建军.基于期望确认模型的视频网站用户持续使用的实证分析[J].图书情报知识,2014(03):94-103.
- [318] 刘佳.TAM和心流理论下的顾客持续使用行为[D].大连:大连理工大学,2014.
- [319] 刘鲁川,孙凯.云计算服务用户持续使用的理论模型[J].数学的实践与认识,2012,42(17):129-139.
- [320] 刘鲁川,王菲.移动浏览器用户的感知匹配与持续使用意向研究[J].情报科学,2014(02):106-111.
- [321] 刘威.威客(Witkey)的商业模式分析[EB/OL].(2006-02-16)[2016-11-08].http://blog.sina.com.cn/s/blog_591a83bf0100031.
- [322] 孟庆良,郭鑫鑫,蒋旋.众包创新模式下关键用户知识源识别研究[J].科技进步与对策,2015(16):128-134.
- [323] 中华人民共和国工业和信息化部.工业和信息化部关于印发信息化和工业化深度融合专项行动计划(2013-2018年)[Z].(2013-09-05).[2016-08-04].http://www.miit.gov.cn/n1146290/n1146397/c4233535/content.html.
- [324] 彭希羨,冯祝斌,孙霄凌,等.微博用户持续使用意向的理论模型及实证研究[J].现代图书情报技术,2012(11):78-85.
- [325] 卜卫,周海宏,刘晓红.社会科学成果价值评估[M].北京:社会科学文献出版社,1999:248-295.
- [326] 涂慧.社会网视角下众包中的知识流研究[D].武汉:中南民族大学,2013.
- [327] 热米娜·阿布都卡的尔.SNS用户持续使用行为的影响因素及实证研究[D].北京:北京邮电大学,2014.
- [328] 苏静.基于众包的高校图书馆知识服务模式研究[D].沈阳:辽宁师范大学,2013.
- [329] 涂慧.社会网视角下众包中的知识流研究[D].武汉:中南民族大学,2013.
- [330] 史新,邹一秀.威客模式研究述评[J].图书与情报,2009(1):71-72.
- [331] 王长林,陆振华,冯玉强,等.后采纳阶段移动政务的持续使用——基于任务-技术匹配理论的实证分析[J].情报杂志,2011,30(10):189-193.
- [332] 王春枝,斯琴.德尔菲法中的数据统计处理方法及其应用研究[J].内蒙古财经大学学报,2011,09(4):97-101.
- [333] 王琼.社交问答平台用户承诺、自我效能与知识持续贡献意愿的关系研究[D].广州:华南理工大学,2015.
- [334] 王姝.网商平台众包模式的协同创新研究[D].杭州:浙江大学,2012
- [335] 王伟军,蔡国沛.信息分析方法与应用[M].北京:北京交通大学出版社,2010.9

[336] 王彦杰.众包社区用户持续参与行为实证研究[D].大连:大连理工大学,2010.

[337] 王振龙.时间序列分析[M].第2版.北京:中国统计出版社,2000:2-4.

[338] 温忠麟,侯杰泰,马什赫伯特.潜变量交互效应分析方法[J].心理科学进展,2003,11(5):53-599.

[339] 吴明隆.结构方程模型——AMOS的操作与应用[M].第2版.重庆:重庆大学出版社,2010:2.

[340] 吴明隆.问卷统计分析实务——SPSS操作与应用[M].重庆:重庆大学出版社,2010:160.

[341] 吴金红,陈强,鞠秀芳.用户参与大数据众包活动的意愿和影响因素研究[J].情报资料工作,2014(3):74-79.

[342] 吴绍龙.社区图书馆延伸服务众包模式研究[D].湘潭:湘潭大学,2015.

[343] 肖怀云 MC消费者持续使用行为演化分析[J].西安电子科技大学学报:社会科学版,2011(6):49-54.

[344] 徐光,刘鲁川.慕课背景下学习伙伴对在线学习者持续使用行为的影响——基于协作学习视角[J].山东师范大学学报:人文社会科学版,2015(5):135-142.

[345] 徐国祥.统计预测和决策[M].上海:上海财经大学出版社,2005:11.

[346] 杨根福.移动阅读用户满意度与持续使用意愿影响因素研究——以内容聚合类App为例[J].现代情报,2015,35(03):57-63.

[347] 姚涛.基于延伸的计划行为理论的网络游戏持续使用研究[D].杭州:浙江大学,2006.

[348] 张冰.分类信息网站用户持续使用意愿影响因素研究[D].哈尔滨:哈尔滨工业大学,2015.

[349] 张希风.消费者持续使用电子商务网站意愿的模型构建及实证研究[D].杭州:浙江工商大学,2013.

[350] 张嵩,吴剑云,姜雪.问答类社区用户持续知识贡献模型构建[J].计算机集成制造系统,2015,21(10):2777-2786.

[351] 中国政府网.(2015).国务院常务会议[EB/OL].(2015-09-16)[2016-08-04].http://www.gov.cn/guowuyuan/2015-09/16/content_2933058.htm.

[352] 张媛.大众参与众包的行为影响因素研究[D]大连:东北财经大学,2011.

[353] 张玉红.基于社会资本理论的虚拟社区感对用户忠诚度的影响研究[D].北京:北京邮电大学,2015.

[354] 赵鹏,张晋朝.在线存储服务持续使用意愿研究——基于用户满意度和感知风险视角[J].信息资源管理学报,2015(2):70-78.

[355] 赵文军.虚拟社区知识共享可持续行为研究[D].南京:华中师范大学,2012.

[356] 赵杨,高婷.移动图书馆App用户持续使用影响因素实证研究[J].情报科学,2015(06):95-100.

[357] 赵英,范娇颖.大学生持续使用社交媒体的影响因素对比研究——以微信、微博和人人网为例[J].情报杂志,2016,35(01):188-195.

[358] 中国互联网络信息中心.中国互联网络发展状况统计报告[EB/OL].(2016-08-03)

[2016-08-04]http://www.cnnic.cn/gywm/xwzx/rdxw/2016/201608/t20160803_54389.htm.

[359] 仲秋雁,王彦杰,裘江南.众包社区用户持续参与行为实证研究[J].大连理工大学学报社会科学版,2011,32(1):1-6.

[360] 周波.知识能否交易:一个文献述评[J].经济学家,2011(5):89-96.

附录1 众包用户持续知识贡献行为访谈提纲

尊敬的先生/女士：

您好！

感谢您在百忙之中接受采访，此次访谈的目的是为了了解您参与众包任务的初衷，您的相关信息和访谈的内容仅用于学术研究，不会出现任何的泄露。

具体流程：

(1) 介绍访谈的目的

了解用户参与众包活动的初衷、动机和目的。

(2) 访谈内容

详细的访谈内容主要包括三个部分：基本情况、熟悉程度和内心想法。

① 询问用户的基本情况：主要包括年龄、性别、职业、文化程度等基本信息。

② 询问用户对众包的熟悉程度：主要包括何种途径知道众包？是否经常参与众包活动？主要参与哪些类型的众包任务？对哪些任务比较感兴趣？

③ 询问用户参与众包任务、贡献知识的内心想法：您为什么会选择众包？您希望通过完成众包任务获得什么样的收益(物质方面还是精神方面)？请您详细说明。

通过贡献自己的知识完成众包任务是否对您的生活、工作有帮助？您是否愿意长久地参与各种众包任务？您出于什么样的想法(原因)使您愿意持续参与众包任务？您能描述一下所有可能的原因吗？

附录2 专家意见咨询表(第一轮)

专家意见咨询表(第一轮)

尊敬的×××专家:

您好!

感谢您抽出宝贵的时间参与本次专家调查。我是中国人民大学信息资源管理学院的学生,拟采用专家问卷法建立众包平台用户持续知识贡献各维度测量指标,恳请您帮助完成指标重要性评分,并对指标提出修改意见,此次问卷信息和内容仅作学术研究,您的相关信息不会有任何泄露,衷心感谢您的帮助!

(注:表中一二级指标是笔者在对以往相关文献的整理、选取、提炼、总结的基础上生成的。)如 Word 版本不同可能造成文件打开时格式细微的变化,给您带来的不便请谅解!

工作单位　　　　　　职称　　　　填表日期:　　年　　月　　日

第一部分

说明:请您对以下指标的重要性程度做出判断并在相应的分数画"√"。(1:完全不重要 2:不重要 3:一般 4:重要 5:完全重要)

	一级指标	二级指标	完全不重要→完全重要
动机期望（成就价值）	A 自我形象	A1 通过贡献知识成功完成众包任务可以提高自己的自信心	1 2 3 4 5
		A2 通过持续知识贡献完成众包任务获得赞同,可以建立正面的自我形象	1 2 3 4 5
		A3 通过持续知识贡献完成众包任务获得尊重,可以建立正面的自我形象	1 2 3 4 5
		A4 总的来说,用户持续知识贡献能够不断地提升自我形象	1 2 3 4 5
	B 个人重要性	B1 认为贡献知识成功完成众包任务能够证实自己的能力	1 2 3 4 5
		B2 认为众包提供了为自己实现价值的平台	1 2 3 4 5
		B3 任务中标让我很有成就感,觉得自己很重要	1 2 3 4 5
		B4 总的来说,用户持续知识贡献能够增加个人在某领域的重要性	1 2 3 4 5
动机期望（内在价值）	C 感知愉悦性	C1 认为通过知识贡献完成众包活动是一件有趣的事情	1 2 3 4 5
		C2 认为通过知识贡献帮助发包方解决问题让我感觉很好	1 2 3 4 5
		C3 认为通过知识贡献完成众包活动是一种享受	1 2 3 4 5
		C4 认为通过知识贡献完成众包活动使我觉得舒适	1 2 3 4 5
		C5 总的来说,用户持续知识贡献能够使人感觉愉悦	1 2 3 4 5
动机期望（实用价值）	D 名誉	D1 完成众包任务能够提高自己的声望	1 2 3 4 5
		D2 完成众包任务能使自己获得尊重	1 2 3 4 5
		D3 通过众包完成任务的知识贡献感到光荣	1 2 3 4 5
		D4 总的来说,用户持续知识贡献能够获得名誉	1 2 3 4 5
	E 社会认可	E1 成功完成任务提高了社区对我的认可	1 2 3 4 5
		E2 持续知识贡献能够促使自己成为权威人物	1 2 3 4 5
		E3 认为通过自己的努力可以促进众包平台的发展	1 2 3 4 5
		E4 总的来说,用户持续知识贡献能够提高用户的社会认可度	1 2 3 4 5
	F 奖励	F1 完成众包任务使我获得更多的积分	1 2 3 4 5
		F2 完成众包任务可以提升用户级别	1 2 3 4 5
		F3 任务中标可以得到额外的收入	1 2 3 4 5
		F4 完成众包任务可以获得更多的工作机会	1 2 3 4 5
		F5 完成众包任务使我有机会享受优惠	1 2 3 4 5
		F6 总的来说,用户持续知识贡献能够获得丰富的奖励	1 2 3 4 5

续 表

说明:请您对以下指标的重要性程度做出判断并在相应的分数画"√"。(1:完全不重要 2:不重要 3:一般 4:重要 5:完全重要)

一级指标		二级指标	完全不重要→完全重要
动机期望（代价）	G 时间成本	G1 参与众包知识贡献将降低自己可支配的时间	1　2　3　4　5
		G2 参与众包知识贡献会干扰我的家庭生活	1　2　3　4　5
		G3 用文字、图形等形式描述知识耗费时间	1　2　3　4　5
		G4 将描述的知识输入、上传到众包平台需要耗费时间	1　2　3　4　5
		G5 总的来说,用户持续知识贡献耗费大量时间	1　2　3　4　5
	H 学习成本	H1 学习众包任务执行中的相关规定并不容易	1　2　3　4　5
		H2 将众包任务涉及的知识进行归纳、整合并不容易	1　2　3　4　5
		H3 担心完成众包任务要学习更多的知识	1　2　3　4　5
		H4 总的来说,知识贡献的学习成本很高	1　2　3　4　5
	I 知识产权	I1 担心自己创造的知识成果被他人模仿	1　2　3　4　5
		I2 众包环境下知识贡献者与知识接受者之间信息不对称,可能遭受欺骗(窃取版权)	1　2　3　4　5
		I3 担心自己贡献的成果会降低本身的竞争力	1　2　3　4　5
		I4 总的来说,知识产权会阻碍用户持续知识贡献	1　2　3　4　5
社会资本	J 互惠	J1 在众包平台帮助他人解决问题,希望当我遇到问题时也会被别人帮助	1　2　3　4　5
		J2 帮助他人解决问题、贡献自己的知识可以得到物质回报(金钱或奖品)	1　2　3　4　5
		J3 帮助他人解决问题、贡献自己的知识可以得到精神回报(积分或等级提高)	1　2　3　4　5
		J4 我可以学到与众包任务相关的技能	1　2　3　4　5
		J5 总的来说,用户持续知识贡献能够互惠互利	1　2　3　4　5
	K 信任	K1 我认为众包平台提供了安全的信息环境值得信任	1　2　3　4　5
		K2 我认为众包平台遵守了对用户的承诺	1　2　3　4　5
		K3 我认为众包平台提供的任务信息是可靠的	1　2　3　4　5
		K4 我认为参与众包的利益相关方是真诚的	1　2　3　4　5
		K5 总的来说,信任对用户持续知识贡献很重要	1　2　3　4　5
	L 社会规范	L1 众包平台提倡用户知识贡献和分享经验	1　2　3　4　5
		L2 众包平台对待不同的意见和观点持宽容和理性的态度	1　2　3　4　5
		L3 众包平台保护用户的隐私	1　2　3　4　5
		L4 社会公众对众包平台的高评价会影响我的知识贡献行为	1　2　3　4　5
		L5 总的来说,社区规范是用户持续知识贡献的保障	1　2　3　4　5

续表

说明:请您对以下指标的重要性程度做出判断并在相应的分数画"√"。(1:完全不重要 2:不重要 3:一般 4:重要 5:完全重要)

	一级指标	二级指标	完全不重要→完全重要
社会认知	M 知识自我效能	M1 我有信心为发包方(知识接受者)提供有价值的知识	1 2 3 4 5
		M2 对完成发包方(知识接受者)任务的能力有信心	1 2 3 4 5
		M3 我能利用知识帮助发包方(知识接受者)解决问题	1 2 3 4 5
		M4 我的表达能力能够清楚地回答发包方(知识接受者)的问题	1 2 3 4 5
		M5 总的来说,知识自我效能能够帮助用户完成众包任务	1 2 3 4 5
	N 累积经验	N1 我过去的经验和成就增加我的自信心,能够完成众包任务	1 2 3 4 5
		N2 我对先前知识贡献的体验和过程感到满意	1 2 3 4 5
		N3 先前的成功经验能够帮助我快速找到适合自身的众包任务	1 2 3 4 5
		N4 总的来说,累积经验越多越有助于用户持续知识贡献	1 2 3 4 5

第二部分

您对上述指标及测量题项的具体修改建议。

1. 一级指标变量的设定具体修改建议:

2. 二级指标测量题项具体的修改建议:

附录3 专家意见咨询表(第二轮)

专家意见咨询表(第二轮)

尊敬的×××专家:

您好!

感谢您在第一轮专家意见征询时提出的宝贵意见,在综合各位专家意见和建议的基础上对初次提出的指标进行了修改和调整,恳请您帮助完成第二轮指标重要性评分,并对指标提出修改意见,此次问卷信息和内容仅作学术研究,您的相关信息不会有任何泄露,衷心感谢您的帮助!

工作单位　　　　　职称　　　　填表日期:　　年　　月　　日

第一部分

说明:请您对以下指标的重要性程度做出判断并在相应的分数画"√"。(1:完全不重要 2:不重要 3:一般 4:重要 5:完全重要)

一级指标		二级指标	完全不重要→完全重要
动机期望	A 成就价值	A1 通过持续知识贡献完成众包任务获得赞同、尊重,可以建立正面的自我形象	1 2 3 4 5
		A2 认为众包提供了为自己实现价值的平台	1 2 3 4 5
		A3 认为贡献知识成功完成众包任务能够证实自己的能力	1 2 3 4 5
		A4 总的来说,用户持续知识贡献能够增加个人在某领域的重要性	1 2 3 4 5
动机期望	B 内在价值	B1 认为通过知识贡献完成众包活动是一件有趣的事情	1 2 3 4 5
		B2 认为通过知识贡献帮助发包方解决问题让我感觉很好	1 2 3 4 5
		B3 总的来说,用户持续知识贡献能够使人感觉愉悦	1 2 3 4 5
动机期望	C 实用价值	C1 完成众包任务能够提高自己的名誉	1 2 3 4 5
		C2 成功完成任务提高了社区对我的认可	1 2 3 4 5
		C3 完成众包任务有助于我获得更多的积分或用户级别	1 2 3 4 5
		C4 任务中标可以得到额外的收入	1 2 3 4 5
		C5 完成众包任务有助于我获得更多的工作机会	1 2 3 4 5
		C6 总的来说,用户持续知识贡献有助于我实现未来目标	1 2 3 4 5
动机期望	D 代价	D1 参与众包知识贡献将降低自己可支配的时间	1 2 3 4 5
		D2 用文字、图形等形式描述知识、输入、上传耗费时间	1 2 3 4 5
		D3 学习众包任务执行中的相关规定并不容易	1 2 3 4 5
		D4 将众包任务涉及的知识进行归纳、整合并不容易	1 2 3 4 5
		D5 众包环境下知识贡献者与知识接受者之间信息不对称,可能遭受欺骗(窃取版权)	1 2 3 4 5
		D6 总的来说,付出的代价(时间、精力等)会阻碍用户持续知识贡献	1 2 3 4 5

续表

说明:请您对以下指标的重要性程度做出判断并在相应的分数画"√"。(1:完全不重要 2:不重要 3:一般 4:重要 5:完全重要)

	一级指标	二级指标	完全不重要→完全重要
社会资本	E 互惠	E1 在众包平台帮助他人解决问题,希望当我遇到问题时也会被别人帮助	1 2 3 4 5
		E2 帮助他人解决问题、贡献自己的知识可以得到物质回报(金钱或奖品)	1 2 3 4 5
		E3 帮助他人解决问题、贡献自己的知识可以得到精神回报(积分或等级提高)	1 2 3 4 5
		E4 总的来说,用户持续知识贡献能够互惠互利	1 2 3 4 5
	F 信任	F1 我认为众包平台提供了安全的信息环境值得信任	1 2 3 4 5
		F2 我认为众包平台遵守了对用户的承诺	1 2 3 4 5
		F3 我认为众包平台提供的任务信息是可靠的	1 2 3 4 5
		F4 总的来说,信任对用户持续知识贡献很重要	1 2 3 4 5
	G 社会规范	G1 对我有重要影响人认为使用众包知识贡献是有意义的事	1 2 3 4 5
		G2 社会公众对众包平台的高评价会影响我的知识贡献行为	1 2 3 4 5
		G3 众包平台有合作和协作的规范	1 2 3 4 5
		G4 大众媒体对众包平台的宣传提倡用户知识贡献和分享经验,我会考虑继续参与众包	1 2 3 4 5
社会认知	H 知识自我效能	H1 我有信心为发包方(知识接受者)提供有价值的知识	1 2 3 4 5
		H2 对完成发包方(知识接受者)任务的能力有信心	1 2 3 4 5
		H3 我的表达能力能够清楚地回答发包方(知识接受者)的问题	1 2 3 4 5
		H4 总的来说,知识自我效能能够帮助用户完成众包任务	1 2 3 4 5
社会认知	I 累积经验	I1 我过去的经验和成就增加我的自信心,能够完成众包任务	1 2 3 4 5
		I2 先前的成功经验能够帮助我快速找到适合自身的众包任务	1 2 3 4 5
		I3 我对先前知识贡献的体验和过程感到满意	1 2 3 4 5
		I4 总的来说,累积经验越多越有助于用户持续知识贡献	1 2 3 4 5

第二部分

请根据以上指标内容提出您的修改意见。

1. 一级指标您的修改意见是：

2. 二级指标您的修改意见是：

附录4 众包平台用户持续知识贡献行为影响因素调查问卷

尊敬的先生/女士：

您好！感谢您抽出宝贵的时间参加此次调查。问卷的内容仅用于学术研究，您的相关信息不会有任何泄露。

本次调研的目的是探究影响众包平台用户持续知识贡献行为的因素，涉及的众包平台主要是指为需求者提供平台通过利用大众的智慧解决实际问题，如猪八戒网、任务中国、创客网、微差事等。

第一部分 基本信息

1	您的性别是：男□ 女□
2	您的年龄：20岁以下□ 21-30岁□ 31-40岁□ 41岁以上□
3	您的文化程度：高中及以下□ 大专□ 本科□ 硕士及以上□
4	您的职业：_____
5	您是否使用过众包平台：(如猪八戒、任务中国、创客网、微差事)
6	您注册正在使用的众包平台的时间：_____月
7	您参与众包平台发布的任务的频率：每天□ 每周参与若干次□ 每月参与若干次□
8	您参与众包任务的类型有：产品设计□ 软件开发□ 测验评价□ 创新想法□ 其他□

第二部分 期望确认程度

编码	问题描述	完全不同意→完全同意				
		1	2	3	4	5
CON1	知识贡献的经历比我期望的要好					
CON2	通过知识贡献给我带来的好处超过了我的预期					
CON3	总之，我对知识贡献期望基本上都被确认					

第三部分 众包用户持续知识贡献各维度因素的重要性

AV1	通过持续知识贡献完成众包任务获得尊重，可以建立正面的自我形象					
AV2	认为众包提供了为自己实现价值的平台					
AV3	认为贡献知识成功完成众包任务能够证实自己的能力					
AV4	总的来说，用户持续知识贡献能够增加个人在某领域的重要性					

续表

IV1	认为通过知识贡献完成众包活动是一件有趣的事情					
IV2	认为通过知识贡献帮助发包方解决问题让我感觉很好					
IV3	总的来说,用户持续知识贡献能够使人感觉愉悦					
UV1	用户持续知识贡献有助于我获得名誉					
UV2	成功完成任务有助于社区对我的认可					
UV3	完成众包任务有助于我获得更多的积分或用户级别					
UV4	任务中标可以得到额外的收入					
UV5	完成众包任务有助于我获得更多的工作机会					
UV6	总的来说,用户持续知识贡献有助于我实现未来目标					
PC1	参与众包知识贡献将降低自己可支配的时间					
PC2	用文字、图形等形式描述知识、输入、上传耗费时间					
PC3	学习众包任务执行中的相关规定并不容易					
PC4	将众包任务涉及的知识进行归纳、整合并不容易					
PC5	众包环境下知识贡献者与知识接受者之间信息不对称,可能遭受欺骗(窃取版权)					
PC6	总的来说,付出的代价(时间、精力等)会阻碍用户持续知识贡献					
RE1	在众包平台帮助他人解决问题,希望当我遇到问题时也会被别人帮助					
RE2	帮助他人解决问题、贡献自己的知识可以得到物质回报(金钱或奖品)					
RE3	帮助他人解决问题、贡献自己的知识可以得到精神回报(积分或等级提高)					
RE4	总的来说,用户持续知识贡献能够互惠互利					
TR1	我认为众包平台提供了安全的信息环境值得信任					
TR2	我认为众包平台遵守了对用户的承诺					
TR3	我认为众包平台提供的任务信息是可靠的					
TR4	总的来说,信任对用户持续知识贡献很重要					
SN1	对我有重要影响人认为使用众包知识贡献是有意义的事					
SN2	社会公众对众包平台的高评价会影响我的知识贡献行为					
SN3	众包平台有合作和协作的规范					
SN4	大众媒体对众包平台的宣传提倡用户知识贡献和分享经验,我会考虑继续参与众包					
KS1	我有信心为发包方(知识接受者)提供有价值的知识					
KS2	对完成发包方(知识接受者)任务的能力有信心					
KS3	我的表达能力能够清楚地回答发包方(知识接受者)的问题					
KS4	总的来说,知识自我效能能够帮助用户完成众包任务					
AE1	我过去的经验和成就增加我的自信心,能够完成众包任务					

续表

AE2	先前的成功经验能够帮助我快速找到适合自身的众包任务					
AE3	我对先前知识贡献的体验和过程感到满意					
AE4	总的来说,累积经验越多越有助于用户持续知识贡献					
PU1	参与众包任务能够让我认识很多朋友					
PU2	参与众包给我提供了一个知识贡献的平台					
PU3	参与众包能够使我更能了解自己的知识储备					
HA1	参与众包任务对我来说是很自然的事					
HA2	参与众包任务属于我的日常行为					
HA3	我不需要思考就会参与众包					
SA1	通过知识贡献参与众包任务能够满足我的各种需要(成就、社会需要)					
SA2	我对众包平台的管理机制感到满意					
SA3	我对参与众包任务的经历感到满意					
CI1	我打算继续关注和参与众包活动					
CI2	我愿意继续贡献知识参与众包活动					
CI3	如果可能的话,我将尽可能多地参与众包活动(增加时间和提高频次)					
CB1	我经常利用业余时间完成众包任务(提供知识、经验和见解)					
CB2	在过去的一段时间里,只要有适合的众包任务我都尽力完成。					
CB3	我会继续参与众包任务					
KC1	我将已有的知识整合转化为新知识,完成众包任务					
KC2	为发包方提供的知识使得其在竞争中更加具有优势					
KC3	为发包方提供的知识能够提高工作效率					
KT1	与发包方分享我的知识、经验和见解					
KT2	与社区内其他人交换想法					
KT3	提供有价值的知识供他人重用					
KR1	未中标的方案内容以平台可存储的形式保留					
KR2	保存了我以往参与众包任务的时间、频次等					
KR3	对我过去参与众包的事件或经历的存储					